BRANDENBURG
MIT KINDERN

ROBERT ZAGOLLA

BRANDENBURG MIT KINDERN

Der Familien-Ausflugsführer

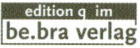

edition q im
be.bra verlag

facebook.com/BrandenburgMitKindern

Stand der Informationen: Dezember 2014
Bibliografische Information der Deutschen Nationalbibliothek
Die Deutsche Nationalbibliothek verzeichnet diese Publikation in der Deutschen Nationalbibliografie; detaillierte bibliografische Daten sind im Internet über http://dnb.d-nb.de abrufbar.

2., aktualisierte und überarbeitete Auflage

Berlin-Brandenburg, 2015
KulturBrauerei Haus 2
Schönhauser Allee 37, 10435 Berlin
post@bebraverlag.de
Lektorat: Ingrid Kirschey-Feix, Berlin
Umschlag: hawemannundmosch, Berlin
Satzbild: Friedrich, Berlin
Schrift: Minion Pro 9/11pt
Druck und Bindung: Finidr, Český Těšín
ISBN 978-3-86124-670-1

www.bebraverlag.de

Inhalt

Für Kulturbegeisterte

Einführung

Sumpfschild-
kröten
Moorsteg

Auf nach Brandenburg!

Ein gelungener Familienausflug ist wie ein kleiner Urlaub: Alle haben gemeinsam Spaß und verbringen jenseits der Alltagshektik schöne, aufregende oder lustige Stunden miteinander. In der Praxis jedoch scheitert die Ausflugsplanung allzu oft schon im Ansatz, weil die Ideen fehlen oder die Familienmitglieder sich gar nicht erst auf ein gemeinsames Ziel einigen können. Träumt der eine von Ruhe und Entspannung in der Natur, sucht der andere womöglich körperliche Herausforderungen. Will die Tochter am liebsten auf den Ponyhof, ist der Sohn damit nur schwer hinter der Spielkonsole hervorzulocken. In solchen Fällen haben sich verschiedene Rezepte bewährt: Man teilt den Ausflug in mehrere Etappen ein, bei denen möglichst verschiedene Interessen abgedeckt werden. Zum Beispiel erst ins Museum, dann auf die Sommerrodelbahn und zuletzt an den Badesee. Auch die Einigung, dass an jedem Wochenende ein anderes Familienmitglied das Ausflugsziel bestimmen darf, kann Abwechslung bringen. Vielleicht findet sich aber sogar ein Angebot, das möglichst vielen Ansprüchen gerecht wird. Welchen Weg man auch wählt: Die Voraussetzung ist ein Überblick über das, was möglich ist. Gute Ideen sind gefragt!

Das vorliegende Buch gibt einen solchen Überblick für das Bundesland Brandenburg – eine Region, die naturgemäß nicht nur für die Landeskinder interessant ist, sondern auch für unternehmungslustige Berliner. Wer sich auskennt, weiß, dass man in Brandenburg viel mit der Familie unternehmen kann: Vom Museumsdorf bis zur Westernstadt, vom Kletterwald bis zur Sommerrodelbahn, vom Kinderbauernhof bis zur Draisinenfahrt reichen die Angebote. Die Herausforderung ist es, jene Ziele zu finden, die zu den eigenen Interessen

passen und deren Besuch sich auch lohnt. Das Buch durchforstet den Informationsdschungel und stellt knapp 200 konkrete Ausflugsideen vor. Im Fokus steht dabei der »klassische« Familienausflug, den Eltern oder Großeltern mit Kindern im Alter von 4 bis 14 Jahren an einem halben bis maximal ganzen Tag bewältigen können und der weder sportliche Höchstleistungen noch besondere Vorkenntnisse erfordert. Außen vor bleiben spezielle Angebote für Schulklassen oder Kitagruppen, reine Kinderfreizeiten sowie Ferien- und Übernachtungsangebote.

Die Auswahl folgt möglichst objektiven Kriterien und soll den verschiedenen Interessenslagen gerecht werden. Daraus folgt natürlich, dass nicht alle beschriebenen Ziele und Aktivitäten für jeden gleichermaßen geeignet sind. Die Tipps sind aber so abgefasst, dass erfahrene Eltern aus der Beschreibung ersehen können, ob sich der Weg dorthin für sie und ihr(e) Kind(er) lohnt. Manchmal hängt es ja auch von der Tagesform ab, ob man lieber etwas Aufregendes erleben oder eher entspannt am Badesee »chillen« möchte. Um die Planung zu erleichtern, ist das Buch daher thematisch gegliedert in Kapitel für »Abenteuerlustige«, »Rennfahrer und Lokführer«, »Forscher und Entdecker«, »Wasserratten und Badenixen«, »Bewegungslustige«, »Tierfreunde«, »Waldschrate und Grashüpfer«, »Ritter und Prinzessinnen« sowie für »Kulturbegeisterte«. Der Anhang gibt eine Übersicht über »Saisonale Highlights«, die nur zu bestimmten Zeitpunkten im Jahr angeboten werden.

Diese Gliederung geht davon aus, dass bei der Ausflugsplanung meistens die Frage im Vordergrund steht, was man unternehmen will, und nicht, in welche Ecke von Brandenburg man fahren möchte. Sollte die Entfernung zwischen Wohnort und Ausflugsziel doch einmal entscheidend sein, ermöglichen die Übersichtskarte und das Register alternativ eine Planung nach Regionen oder Landkreisen. Oftmals ist es ohnehin sinnvoll, zwei nah beieinanderliegende Ausflugsziele miteinander zu kombinieren – nicht zuletzt, weil manche Vorschläge nicht tagesfüllend sind. Aus diesem Grund enthalten viele Kapitel auch Hinweise darauf, was es in der Umgebung an weiteren Attraktionen gibt. Jeder Ausflug bietet letztlich eine Gelegenheit, links und rechts des Weges Neues und Unbekanntes zu entdecken. Es lohnt sich in jedem Fall, Ausschau zu halten – denn auch in Brandenburg ist der Weg manchmal das Ziel.

Ganz besonders punkten kann Brandenburg, wenn es darum geht, Natur zu erleben. Ein über 30.000 km langes Netz von Flüssen und Bächen, mehr als 3.000 Seen, 11 Naturparks, 3 Biosphärenreservate, 1 Nationalpark und eine Landschaft, die teilweise zu den dünnstbesiedelten in Deutschland gehört, sprechen für sich. Darüber hinaus gibt es in Brandenburg Dutzende von Zoos, Tier- und Wildparks sowie Kinderbauernhöfen. Die Zahl der Pferdehöfe geht sogar in die Hunderte – nicht umsonst gilt das Land mit seiner weiten Landschaft, 4.500 km Reitwanderwegen und einem liberalen Reitgesetz als ausgesprochenes Pferdeland.

Aber auch jenseits von Flora und Fauna lässt sich in Brandenburg etwas erleben: Man findet hier immerhin 3 Sommerrodel- und 4 Kartbahnen, 5 Draisinen-

strecken, 6 aktive Museumseisenbahnen, 10 Freizeit- und Themenparks, ein knappes Dutzend Spaßbäder, an die 20 Kletterparks, zahlreiche Burgen, Schlösser und Herrenhäuser sowie unzählige Technik-, Heimat- und Geschichtsmuseen. Aus dieser Fülle an Attraktionen versucht das vorliegende Buch die Highlights herauszufiltern, die für Familien mit Kindern besonders attraktiv sind. Das heißt aber nicht, dass von Angeboten abgeraten würde, die sich hier nicht finden. Gerade dort, wo es eine Überfülle an Anbietern und Möglichkeiten gibt (zum Beispiel bei Bootsverleihen, Pferdehöfen oder Strandbädern), war es schon aufgrund des begrenzten Platzes unmöglich, alle zu nennen. Bei Angeboten, die weniger häufig sind, wurde dagegen Vollständigkeit angestrebt.

Zu allen Ausflugstipps im Buch sind auch jeweils die Eintrittspreise angegeben, sodass eine Planung nach Geldbeutel möglich ist. Die Bandbreite ist dabei beachtlich: Vom kostenlosen Naturlehrpfad und günstigen Heimatmuseum bis hin zur brandenburgischen »Luxusklasse« wie dem Filmpark Babelsberg oder dem Tropical Islands. Viele Freizeitparks, Museen und andere Anbieter machen übrigens beim Familienpass Brandenburg mit, der jeweils von Anfang Juli des einen bis Ende Juni des nächsten Jahres über 500 verschiedene Preisnachlässe und Rabatte für die ganze Familie bis hin zum freien Eintritt für die Kinder ermöglicht. Die Investition von 2,50 Euro lohnt sich also in jedem Fall. Eine Übersicht über die Verkaufsstellen findet sich unter www.reiseland-brandenburg.de. – Und noch ein Hinweis: Es ist bei Ausflügen in Brandenburg immer gut, Bargeld dabei zu haben, denn gerade kleinere Anbieter akzeptieren häufig keine Giro/ec- oder Kreditkarten. Bei Tagesausflügen empfiehlt sich zudem, den gefüllten Picknickkorb nicht zu vergessen, denn die gastronomische Versorgung entspricht nicht immer dem Appetit, der sich für gewöhnlich bei solchen Ausflügen einstellt.

Auf die Beschreibung der Anfahrtswege mit dem Auto wurde durchweg verzichtet. Das hehre Ziel, zu jedem Ausflugstipp die umweltfreundliche Anfahrt mit dem öffentlichen Nahverkehr zu beschreiben, stieß allerdings zuweilen an Grenzen. Nicht selten steht am Ende ein mindestens halbstündiger Fußweg; und einige Ziele sind, besonders am Wochenende, ohne eigenes Auto oder Mitfahrgelegenheit praktisch nicht zu erreichen.

Zum Schluss sei noch auf eines hingewiesen: Alle Informationen in diesem Buch wurden sorgfältig recherchiert und vor der Drucklegung noch einmal aktualisiert und überprüft. Da sich aber Angebote, Preise und Öffnungszeiten oft kurzfristig ändern, kann hier keine Gewähr für die Richtigkeit der Angaben gemacht werden. Daher empfiehlt sich vor dem Ausflug ein kurzer Telefonanruf oder ein Blick ins Internet – auch diese Angaben sind ins Buch aufgenommen. Wenn das Angebot vor Ort nicht mehr dem entsprechen sollte, was hier beschrieben wird, sind Autor und Verlag für Hinweise dankbar.

Für Abenteurer

Auf Uckermark-Safari (UM) 1

Adresse und Öffnungszeiten

Uckermark Safari, Goethestr. 9, 17268 Boitzenburger Land OT Boitzenburg
Angebot ganzjährig, Start jeweils 10 Uhr, Treffpunkt nach Vereinbarung
Infos und Buchung unter 039889 / 70 40 01, 0176 / 20 69 79 08 oder www.uckermarksafari.de

Preise

Uckermark-Safari (8–10 Std): E 59 € p. P., K 19 € p. P. Mindestteilnehmerzahl: 2 E (max. 8 P)
Wanderungen ohne Safari-Bus: Kleiner Boitzenburger (3–4 Std): 60 € (bis 6 P), jede weitere P 5 €;
Großer Boitzenburger (6–8 Std): 100 € (bis 6 P), jede weitere P 5 €

Anfahrt

Der Startpunkt der Safaris wird individuell festgelegt. Nach Boitzenburg kommt man vom Bhf. Prenzlau (RE 3) über den ZOB Prenzlau, von dort mit dem Bus 503 (Ri. Templin) bis Boitzenburg Amt.

Warum in die Ferne schweifen, wenn das Naturparadies so nah liegt: Die hügel-, wald- und seenreiche Landschaft der Uckermark besteht zu fast zwei Dritteln aus Naturschutzgebieten und ist die Heimat von unzähligen seltenen Tier- und Pflanzenarten. Der ehemalige Schorfheide-Ranger und ausgebildete Erlebnispädagoge Arno Schimmelpfennig hat die Konsequenz gezogen und fährt abenteuerlustige Naturfreunde mit seinem VW-»Safari«-Bus zu den schönsten Plätzen dieser Wildnis. Zu Fuß werden dann urwüchsige Wälder, sumpfige Feuchtgebiete, aber auch Burgruinen und die überwachsenen Reste eines vor über 500 Jahren verlassenen Dorfes erkundet. Jeder Teilnehmer bekommt für die Dauer der Tour ein Fernglas, mit dem sich auch scheue Tiere gut beobachten lassen. Die Chance, unterwegs seltene Pflanzen und Insektenarten, Wildschweine und Biber, Eisvögel oder Fischadler zu sehen, ist groß. Für Familien wird das Programm je nach Alter der Kinder individuell angepasst. Zum Ausklang der Safari steht gemeinsam Grillen auf dem Programm.

Barfußpfad in Ribbeck (HVL) ②

Adresse und Öffnungszeiten

Startpunkte: Alte Schule, Am Birnbaum 3, oder Kinderbauernhof Marienhof, Am Marienhof 1, 14641 Nauen OT Ribbeck

Mitte Apr–Mitte Okt täglich begehbar (Alte Schule bzw. Kinderbauernhof geöffnet von 10–18 Uhr)

Infos unter 033237 / 854 58 oder www.barfusspfad-ribbeck.de

Preise

Benutzung kostenlos, Spenden erbeten

Anfahrt

Vom Bhf. Friesack (RE 2) mit dem Bus 661 (Ri. Nauen) oder vom Bhf. Nauen (RB 10) mit dem Bus 661 (Ri. Friesack) bis Ribbeck. Von der Haltestelle die Theodor-Fontane-Straße entlang. Die Alte Schule liegt gleich hinter dem Schloss an der Straße Am Birnbaum.

Barfußlaufen ist heutzutage unüblich und zumindest in Städten auch kaum noch gefahrlos möglich. Dabei spüren gerade Kinder, dass es sich dabei eigentlich um die natürlichste Form der Fortbewegung handelt, weshalb sie sich auf Spielplätzen oder im Garten gern des lästigen Schuhwerks entledigen. Kleinere Barfußpfade, die auch Erwachsenen das sinnliche Erlebnis und die gesundheitlichen Vorteile dieser Fortbewegungsart nahe bringen wollen, gibt es inzwischen überall in Deutschland. Der »Pfad« in Ribbeck zeichnet sich durch seine stolze Länge von 2,5 km aus. Es ist eine richtige Barfuß-Wanderung, die man von der Alten Schule im Ortskern bis zum Kinderbauernhof Marienhof (↑S. 161) absolviert. Der Weg schlängelt sich durch Wälder und Wiesen entlang eines Landwirtschaftsweges, der eine Orientierung ohne Wanderkarte ermöglicht, und bietet für Eltern und Kinder unbekannte, zum Teil auch sehr »eindrückliche« Fußerlebnisse. Seit 2012 gibt es auch ein Pfadquiz; die Teilnahmebögen erhält man für 1 € in der Alten Schule oder auch im Kinderbauernhof.

El Dorado Westernstadt Templin (UM) 3

Adresse und Öffnungszeiten
Eldorado Westernstadt, Am Röddelinsee 1, 17268 Templin
Apr–Mitte Okt Sa, So & feiertags 10–18 Uhr. In den Berliner und Brandenburger Schulferien täglich geöffnet. Mitte Okt–Ende Mrz geschlossen
Infos unter 03987 / 208 40 oder www.eldorado-templin.de

Preise
E 12 €, K 10 €, K unter 1,20 m frei. Familienkarte (2 E & bis zu 3 K) 35 € (immer sonntags nur 17,50 €, mittwochs 24,50 €), freitags »Oma-Opa-Tag« = 2 Großeltern & bis zu 3 K 7,50 €. Familienjahreskarte 59 €.

Anfahrt
Vom Bhf. Templin (RB 12) mit dem Bus 509 (Sa & So nur nach telefonischer Voranmeldung unter 03332 / 44 27 55 bis 1 Std. vor Fahrtbeginn) bis El Dorado. Alternativ 4 km zu Fuß oder per Fahrrad entlang der B 109 Ri. Südwesten (erst Bahnhof-, dann Dorfstraße) bis zur Abzweigung Kiefernweg, diesem folgen bis zur Straße Am Röddelinsee.

Auch wenn Western bei Kindern heutzutage nicht mehr die Hitliste der beliebtesten Filme und Bücher anführen, sind Westernstädte doch immer ein schönes Ziel für einen Familienausflug. Im El Dorado Templin gibt es alles, was man in dieser Hinsicht erwarten darf: Authentische Bauten wie Saloon, Bank und Sheriffbüro, sandige Straßen, Postkutschen, Indianerzelte sowie verkleidetes Personal, das Überfälle, Schlägereien und andere Stunts vorführt (Comedyshow 12 Uhr, Stuntshow 14.30 & 17.30 Uhr). Sehenswert ist auch der Reifentanz des Blackfoot-Indianers Quentin Pipestem (13.30 Uhr). Ansonsten können die Kinder u. a. in einem Teich nach Gold schürfen, sich im Hufeisenwerfen oder Bogenschießen üben, auf Ponys oder Pferden reiten, mit der Postkutsche fahren oder sich schminken lassen. Solcherlei Aktivitäten müssen allerdings mit harten El-Dorado-Dollars extra bezahlt werden (die die Eltern in der Bank eintauschen können), sodass der Tag im Wilden Westen durchaus ein teures Vergnügen werden kann – vor allem wenn der Nachwuchs am Ende unbedingt noch einen Cowboyhut oder einen Revolver aus dem General Store haben möchte.

GPS-Schatzsuche im Lausitzer Seenland (OSL) 4

Adresse und Öffnungszeiten

iba-tours, IBA-Terrassen, Seestraße 100b, 01983 Großräschen
Die Geocaching-Tour findet von Apr–Okt an ausgewählten Samstagen und Feiertagen statt.
Beginn ist jeweils um 10 Uhr am See-Würfel auf den IBA-Terrassen.
Infos und Anmeldung unter 035753 / 261 21 oder www.iba-tours.de/de/tourenangebot/seenland-erleben/artikel-119.html

Preise

E 12 €, K (bis 14 J) 8 €. Mindestteilnehmerzahl: 6 P

Anfahrt

Vom Bhf. Großräschen ist der Weg zu den IBA-Terrassen ausgeschildert (ca. 25 Min). Wer eine Tour gebucht hat, kann sich auch am Bahnhof abholen lassen.

Geocaching, die moderne Form der Schnitzeljagd, hat sich mittlerweile zu einer richtigen Trendsportart entwickelt. Normalerweise tauschen sich die Mitglieder bestimmter Communities im Internet darüber aus, was sie wo – meist in kleinen oder größeren Dosen – versteckt oder gefunden haben. Bei der hier vorgestellten GPS-Schatzsuche bekommt man alle notwendigen Informationen von einem kundigen Führer, der einem auch den Gebrauch des Leih-GPS-Geräts erklärt. Ausgangspunkt sind die IBA-Terrassen am Großräschener See, der hier einmal entstehen wird. Unterwegs erfährt man bei der etwa 2-stündigen Tour eine Menge über den Umbau der ehemaligen Tagebauregion und erkundet das zukünftige Hafenbecken (mit einer skurrilen Seebrücke auf dem Trockenen). Es gibt keine feste Altersempfehlung, aber richtig Spaß macht die Teilnahme sicher erst ab dem Grundschulalter. – Eine Auswahl an GPS-Schatzsuchen (an verschiedenen Orten in Brandenburg) bietet auch GEO-FUN an, ein Ableger des 1A-Tauchcenters in Strausberg *(Infos unter 0160 / 90 25 94 18 oder www.geo-fun.de.)*

GPS-Wandern in der Märkischen Schweiz (MOL) 5

Adresse und Öffnungszeiten

Umweltzentrum Drei Eichen, Königstr. 62, 15377 Buckow

Bürozeiten: ganzjährig Mo–Fr 8–15 Uhr. GPS-Wanderungen sind nach Anmeldung auch außerhalb dieser Zeiten (auch am Wochenende) möglich.

Infos und Anmeldung unter 033433 / 201 oder www.dreichen.de

Preise

GPS-Gerät: 4 € p. P., Picknick: 5 € p. P. Begleitung pro Kleingruppe 20 €

Anfahrt

Vom Bhf. Müncheberg (NE 26) mit dem Bus 928 (Ri. Bollersdorf) bis Buckow, Markt. Von dort ca. 4 km zu Fuß. Über die Straße Am Markt bis zur Königstraße und weiter durch den Wald bis Drei Eichen.

Das Umweltzentrum Drei Eichen bietet speziell für Familien eine GPS-Wanderung durch die waldreiche Landschaft des Naturparks Märkische Schweiz an. In Drei Eichen erhält man Leih-GPS-Geräte sowie ein Faltblatt mit den zu findenden Koordinaten und einigen Rätseln, die man unterwegs lösen muss. So ausgestattet bricht man auf zu einer ca. 2–3-stündigen Erkundungsreise durch die waldreiche Umgebung, über Bäche und vorbei an Seen und Sümpfen, bei der man einiges über die heimische Flora und Fauna erfährt. Da die Sache erst dann richtig Spaß macht, wenn alle das Prinzip des GPS verstehen, wird die Tour für ein Alter ab 7 Jahren empfohlen. Zurück in Drei Eichen können die Kinder noch den Abenteuerspielplatz »Trolleburg« oder den kleinen Barfußpfad ausprobieren, während es die Eltern vielleicht eher in das Waldcafé zieht (geöffnet von Apr–Okt). Für Wissensdurstige gibt es auf dem Gelände auch noch einen Lehrpfad zum Thema Wasser, der sich mit Hilfe eines Infoflyers erschließt.

Husky-Wandern im Ruppiner Land (OPR) 6

Adresse und Öffnungszeiten

Freizeit- und Tourismusservice Sabine Kühn, Dorfstraße 44, 16818 Storbeck-Frankendorf OT Frankendorf

Wanderungen ganzjährig außer im Februar

Infos und Reservierung unter 033924 / 799 46 (täglich 9–19 Uhr) oder www.freizeit-mit-huskies.de

Preise

Familienwanderung: E 28 €, K 19 € (inkl. Gebäck und Getränke)

Wanderung ins Naturreservat: 59 € p. P. (inkl. Gebäck/Obst und Getränke)

Anfahrt

Vom Bhf. Neuruppin, Rheinsberger Tor, (RE 6) mit dem Bus 762 (Ri. Walsleben, Schule) bis zur Endstation, von dort mit dem gleichen Bus (Ri. Neuruppin) bis Frankendorf (Verbindung nur wochentags). Von dort etwa 1,2 km Fußweg über die Dorfstraße. – Alternativ wird eine Abholung vom Bhf. Netzeband angeboten (8 € p. P.).

Die freundlichen und verspielten Huskys aus dem hohen Norden sind eine nicht nur bei Kindern sehr beliebte Hunderasse. Für Familien mit Kindern ist daher das Wandern mit Huskies eine geeignete Form der Freizeitbeschäftigung. Dabei wird ein Hund mit Hilfe eines Bauchgurts vor den Wanderer gespannt und steigert so das Tempo der Wanderung ganz erheblich. Damit die Chemie stimmt, steht am Anfang ein intensives Kennenlernen zwischen Tier und Mensch, bei der die Hunde auch ausgiebig gestreichelt werden dürfen. Auf ihrem Huskyhof in Frankendorf bieten Elmar Fust und Sabine Kühn verschiedene Wanderungen mit ihren Siberian Huskies an. Zum Einstieg empfiehlt sich die 2,5-stündige Familienwanderung durch die Umgebung von Frankendorf (ab 5 Jahren), bei der ein Husky für je ein Elternteil mit Kind zur Verfügung gestellt wird. Für die Kleinsten gibt es dabei auch einen geländegängigen Buggy. Sind die Kinder über 12 Jahre alt, kann alternativ die anspruchsvollere 4,5-stündige Wanderung in das Naturreservat Kunstertal gebucht werden. – Kinder über 14 Jahren dürfen schon selbst einen Hundeschlitten steuern. Entsprechende Touren gibt es auch bei Stonecreek Tours *(Biesower Str. 1, 15345 Prötzel, Apr–Dez, Schnuppertour E 39 €, K 29 €, Infos und Anmeldung unter 033436 / 375 92 oder www.huskytouren.de).*

Irrgarten Spreewaldhof Lukas (SN) 7

Adresse und Öffnungszeiten

Spreewaldhof Lukas, Willischzaweg 42, 03096 Burg (Spreewald)
Irrgarten ganzjährig geöffnet (ggf. klingeln). Sonstige Angebote Apr–Okt täglich 8–18 Uhr
Infos unter 035603 / 867 bzw. 548 oder www.spreewald-info.de/spreewaldhof-lukas

Preise

Irrgarten: E 2 €, K 1,50 €. Paddelboote: ab 3 €/Std. bzw. 15 €/Tag, Kanadier: ab 4 €/Std. bzw. 20 €/Tag
Spreewaldkahnfahrt (1 Std.) 3,50 € p. P. Fahrräder: 2 €/Std. bzw. 8 €/Tag

Anfahrt

Vom Bhf. Vetschau (RE 2) mit dem Bus 38 (Ri. Burg) bis Burg, Schule. Von dort mit dem Bus 500 (Ri. Lübben) bis Burg, Nordweg. Von dort ca. 2,4 km Fußweg über den Nordweg. Gleich hinter dem Labyrinth links in den schmalen Weg einbiegen bis zum Willischzaweg.

In Burg im Spreewald hat die Familie Lukas sich eine besondere Attraktion für ihren Spreewaldhof ausgedacht: Auf über 2.000 m² wurde ein Irrgarten aus Koniferen angelegt, in dessen Mitte ein Aussichtspodest als Ziel lockt. Insgesamt haben die Wege im Labyrinth eine Länge von 1,1 km, wobei es keine Sackgassen gibt. Obwohl der direkte Weg zum Ziel nur 310 m misst, irrt man in der Regel ziemlich lange umher, bis man das Ziel erreicht und sich zum Beweis einen

Stempelabdruck mitnehmen darf. Zum Spreewaldhof gehören noch ein Café sowie ein Boots- und Fahrradverleih, sodass man die Odyssee durch den Irrgarten gut als Auftakt für eine kleinere oder größere Spreewalderkundung nutzen kann. Tipps und Kartenmaterial bekommt man zum Boot mit dazu. Wer nicht selbst paddeln will, kann auch an einer einstündigen Spreewaldkahnfahrt teilnehmen. Für eine Fuß- oder Fahrradwanderung eignet sich die etwa 4 km lange Strecke bis zum Bismarckturm von Burg mit seiner Aussichtsplattform in 27 m Höhe (*Schmogrower Straße, Apr–Okt täglich 10–18 Uhr, Eintritt 1,50 €, Kinder 1 €*): Man folgt einfach dem Willischzwaweg Richtung Südosten und biegt dann nach rechts auf die Byhleguhrer Straße (L 51) ein. Von dort sind es nur noch etwa 600 Meter bis zum Turm.

Kamelreiten auf dem Fleckschnupphof (OHV) 8

Adresse und Öffnungszeiten

Fleckschnupphof, Am Dorfanger 12, 16775 Löwenberger Land OT Nassenheide

Öffnungszeiten für unangemeldete Besucher: Sa & So 12–16 Uhr

»Erlebnisstunde Kamel« Di–So jeweils 12 & 17 Uhr (nur nach Voranmeldung). Ausritte nach Vereinbarung

Infos und Reservierung unter 0177 / 301 95 30 oder www.fleckschnupphof.de

Preise

Eintritt: E 2,50 €, K (12–17 J) 2 €, K (2–11 J) 1,50 €

»Faszination Kamel« (1 Std.): 55 € p. P.

»Erlebnisstunde Kamel« (1 Std.) 60 € p. Kamel (max. 4 P)

Anfahrt

Vom S-Bhf. Oranienburg mit dem Bus 802 (Ri. Teschendorf) oder 803 (Ri. Liebenthal) bis Nassenheide, Teerofener Weg. Von dort ca. 1 km Fußweg: Entgegen der Fahrtrichtung, dann links in die Straße Am Dorfanger.

Kamele sind kluge und faszinierende Tiere, die man in Deutschland allerdings meist eher im Zoo oder im Zirkus sieht als in freier Wildbahn. Auf dem Fleckschnupphof von Familie Heidicke in Nassenheide lebt (neben zahlreichen Minischweinen, Ziegen, Schafen, Hunden und Katzen) eine zehnköpfige Kamelherde, von denen fünf zutraulich genug sind, um als Reittier zu dienen: Aladin, Akmaja, Qara, Fatima und Suleika – wie sie standesgemäß orientalisch heißen. Unter dem Motto »Erlebnisstunde Kamel« können hier bis zu vier Personen eines dieser Kamele unter fachkundiger Anleitung näher kennenlernen, anfassen, streicheln und bürsten. Inklusive ist eine Runde Kamelreiten auf dem Hof. Wer mehr will, für den gibt es geführte Ausritte in Kleingruppen durch die Umgebung (»Faszination Kamel«). Dabei kann man dann den charakteristischen Schaukelgang der Tiere so richtig auskosten, der dadurch entsteht, dass sie beim Laufen gleichzeitig die beiden Beine einer Seite heben. – Auf dem Fleckschnupphof sind Besuche ohne Anmeldung nur zu bestimmten Zeiten möglich.

Lama-Trekking im Dahme-Seenland (LDS) 9

Längst sind Lamas nicht mehr nur in ihrer südamerikanischen Heimat als Nutz- und Packtiere bekannt und beliebt. Die größte Lamaherde in Deutschland gehört Anita Selig-Smith und ist seit 2009 auf dem Märkischen Lamahof in Mittenwalde heimisch. Angeboten werden dort neben einer Hofbesichtigung verschiedene begleitete Lama- und Alpaka-Touren – von der etwa 4 km langen Schnuppertour durch den Wald (ca. 2–2,5 Std) bis hin

Adresse und Öffnungszeiten
Märkischer Lamahof, Freiherr-von-Loeben-Str. 2, 15749 Mittenwalde OT Schenkendorf
Ganzjährig geöffnet. Termine nach Vereinbarung. Infos und Reservierung unter 01522 / 875 26 53 (9–11 und 19.30–21 Uhr) oder www.maerkischer-lamahof.de
Preise
Schnupperwanderung: E 10 €, K (3–10 J) 5 €. Zusätzlich 25 € für 1 Begleit-Lama, 10 € für jedes weitere Lama. – Halbtageswanderung: E 12 €, K (3–12 J) 8 €. Zusätzlich 35 € für 1 Begleit-Lama, 15 € für jedes weitere. – Anmeldung in jedem Fall erforderlich
Anfahrt
Vom Bhf. Königs Wusterhausen mit dem Bus 728 (Ri. Töpchin) bis Schenkendorf, Friedhof.

zur 8 km langen Halbtagswanderung um den Krummen See (ca. 5–6 Std). Alle Touren beginnen mit einer kurzen Einführung in die »Lamakunde« und werden in individuellem Tempo durchgeführt; bei den längeren Wanderungen ist eine

Picknickpause eingeplant (mit eigenem oder dazu gebuchtem Proviant). Vorhandenes Gepäck wird bei Bedarf von den Lamas getragen, die zur Familie der Kamele gehören und der Unternehmung einen exotischen Reiz verleihen. Die Tiere sind ausgesprochen freundlich, ruhig und folgsam. Zwar kann man nicht auf ihnen reiten, aber sie lassen sich viel einfacher führen als etwa Ponys oder gar Esel. Deshalb können und dürfen auch kleinere Kinder diesen Part übernehmen. – Die Gefahr von einem Lama angespuckt zu werden, ist übrigens mehr als gering – diese berüchtigte Verhaltensweise dient vor allem der Klärung von Rangstreitigkeiten innerhalb der Herde und »trifft« selten einen Menschen.

Maislabyrinth in Ribbeck (HVL) ⑩

Von Juli bis etwa Mitte Oktober kann man sich im Maislabyrinth des Kinderbauernhofs Marienhof (↑S. 161) so richtig verirren: Ein 20 ha großes Maisfeld wird hier jedes Jahr unter einem neuen Motto zu einem verschlungenen Irrgarten gestaltet. Das Wegenetz umfasst insgesamt ca. 5 km. Ängstliche Naturen können zur Sicherheit für 2 € einen verschlossenen Umschlag mit der Wegbeschreibung erwerben; wer den Umschlag ungeöffnet wieder abgibt, erhält sein Geld zurück. Auf dem Marienhof kann man anschließend allerhand Tiere anschauen und zum Teil auch streicheln, eine Reitstunde nehmen, eine Eselstour machen oder sich im Landcafé bei Kuchen, Würstchen oder (stilecht) einem Maiskolben stärken. Auf dem 2,5 km langen Barfußpfad (↑S. 19) oder auf normalen Wegen geht es ins »Zentrum« von Ribbeck, wo das Schloss des legendären »Herrn von Ribbeck auf Ribbeck im Havelland« zu besichtigen ist. Die gegenüber gelegene Alte Schule ist Café, Touristeninfo, Fahrradverleih und Schulmuseum in einem. – Weitere Maislabyrinthe gibt es im Spargel- und Erlebnishof Klaistow (↑S.116) und im Irrlandia Mitmachpark in Storkow (↑S. 113).

Adresse und Öffnungszeiten

Kinderbauernhof Marienhof, Am Marienhof 1, 14641 Nauen OT Ribbeck

Juli–Mitte Okt täglich 10–18 Uhr (letzter Einlass 17.30 Uhr)

Infos unter 033237 / 854 58 oder www.maislabyrinth-ribbeck.de

Preise

E 3 €, K 2 € (inkl. Eintritt zum Kinderbauernhof)

Anfahrt

Vom Bhf. Friesack (RE 2) mit dem Bus 661 (Ri. Nauen) oder vom Bhf. Nauen (RB 10) mit dem Bus 661 (Ri. Friesack) bis Ribbeck. Von dort zu Fuß ca. 2,3 km: Vorbei an Schloss, Kirche und Brennerei immer geradeaus.

Packeseltour im Nationalpark Unteres Odertal (BAR) 11

Man muss nicht nach Spanien oder Frankreich reisen, um begleitet von Eseln durch die Wildnis zu streifen. Die Biologin Sarah Fuchs hält in der reizvollen Landschaft des Barnim eine Herde von zehn Eseln und drei Maultieren, die für geführte Spaziergänge und Wanderungen zur Verfügung stehen und »nebenberuflich« im Auftrag der Nationalparkverwaltung wertvolle Trockenrasenflächen vor der Verbuschung bewahren. Im Angebot sind Touren von 2 Stunden bis zu 2 Tagen Dauer, die von Stolzenhagen aus durch den Nationalpark Unteres Odertal oder vom Ökodorf Borodowin durch das Biosphärenreservat Schorfheide-Chorin führen. Die Begleitung durch die gutmütigen Huftiere macht selbst eine längere Wanderung zum entspannten Familienvergnügen; die Kinder dürfen die Esel führen oder bei Bedarf auch reiten (sofern sie unter 35 kg wiegen). Die kundige Führerin sorgt nicht nur dafür, dass man sich nicht verirrt, sondern vermittelt zugleich Wissenswertes über die Esel sowie die Natur und Landschaft, die man durchwandert. Mit etwas Glück beobachtet man unterwegs auch seltene Wildtiere wie Seeadler oder Eisvögel. Eine frühzeitige Reservierung ist zu empfehlen. – Eselstouren gibt es auch in der Uckermark: *Celine Native Caravan, Suckow 41, 17268 Flieth-Stegelitz, Tagestour (2–8 Std.) 35 € p. P., Infos unter 0170 / 245 00 55 oder www.wanderninbrandenburg.de.*

Adresse und Öffnungszeiten

Packeseltouren Brandenburg, Ernst-Thälmann-Str. 11, 16248 Lunow-Stolzenhagen OT Stolzenhagen. Infos und Reservierung unter 033365 / 348 07, 0173 / 623 18 92 oder www.packeseltouren-brandenburg.de

Preise

Eselspaziergang (ca. 2 Std, inkl. 2 Esel bzw. Maultiere) 99 €

Halbtageswanderung (ca. 4 Std, für 1–5 Pers., inkl. 2 Esel bzw. Maultiere) 119 €

Anfahrt

Vom Bhf. Angermünde (RE 3) an Schultagen mit dem Bus 463 bis Stolzenhagen. Sa & So mit dem Rufbus (Anmeldung mind. 1 Std. vor Fahrtbeginn unter 0333 2/ 44 27 55.

Hinweis für Autofahrer: Von der Strecke über Gellmersdorf (die viele Navigationsgeräte vorschlagen) wird ausdrücklich abgeraten; eine alternative Streckenempfehlung findet sich auf der Website.

Waldgeistrallye in der Dubrow (LDS) ⑫

Adresse und Öffnungszeiten

Treffpunkt: Märkisches Haus des Waldes, Frauenseestraße 18, 15754 Heidesee

Apr–Okt, Beginn jeweils 13.30 Uhr (die Rallye findet nur nach Anmeldung statt!)

Infos und Buchung unter 0151 / 10 33 85 51 oder www.verfuehrungen-dahme-spree.de/hannes-hause

Preise

6,50 € p. P. (E/K), mit Abendessen: 13,20 € p. P.

Mindestteilnehmerzahl 7 P (gewünscht, aber verhandelbar)

Anfahrt

Vom Bhf. Königs Wusterhausen mit dem Bus 724 (Ri. Streganz) bis Gräbendorf, Frauenseestraße. Das Haus des Waldes ist ausgeschildert.

»Dubrow« heißt das »Eichenland« bei Gräbendorf im Dahme-Seengebiet. Der Diplom-Ökologe und Naturführer Hannes Hause hat seine Waldgeistrallye durch diese Gegend unter das Motto gestellt: »Wie kamen die sieben Wochentage zu ihren Namen?«. Folglich gibt es genau sieben Stationen, an denen man mit Hilfe von Spielen und Aufgaben und mit Unterstützung des Waldgeistes Dubralf viel über die Geschichte, die Mythen und die Natur der Region erfährt. Zum Beispiel, dass der Montag nach dem Mond benannt ist, einer der altgermanischen Gottheiten. Außerdem gibt es links und rechts des Weges, der 5 km durch den Wald und am nahe gelegen Frauensee vorbei führt, natürlich viele Pflanzen und Tiere zu entdecken. Sind alle Rätsel gelöst, steht am Ende, wie es sich gehört, ein Schatzfund. Die knapp 4-stündige Tour ist für Familien mit Kindern von ca. 8 bis 12 Jahren konzipiert, kann aber für jüngere Kinder (ab etwa 5 Jahren) angepasst werden. Proviant für unterwegs müssen die Teilnehmer selbst mitbringen; ein abschließendes Grillen ist aber auf Wunsch möglich. – Weitere Führungsangebote durch den Naturpark Dahme-Heideseen finden sich unter www.verfuehrungen-dahme-spree.de.

Mit dem Floß über die Havel (P) ⑬

Adresse und Öffnungszeiten

Huckleberry Tours – Floßstation Potsdam, Schiffbauergasse 9, 14467 Potsdam. Ganzjährig geöffnet Infos und Reservierung unter 0331 / 96 00 10, 030 / 206 74 902 oder www.huckleberrys-tour.de

Preise (pro Floß)

Tagescharter (10–19 Uhr oder 13–9 Uhr): Nov–Mrz 96 €, Apr & Okt. 112 €, Mai 120 €, Jun & Sep 136 €, Jul & Aug 160 €. Auch Halbtags- (10–14 bzw. 15–19 Uhr) und Nacht-Touren (20–9 Uhr) sind möglich. Aufschlag an Sa, So und Feiertagen: 16–32 € je nach Saison. Stundencharter (nur bei Verfügbarkeit): 25 €/Std. Benzin wird extra berechnet. LED-Beleuchtungskit, Heizung & Grill je 15 € extra. Zu beachten ist, dass von der bezahlten Zeit unabhängig von der Charterdauer 30–60 Minuten für die Einweisung abgehen.

Anfahrt

Von Potsdam Hbf mit der Tram 96 (Ri. Viereckremise) bis Platz der Einheit/West, von dort mit der Tram 94 (Ri. Fontanestr.) bis Schiffbauergasse/Uferweg.

Eine Floßfahrt mit Huckleberry Tours ist zwar kein authentisches Mississippi-Vergnügen, aber durchaus ein Familienabenteuer. Die mit einem Außenbordmotor betriebenen Flöße sind ziemlich klein, aber der ca. 1,50 m hohe Aufbau hat ein stabiles Holzdach, auf dem man liegen oder sitzen kann. So halten es 2 Erwachsene und 2 Kinder hier eine Weile aus. Proviant und Ausrüstung werden in Staukisten unter den Sitzbänken in der Hütte verstaut; an den Außenwänden finden sogar noch vier Fahrräder Platz. Man kann die Flöße entweder von 10 bis 20 Uhr oder (mit Übernachtung) von 13 Uhr bis 10 Uhr des Folgetags chartern. Mit 10 km/h schafft man es während eines Tagesausflugs zum Beispiel gemächlich bis zur Havelstadt Werder und zurück. Eine Wasserwanderkarte gehört zur Floßausstattung; genauso wie eine Trockentoilette, Gaskocher und Campinggeschirr für 4 Personen. – Eine etwas günstigere Alternative mit geräumigeren Flößen bietet die Pension Havelfloß in Brandenburg an der Havel. Hier geht der Mietzeitraum immer von 14 bis 12 Uhr des nächsten Tages, von November bis März ist aber auch eine Tagescharter ohne Übernachtung möglich. (*Altstädtische Fischerstraße 2, 14770 Brandenburg/Havel, www.pension-havelfloss.de, Tel. 03381 / 26 90 22, Tagescharter je nach Saison 75–150 € pro Floß, kein Wochenendzuschlag*).

Mit dem Kanu durch den Spreewald (SN) ⑭

Adresse und Öffnungszeiten

Bootsverleih Dolzke-Insel, An der Dolzke 8, 03222 Lübbenau OT Lehde

Mrz–Nov täglich 9–20 Uhr

Infos unter 03542 / 40 59 88 oder www.spreewaldboote.de

Preise

3er-Kajak oder -Kanu: 10 €/2 Std. (14 €/3 Std., Tagespreis: 24 €), 4er-Kanu: 12 €/2 Std. (17 €/3 Std., Tagespreis: 29 €)

Anfahrt

Vom Bhf. Lübbenau/Spreewald (RE 2) etwa 3,5 km Fußweg: Der Ausschilderung in Richtung Altstadt folgen, dann weiter in Richtung Spreewalddorf Lehde.

Im Spreewald teilt sich die Spree in unzählige Neben- und Seitenarme, in denen das Wasser aufgrund des niedrigen Gefälles äußerst langsam durch dichte Wälder und weite Wiesen fließt. Der Spreewaldkahn-Tourismus durch diese Lagunenwelt hat sich mittlerweile zum Massenphänomen entwickelt. Spannender ist es aber, den Spreewald auf eigene Faust im Kanu zu erkunden. An unzähligen Kanustationen – z. B. in Burg, Lübben oder Lübbenau kann man zu überschaubaren Rundtouren von 1 bis 2,5 Stunden Dauer starten. – Familien, die eine besondere Herausforderung suchen, können auch versuchen, das »Spreewaldabzeichen« zu erringen. Gegen eine Gebühr von 6 € erhält man Kartenmaterial und die Standortbeschreibung von insgesamt 16 über den ganzen Spreewald verteilten Kontrollpunkten, an denen man Zangen zum Lochen der Teilnahmekarte findet: ab 5 Zangenabdrücken gibt es ein Bronzeabzeichen, ab 10 Silber und ab 15 Gold. Für die Suche steht die ganze Saison von April bis Oktober zur Verfügung – man kann aber auch (zumindest theoretisch) 5 Kontrollpunkte an einem einzigen Tag finden. – *Teilnahmekarten können bestellt werden bei der Spreewald-Tourismuszentrale, Lindenstraße 1, 03226 Vetschau (Spreewald) OT Raddusch, Tel. 035433 / 722 99. Mehr Infos unter www.spreewald.de.*

Mit dem Motorboot zur Handweberei (PM) ⑮

Adresse und Öffnungszeiten

Wassersportfachgeschäft G. Krüger & M. Till, Unter den Linden 17, 14542 Werder/Havel

Apr–Sep täglich 9–18 Uhr

Infos und Reservierung unter 03327 / 424 24 oder www.wassersport-werder.de

Preise

Führerscheinfreie Motorboote ab 23 € (1 Std.), jede weitere Std. 21 €. Außerdem erhältlich: Motorfloß: 33 bzw. 30 €/Std.; Kajaks (1er, 2er & 2er mit Kindersitz), Ruderboote & Kanadier (3er & 4er): 8 bzw. 6 €/Std. Tretboote 12 bzw. 10 €/Std.

Anfahrt

Der Bootsverleih liegt direkt unterhalb der Inselbrücke im Ortszentrum. Vom Bhf. Werder aus mit dem Bus 607 oder 631 (Ri. Potsdam) bzw. 633 (Ri. Glindow) oder 635 (Ringbus Ri. Bhf. Werder) bis Post bzw. Am Gutshof.

Werder ist nicht nur Mittelpunkt des bekannten Obstanbaugebiets, sondern liegt auch im Zentrum der Potsdamer und Brandenburger Havelseen. Als Ziel für eine Fahrt im führerscheinfreien Motorboot bietet sich von hier aus der etwa 3 km entfernte Ort Geltow an. Je nach Tempo braucht man dorthin etwa 40–60 Minuten. Kurz hinter der Baumgartenbrücke kann man zum Beispiel am linken Ufer den Bootsanleger der Gaststätte Baumgartenbrück nutzen (*Tel. 03327 / 552 11, www.baumgartenbrueck.de*). Von dort ist es nicht mehr weit ins Zentrum des über 1000 Jahre alten Ortes am Nordufer des Schwielowsees, wo in der »Handweberei Henni Jaensch-Zeymer« historische Webstühle in Aktion zu erleben sind. Die Besitzerin, Ulla Schünemann, betreibt dort zugleich einen Laden für Kleidung und Heimtextilien aus Leinen, Flachs und Seide sowie ein Café, in dem Kuchen und selbstgemachte Limonade serviert werden. (*Am Wasser 19, Tel. 03327 / 552 72, www.handweberei-geltow.de, Feb–Okt Di–So 11–17 Uhr, Café erst ab April geöffnet.*) – Alternativ gelangt man in etwa der gleichen Zeit von Werder nach Glindow am Glindower See. Dieser Ort war einst ein Zentrum der märkischen Ziegelindustrie, was sich in der heute noch aktiven Ziegelei-Manufaktur und dem dazugehörigen kleinen Ziegeleimuseum nachvollziehen lässt (*Alpenstraße 44, Tel.: 03327 / 66 93 95, www.ziegeleimuseum-glindow.de, Mrz–Okt Mi, Sa, So & feiertags 10–16 Uhr.*) – Wegbeschreibungen und Wasserkarten bekommt man vom Bootsverleiher.

Mit dem Tretboot über den Templiner See (UM) ⑯

Inmitten des sogenannten Templiner Seenkreuzes liegt die Stadt Templin, die nicht zuletzt wegen ihrer fast 2 km langen mittelalterlichen Stadtmauer einen Besuch mit Kindern wert ist. Beim Bootsverleih »Am Eichwerder« kann man ein Tretboot (mit oder ohne Rutsche) chartern und damit gemütlich den Templiner See erkunden. Ein Ziel könnte der nahe gelegene »Kaffeegarten Seeblick« am Nordufer sein, der über einen eigenen Anlegesteg verfügt und sowohl Kuchen, Torten und Eis als auch herzhafte Speisen anbietet (*Uferweg 7, Tel. 03987 / 703 40, www.kaffeegarten-seeblick.de, täglich ab 11 Uhr*). – Wer es etwas sportlicher mag, der greift zum Kajak oder Kanadier und fährt nach links stadteinwärts auf dem Templiner Kanal durch die Templiner Schleuse bis

Adresse und Öffnungszeiten
Bootsverleih »Am Eichwerder«, Seestraße 4, 17268 Templin
Mai–Aug 9–20 Uhr, Apr & Sep–Okt 10–19 Uhr
Tel. 03987 / 536 61 oder www.bootsverleih-bootsshop-froehnel.de

Preise
Tretboot: 8 €/Std., mit Rutsche 9 €/Std. Außerdem erhältlich: Kajaks ab 4 €/Std., Kanadier ab 6 €/Std., Ruderboote ab 7 €/Std., führerscheinfreie Motorboote ab 22 €/Std.

Anfahrt
Vom Bhf. Templin/Stadt zu Fuß ca. 1 km: Rechts auf die Robert-Koch-Straße bis zum Ende, dann rechts in die Seestraße einbiegen.

zum etwa 4 km entfernten Röddelinsee. Der Weg führt durch die teilweise unter Naturschutz stehenden Kanalwiesen, wo man mit etwas Glück sogar Biber oder Fischotter zu Gesicht bekommt. Wenn man auf dem Röddelinsee noch etwas weiter paddelt, kann man am Südufer einen Blick auf die El Dorado Westernstadt (↑S. 20) werfen. Ein Zugang von der Wasserseite ist dort – trotz vorhandenem Steg – allerdings nicht vorgesehen.

Mit der Seilfähre über den Straussee (MOL) 17

Adresse und Abfahrtszeiten

Anlegestelle: Karl-Liebknecht-Straße, 15344 Strausberg.

Mitte Mrz–Okt täglich 9.25–17.25 Uhr alle 30 Min (ab Stadtseite), letzte Rückfahrt 17.35 Uhr, Nov–Mitte Mrz Sa, So & feiertags 9.25–16.25 Uhr alle 30 Min (ab Stadtseite), letzte Rückfahrt 16.35 Uhr Infos unter 03341/225 65 oder www.strausberger-eisenbahn.de.

Preise (pro Person)

E 1,30 €, K (6–14 J) & Fahrräder 1 € (einfache Fahrt).

Anfahrt

Vom Bhf. Strausberg mit der Straßenbahn 89 (Ri. Lustgarten) bis zur Endhaltestelle. Von dort 300 m zu Fuß zur Anlegestelle.

Über den Straussee fährt Europas einzige intakte elektrisch betriebene Seilfähre. Die 1967 gebaute Fähre benötigt für die 350 m lange Strecke von der Strausberger Altstadt zu den Wäldern am anderen Ufer rund 7 Minuten. Kapitän Horst Panwitz hat nicht viel zu tun, denn das Schiff wird unter Wasser von einem Lenk- und einem Führungsseil gesteuert. Der Strom für den Elektromotor kommt per Oberleitung. So gleitet die Fähre fast lautlos über das Wasser. Im Sommer lohnt nach der Überfahrt auf der Waldseite ein Abstecher auf der Seepromenade bis zu einer der Naturbadestellen. Zurück zur Anlegestelle auf der Stadtseite läuft man (egal in welche Richtung) ca. 4 km um den See. Dort liegt unmittelbar südlich der Fährstation das städtische Freibad (↑S. 96).

Potsdamer Schlössertour mit dem Dampfschiff Gustav (P) ⑱

Adresse und Öffnungszeiten

Weiße Flotte Potsdam GmbH, Lange Brücke 6, 14467 Potsdam

Apr–Sep Do–So 10, 12, 14 & 16 Uhr, bis Mitte Okt nur Sa, So & feiertags

Infos und Reservierung unter 0331/275 92-10, -20, -30 oder www.schiffahrt-in-potsdam.de

Preise (pro Person)

E 14 €, K (6–14 J) 7 €, K unter 6 J frei. Familienticket (2 E & bis zu 5 K) 32,50 €

Anfahrt

Von Potsdam Hbf zu Fuß über die Lange Brücke. Die Anlegestelle befindet sich direkt am Hotel Mercure.

»Wat is en Dampfmaschin?«, fragt der Lehrer Bömmel im Kultfilm »Die Feuerzangenbowle«. Damals wie heute gibt es wohl nur wenige Leute, die das Funktionsprinzip einer solchen Maschine wirklich erklären können. Wer mit dem Dampfschiff Gustav die etwa 90-minütige Schlösserrundfahrt mitmacht, der kann sich zumindest optisch und akustisch einen Eindruck davon verschaffen, wie noch vor 100 Jahren die allermeisten motorisierten Schiffe betrieben wurden. Das rhythmische Stampfen der Kolben hat etwas ganz Besonderes, und statt Dieselgestank liegt der Duft der Kohlen in der Luft, mit denen der Maschinist den Dampfkessel befeuert. Dass man von oben in den Maschinenraum des 1908 gebauten Schiffs blicken kann, macht die Fahrt besonders interessant. Wenn dann noch an der Caputher Eisenbahnbrücke der Schornstein eingeklappt wird, ist die Faszination perfekt. Schloss Babelsberg, die Glienicker Brücke und die übrigen Sehenswürdigkeiten, an denen die Fahrt vorbei führt, werden so fast zur Nebensache. – In Potsdam gibt es vor oder nach der Fahrt noch zahlreiche weitere Attraktionen: Vom Naturkundemuseum (↑S. 167) über die Biosphäre (↑S. 166) bis hin zum Volkspark (↑S. 118).

Stadtbesichtigung im Kanu (BRB) ⑲

Adresse und Öffnungszeiten

Wassersportzentrum »Alte Feuerwache«, Franz-Ziegler-Str. 28, 14776 Brandenburg an der Havel
Bootsverleih von Apr–Okt 9–19 Uhr
Infos und Reservierung unter 03381 / 22 20 18 oder www.wassersportzentrum-alte-feuerwache.de

Preise

Kajaks & 3er-Kanadier 10 €/2 Std., 4er-Kanadier 11 €/2 Std.. Außerdem erhältlich: führerscheinfreie Motorboote 30 €/ 2 Std.

Anfahrt

Ab Hbf. Brandenburg mit dem Bus 560 (Ri. Ziesar) oder Bus H/528 (Ri. Fontanestraße) bis Kanalstraße. Von dort ca. 500 m zu Fuß: Entgegen der Fahrtrichtung auf der Bauhofstraße, dann rechts in die Wredowstraße einbiegen. Die Alte Feuerwache liegt auf der rechten Seite.

Brandenburg an der Havel, die »Stadt im Fluss«, ist wie kaum eine andere dafür geeignet, vom Wasser aus erkundet zu werden. Mit Kajak oder Kanadier kann man zum Beispiel vom Wassersportzentrum »Alte Feuerwache« aus zwischen Neustadt, Altstadt und Dominsel hindurchpaddeln. Auf der etwa 7 km langen Strecke hat man einen herrlichen Blick auf den historischen Stadtkern. Ab der Alten Feuerwache fährt man über die Brandenburger Niederhavel bis zur Jahrtausendbrücke, wo die Anlegestelle der »cafébar« im Brückenhäuschen (viel zu früh) zu einer ersten Pause lockt. Hier gibt es ebenfalls einen Bootsverleih, von dem aus man die Tour starten kann *(Ritterstr. 76, Tel. 03381 / 22 90 48, www.cafebar-kanu.de, ganzjährig Mo–Fr 8.30–18.30 Uhr, Sa & So 9.30–18.30 Uhr).* Hinter der Jahrtausendbrücke teilt sich nach einer Weile der Wasserlauf: Rechts durch die Näthewinde geht es südlich der Dominsel weiter auf dem Rundkurs. Am Mühlendamm wird das Boot mit Hilfe einer Schienenanlage umgesetzt. Danach geht es rechter Hand weiter entlang der Sankt-Annen-Promenade mit Blick auf das Paulikloster, vorbei am markanten Steintorturm und durch die Stadtschleuse zurück zum Bootsverleih.

Abenteuer in der Luft

Ballonfahren über Berlin und Brandenburg

20

Ausgewählte Anbieter:
Ballonhafen Berlin, Pflügerstr. 2, 12047 Berlin
Infos und Buchung unter 030/694 41 58 oder www.ballonhafen-berlin.de
E 180 €, K (12–16 J, Mindestgröße 1,30 m) 150 €.
Ballonreisen Schäfer, Treuenbrietzener Straße 31, 14547 Beelitz (Foto)
Infos und Buchung unter 033204 / 419 55, 030 / 67 82 00 37 oder www.ballonreise.de
E 180 €, K (bis 14 Jahre, Mindestgröße 1,30 m) 130 €.
Thomas Piede Balloon Adventures, Potsdamer Straße 37, 15711 Königs Wusterhausen
Infos und Buchung unter 03375 / 29 32 30 oder www.ballontour.de
E 199 €, K (bis 14 J, Mindestgröße 1,30 m) 149 €.

Alle, die schon einmal eine Fahrt im Heißluftballon gemacht haben, schwärmen von diesem ganz besonderen Erlebnis. Aufgrund des stolzen Preises ist es allerdings auch eines, das man als Familie vermutlich höchstens einmal gemeinsam unternehmen wird. Der Ablauf ist im Grundsatz immer gleich: Man verabredet sich mit dem Ballonführer zu einem bestimmten Zeitpunkt (im Sommer bei Sonnenauf- oder kurz vor Sonnenuntergang, im Winter auch tagsüber) am jeweiligen Startplatz. Dort wird der Ballon aufgebaut, mit heißer Luft gefüllt und dann geht es los. Den Kurs bestimmt der Wind. In Höhen von 200 bis max. 1.000 Metern gleitet man in absoluter Windstille (der Ballon bewegt sich ja mit dem Wind) über die Landschaft. Mitfahrende Kinder sollten mindestens 1,30 m oder größer sein, damit auch sie die Aussicht genießen können. Nach 1–1,5 Stunden Fahrt erfolgt die Landung und die Passagiere werden mit dem Auto zurück zum Startplatz gefahren. – Aufgrund widriger Wetterbedingungen kann es sein, dass eine Fahrt mehrmals verschoben werden muss. Man sollte also vor allem die Kinder auf mehrmalige Enttäuschungen vorbereiten.

Flugzeug- und Helikoptertouren ㉑

Lauter und spektakulärer, aber ähnlich teuer wie eine Ballonfahrt ist ein Rundflug im Helikopter oder Kleinflugzeug. Aufgrund der verwendeten Motorkraft können diese Gefährte praktisch zu jeder Tageszeit und auch bei ungünstigen thermischen Bedingungen in die Luft steigen – dafür ist so ein Flug aber auch deutlich ruckeliger und eher nichts für empfindliche Gemüter. Durch die relativ großen Fenster und in Flughöhen von 300 bis 1.000 m hat man einen viel besseren Blick auf die Landschaft als aus den winzigen Bullaugen eines Ferienfliegers. Man ist zudem viel näher dran am Geschehen und erlebt das Gefühl des Fliegens ganz hautnah und eindringlich. Wenn das eine oder andere Familienmitglied für so etwas keinen Sinn hat und lieber am Boden bleibt, ist das unter Umständen gar nicht so schlimm, denn halbwegs günstige Mitflug-Gelegenheiten für mehr als drei Personen findet man nur selten. Nach dem Flug bleibt ja noch genug Zeit für eine Unternehmung, an der dann alle zusammen teilnehmen können und wollen.

Ausgewählte Anbieter:

Flugschul & Charter GmbH Otto Lilienthal, Flugplatz Stechow an der B188, 14715 Stechow-Ferchesar
Infos und Buchung unter 0152 / 54 22 40 70 oder www.flugschule-rall.com
Flugzeugflug (pro Person): 20 min 36 €, 30 min 54 €, 40 min 72 €.

Rundflug Berlin-Brandenburg, Am Flugplatz 16, 15344 Strausberg (Foto)
Infos und Buchung unter 03341 / 30 53 64 oder www.rundflug-berlinbrandenburg.de
Helikopterflug (max. 4 P): 30 min 199 € p. P. Komplettbuchung: 23 €/Min.

Rundflugzentrale Schönhagen, Am Flugplatz, 14959 Schönhagen
Infos und Buchung unter 033731 / 133 21 oder www.rundflüge-schönhagen.de
Helikopterflug (max. 2 P): pauschal 20 min 229 €, 30 min 329 €, 45 min 465 €.
Flugzeugflug (max. 3 P): pauschal 30 min 179 €, 45 min 249 €.

AEROTOURS GmbH, Flugplatz F2 / Haus 12, 15344 Strausberg
Infos und Buchung unter 03341 / 25 00 08 oder www.aerotours.de
Flugzeugflug (max. 3 P): pauschal 20 min 110 €, 30 min 160 €, 45 min 240 €.

Für Rennfahrer und Lokführer

Mit Muskelkraft über Schienen

Draisinenbahn Kremmen (OHV) 1

Adresse und Öffnungszeiten

Draisinenbahn Kremmen, Stellwerk Kremmen Ost / Oranienburger Weg, 16766 Kremmen
Abfahrtszeiten (Apr–Sep): täglich 10, 13 und 16 Uhr (nur nach Voranmeldung!)
Infos und Reservierung unter. 033633 / 690 80, 0177 / 560 47 78
oder www.draisinenbahn-kremmen.de

Preise (pro Person)

3 Std.: Mo–Fr 12,80 €, Sa & So 15,40 €; 6 Std.: Mo–Fr 19,20 €, Sa & So 23,10 €. K unter 5 J frei; K unter 15 J 50 % Rabatt. Spezialangebot mit anschließendem Grillen ab 27,50 €

Anfahrt

Vom Bhf. Kremmen (RE 6) kurzer Fußweg auf der stadtabgewandten Seite der Gleise.

Die Draisinenbahn BB GmbH betreibt gleich drei Strecken in Brandenburg: Die Ausgangspunkte sind Kremmen, Mittenwalde und Tiefensee. In Kremmen stehen Kartdraisinen (die wie ein Kettcar angetrieben werden) und Handhebeldraisinen zur Auswahl. Die knapp 8 km lange Strecke führt vom Stellwerk Kremmen (Ost), östlich vom Bhf. Kremmen, bis zum Wendepunkt in Germendorf und zurück, wobei man für Hin- und Rückfahrt ohne sportliche Höchstleistung je ca. 2 Stunden rechnen sollte. Gestartet wird dreimal am Tag nach einer kurzen Einweisung durch das Personal. Fahrtzeit und Streckenlänge können individuell festgelegt werden; wer umkehren will, hebt seine Draisine an den vorhandenen Wendepunkten aus den Gleisen, lässt eventuell nachfolgende Draisinen passieren und hebelt bzw. strampelt dann in die Gegenrichtung zurück. Für das Wenden der Draisine braucht man mindestens zwei kräftige Personen im Team. Zwischendurch kann man natürlich auch einfach die Draisine neben den Gleisen abstellen und eine Picknick-Pause machen (Decke nicht vergessen!). Wer gute Beinmuskeln oder kräftige Kinder hat, kann die Draisine für die maximale Dauer von 6 Stunden buchen und vom Wendepunkt aus einen Abstecher zum ca. 1,5 km entfernten Tierpark Germendorf (↑S. 137) machen: Den Weg rechts neben den Schienen in Fahrtrichtung weiter gehen, dann rechts abbiegen und dem Weg folgen, der später zu einer Straße wird und auf die Kremmener Allee (K 273) führt. Dort nach links. Da der Weg nicht ausgeschildert ist, sollte man sich die Umgebung am besten vorher im Internet ansehen oder sich vor der Abfahrt noch einmal beim »Bahnhofspersonal« informieren.

Draisinenbahn Mittenwalde (LDS) 2

Adresse und Öffnungszeiten

Draisinenbahn Mittenwalde, Am Ostbahnhof 1, 15749 Mittenwalde

Abfahrtszeiten (Ostern–Mitte Okt): täglich 10, 13 und 16 Uhr, außerhalb der Saison auf Anfrage

Infos und Reservierung unter 033633 / 690 80, 0177 / 560 47 78 oder www.draisinenbahn.de

Preise (pro Person)

3 Std: Mo–Fr 12,80 €, Sa & So 15,40 €; 6 Std.: Mo–Fr 19,20 €, Sa & So 23,10 €. K unter 5 J frei, K unter 15 J 50 % Rabatt. Zahlreiche Spezialangebote (z.B. mit Grillen, Badeaufenthalt Lagerfeuer und/oder Übernachtung) ab 27,50 € p. P.

Anfahrt

Vom Bhf. Königs Wusterhausen mit dem Bus 728 (Ri. Töpchin) oder 729 (Ri. Telz, Dorf) bis Mittenwalde, Bahnhof.

Von Mittenwalde aus kann man über Motzen nach Töpchin (hin und zurück 22 km) oder in Richtung Königs Wusterhausen (hin und zurück 16 km) fahren. Im Einsatz sind hier Fahrraddraisinen, Kartdraisinen und große Handhebeldraisinen mit Plandach (ab 8–12 Mitfahrern). Gestartet wird auch hier dreimal am Tag. Fahrtzeit und Streckenlänge können individuell festgelegt werden; wer umkehren will, hebt seine Draisine an den vorhandenen Wendepunkten aus den Gleisen, lässt eventuell nachfolgende Draisinen passieren und hebelt bzw. strampelt dann in die Gegenrichtung zurück. Die Fahrt auf einer Fahrraddraisine kann man nicht mit einer normalen Radtour vergleichen; mangels Gangschaltung und aufgrund des hohen Fahrzeuggewichts ist es deutlich anstrengender. Für das Wenden der Draisine braucht man mindestens zwei kräftige Personen im Team. Die insgesamt 10 km lange Fahrt nach Motzen und zurück dauert, je nach Kraft und Ausdauer, mit Pausen etwa 2,5 Stunden. Wer nicht eins der Spezialangebote mit Grill- oder Badeaufenthalt am Motzener See buchen möchte, dem reichen aber sicher ein bis anderthalb Stunden auf der Draisine. Mit dem Auto oder dem Bus (728 oder 729) kommt man danach auch ohne Schienenfahrzeug in wenigen Minuten zum Seebad Motzen, wo man sich im Wasser erfrischen kann (*Mittenwalder Straße, hinter dem Sportplatz, Eintritt frei, Badeinsel, Spielplatz und Imbiss vorhanden*). Etwas weiter weg liegt das Seebad Kallinchen in Zossen (↑S. 100).

Draisinenbahn Tiefensee (BAR) ③

Auch ab Tiefensee sind Fahrrad-, Hebel- und Kartdraisinen im Einsatz. Die Fahrt führt von der Gaststätte »Zu den Draisinen« in Tiefensee bis zum 12 km entfernten Bahnhof Sternebeck und zurück. Abfahrtszeiten und Ablauf sind identisch mit denen in Kremmen und Mittenwalde. Fahrtzeit und Streckenlänge können individuell festgelegt werden; wer umkehren will, hebt seine Draisine an den vorhandenen Wendepunkten aus den Gleisen, lässt

Adresse und Öffnungszeiten

Draisinenbahn Tiefensee, Adolf-Reichwein-Str. 2, 16356 Tiefensee
Abfahrtszeiten (Ostern–Mitte Okt): täglich 10, 13 und 16 Uhr
Infos und Reservierung unter 033633 / 690 80, 033398 / 694 90
oder www.draisinenbahn-tiefensee.de

Preise (pro Person)

3 Std.: Mo–Fr 12,80 €, Sa & So 15,40 €; 6 Std.: Mo–Fr 19,20 €, Sa & So 23,10 €. K unter 5 J frei;
K unter 15 J 50 % Rabatt. Spezialangebot mit anschließendem Grillen ab 27,50 € p. P.

Anfahrt

Vom Bhf. Werneuchen mit dem Bus 887 (Ri. Tiefensee) bis Tiefensee, Eberswalder Straße, oder vom

Bhf. Bad Freienwalde mit dem Bus 887 (Ri. Werneuchen) bis Tiefensee, Dorf, oder vom Hbf. Eberswalde mit dem Bus 923 (Ri. Strausberg) bis Tiefensee, Eberswalder Straße. Von dort jeweils kurzer Fußweg.

eventuell nachfolgende Draisinen passieren und hebelt bzw. strampelt dann in die Gegenrichtung zurück. Für das Wenden der Draisine braucht man mindestens zwei kräftige Personen im Team. – Am Wendepunkt der Strecke, am ehemaligen Bahnhof Sternebeck, gibt es eine kleine Freiluftausstellung historischer Schienenfahrzeuge und Waggons zu besichtigen, die vom Verein Museumseisenbahn Sternebeck betrieben wird (*Am Bahnhof 6, 15345 Prötzel OT Sternebeck, www.mev-sternebeck.de*). Allerdings ist die komplette Draisinentour bis Sternebeck und zurück nur sportlich ambitionierten Familien zu empfehlen. Wer trotzdem einen Blick auf die Loks werfen möchte, macht am besten von Tiefensee aus einen Abstecher mit dem Auto; eine passable Nahverkehrsverbindung zwischen Tiefensee und Sternebeck gibt es leider nicht.

Erlebnisbahn Templin–Fürstenberg (UM) 4

Adresse und Öffnungszeiten
Start- und Zielstation Templin: Zehdenicker Straße 30, 17268 Templin
Start- und Zielstation Fürstenberg: Weidendamm 5, 16798 Fürstenberg / Havel
Abfahrtszeiten (Apr–Okt): täglich 9–11 oder 14.30–15.30 Uhr (Halbtagestour) bzw. 9–12 Uhr (Ganztagestour)
Infos und Reservierung unter 03377 / 330 08 50 oder www.draisine.com
Preise (pro Draisine)
Halbtagestour ab Fürstenberg (Start 9–11 Uhr oder 14.30–15.30 Uhr; Rückgabe bis 14 Uhr oder 18.30 Uhr): ca. 40,- € pro Draisine (max. 4 P)
Ganztagestour ab Templin (Start 9–12 Uhr, Rückgabe bis 18.30 Uhr): ca. 65,- € pro Draisine (max. 4 P) bzw. ca. 90,- € Vereinsdraisine (bis zu 5 P)

Anfahrt
Vom Bhf. Fürstenberg/Havel zu Fuß zur Draisinestation (ca. 15-20 min), vom Bhf. Templin zur Draisinestation (ca. 8 min). Der Weg ist jeweils ausgeschildert.

Der zweite Anbieter von Draisinentouren in Brandenburg hat ein etwas anderes Organisationsprinzip als das bisher beschriebene. Statt drei exakter Abfahrtstermine gibt es jeweils Zeitkorridore, in denen bestimmte Touren gestartet werden können. Dank eines festgelegten Zeitpunkts für den Richtungswechsel fahren alle Draisinen stets in eine Richtung. Mit Gegenverkehr ist also nicht zu rechnen. Wahlweise geht es von Templin oder von Fürstenberg aus zum Wendepunkt in Lychen. Gefahren wird mit normalen Fahrraddraisinen oder (ab Templin) auch mit »Vereinsdraisinen«, bei denen von maximal fünf Mitfahrern drei in die Pedale treten können. In Fürstenberg startet jeweils vormittags und nachmittags die »Halbtagestour« (hin und zurück etwa 25 km), die durch eine seen- und waldreiche Landschaft der Norduckermark führt. Mit Kindern an Bord ist es allerdings schwierig, in der zur Verfügung stehenden Zeit die volle Tour zu absolvieren. Es empfiehlt sich eher, irgendwo an der Strecke ein Picknick einzuplanen und dort den Zeitpunkt zum Richtungswechsel abzuwarten (12 bzw. 16.30 Uhr) – zum Beispiel im gut 5 km entfernten Himmelpfort, wo im Winter der Weihnachtsmann sein Büro hat und man im Sommer gut baden kann. Bei der noch ambitionierteren »Ganztagestour« ab Templin (hin und zurück etwa 34 km) bietet sich zum Beispiel ein Halt im 5,5 km entfernten Neu-Placht an (Imbiss »Draisinen Oase«); der Wendezeitpunkt ist auf dieser Strecke um 14 Uhr. Für das Wenden der Draisine braucht man mindestens zwei kräftige Personen im Team. – In Templin ist übrigens für Mittelalter-Fans die knapp 2 km lange, fast vollständig erhaltene Stadtmauer interessant.

Erlebnisbahn Zossen–Jänickendorf (TF) 5

Adresse und Öffnungszeiten

Start- und Zielstation: Bahnhof Zossen, An den Wulzen 23, 15806 Zossen

Abfahrtszeit (Apr–Okt): täglich 9–11 Uhr

Infos und Reservierung unter 03377 / 330 08 50 oder www.erlebnisbahn.de.

Preise (pro Person)

Ganztagestour (Start 9–11 Uhr, Rückgabe bis 18 Uhr): E ca. 20 €, K (4–14 J) ca. 15 €

Schnuppertour (max. 3 Std.) mit kleiner Hebeldraisine (ab 4 P, Start 9.30 Uhr oder 14.30 Uhr): E ca. 10 €, K (4–14 J) ca. 7 €

Schnuppertour (max. 4 Std.) mit Fahrraddraisine (Start 10.30 Uhr oder 14.30 Uhr): E ca. 10 €, K (4–14 J) ca. 7 €.

Anfahrt

Der Draisinenbahnhof befindet sich im Bhf. Zossen am Ankunftsgleis der Züge aus Richtung Berlin (Gleis 5).

Das Prinzip ist hier das gleiche wie auf der Strecke Templin–Fürstenberg. Allerdings gibt es hier keine Halbtagestouren. Die Fahrraddraisine wird für einen ganzen Tag gemietet. Von Zossen aus führt die etwa 25 km lange Strecke durch Wälder, über Felder und Wiesen vorbei an Mellensee und Sperenberg nach Jänickendorf. Los geht es zwischen 9 und 11 Uhr. Wer sich sportlich nicht überfordern möchte, sucht sich auch hier irgendwo an der Strecke eine schöne Picknickstelle und wartet dort auf den Zeitpunkt zur Rückfahrt (15 Uhr). Für das Wenden der Draisine braucht man mindestens zwei kräftige Personen im Team. – Zum Einstieg wird auch eine sog. »Schnuppertour« mit Fahrrad- oder Handhebeldraisinen angeboten: Sie führt in etwa einer Stunde von Zossen ins 5 km entfernten Mellensee, wo man dann einen kurzen Aufenthalt im Eiscafé (Hauptstraße 17) oder auf der Minigolfanlage (direkt am Bahnhof) verbringen kann *(Minigolf-Preise: Erwachsene 3,50 Euro, Kinder bis 14 Jahre 2,50 Euro).*

Museum für Klein- und Privatbahnen in Gramzow (UM) 6

Adresse und Öffnungszeiten

Brandenburgisches Museum für Klein- und Privatbahnen, Am Bahnhof 3, 17291 Gramzow

Mai–Okt Di–So 10–17 Uhr

Infos unter 039861 / 701 59 oder www.eisenbahnmuseumgramzow.de

Preise

Eintritt: E 3 €, K (6-14 Jahre) 2 €, Familienkarte (2 K & 2 E) 8,- €

Mitfahrt auf einem Eisenbahnfahrzeug: 1,50 € p. P., Familien 5 €

Fahrt mit der Leichtdraisine (max. 6 P): 45 min (3 km) 10,- €, 120 min (6 km) 15 €

Fahrt mit der Museumseisenbahn Gramzow–Damme: einfache Fahrt 4/3 € (Familie 11 €), Hin- und Rückfahrt 7/5 € (Familie 19 €) – Rabatte bei Kombination mit Museumseintritt

Anfahrt

Ein Bahnmuseum ohne Schienenanbindung: Vom Bhf. Angermünde mit dem Bus 450 nach Gramzow, Markt (ca. 30 min), oder vom Bhf. Prenzlau mit dem Bus 403 (Ri. Schwedt) (ca. 20 min).

Im uckermärkischen Gramzow kann man im Außenbereich des ehemaligen Bahnhofs verschiedene Loks und Waggons, einen Schneepflug, einen Eisenbahn-Drehkran und andere Schienenfahrzeuge besichtigen. Während die ständige Ausstellung zur Geschichte der in Brandenburg früher verbreiteten Klein- und Privatbahnen sich vor allem an erwachsene Bahnfreunde richtet, gibt es für Kinder (aber nicht nur für die) eine elektrisch betriebene Spielbahn, einen Fernschreiber und eine Fernsprechanlage zum aktiven Ausprobieren. Zudem kann man sich auf dem Führerstand einer Kleindiesellokomotive mitnehmen lassen (von Mai bis Oktober an ausgewählten Sonntagen) oder mit einer Schmalspur-Handhebeldraisine im Bahnhofsbereich oder mit normalspurigen Leichtdraisinen auf der Strecke der Gramzower Museums-Bahn fahren. Die Museumsbahn selbst verkehrt zwischen Gramzow und Damme jeweils an einem Wochenende im Juli, September und Oktober sowie am Sonntag nach Nikolaus

(Fahrplan im Internet). – Für Modellbahnfreunde gibt es in Gramzow auch noch eine kleine Modelleisenbahn-Ausstellung über die Entwicklung der Berlin-Stettiner Eisenbahn (*geöffnet von Mai bis Oktober an ausgewählten Tagen, Tel. 039861 / 710 02, www.berlin-stettiner-eisenbahn.de*).

Heidekrautbahnmuseum Basdorf (BAR) 7

Adresse und Öffnungszeiten

Abfahrt nach Basdorf vom Haltepunkt Wilhelmsruher Damm 25, 13518 Berlin

Heidekrautbahnmuseum: Bahnbetriebswerk Basdorf, An der Wildbahn 2a, 16348 Wandlitz OT Basdorf. Das Museum ist von Apr bis Okt samstags sowie an Fahrtagen der Museumseisenbahn von 11–17 Uhr geöffnet.

Infos & Reservierung unter 033397 / 672 77 bzw. Sa 033397 / 726 56 oder www.berliner-eisenbahnfreunde.de

Preise

Museumseintritt: 2 € p. P., K unter 12 J frei

Fahrpreis hin und zurück: E ab 13 €, K unter 12 J ab 2 € (Polsterklasse jeweils 2 € Zuschlag).

Anfahrt

Zum Haltepunkt Wilhelmsruher Damm ab S-Bhf. Wittenau mit dem Bus 124 (Ri. Buchholz West) oder mit der M 21 (Ri. Rosenthal) bis Märkisches Zentrum oder ab Bhf. Friedrichstr. mit der Tram M 1 nach Rosenthal Nord.

Der Verein Berliner Eisenbahnfreunde zeigt im Heidekrautbahnmuseum anhand zahlreicher Exponate die Geschichte der Niederbarnimer Eisenbahn AG. Zum spannenden Familienausflug wird der Besuch, wenn man mit dem Museumszug anreist, der von einer historischen Dampflok gezogen wird. Hier knipst der Schaffner wie anno dazumal die »Billets« mit der Zange ab, während man mit dem typischen Rußgeruch in der Nase in den historischen Wagen der Holz- oder Polsterklasse über die Schienen rumpelt. Die Strecke führt von Berlin-Reinickendorf vorbei am Märkischen Viertel, am Freizeitpark Lübars und durch das Tegeler Fließ, über Schildow, Mühlenbeck, Schönwalde und Schönerlinde bis nach Basdorf. Wenn den Kindern die etwa einstündige Fahrt trotz allem zu lang wird, kann man sie im historischen Speisewagen mit heißen Würstchen, Limo oder Süßigkeiten wieder aufheitern. Achtung: Die Bahn fährt nur an ausgewählten Tagen im Jahr! Im Dezember gibt es zum Beispiel Nikolaus- und Adventsfahrten, bei denen der Nikolaus an Bord Geschenke verteilt.

Niederlausitzer Museumseisenbahn (EE) 8

Adresse und Öffnungszeiten

Niederlausitzer Museumseisenbahn e. V., Holsteiner Str. 55, 03238 Finsterwalde

Infos unter 03531 / 507 55 66 oder www.niederlausitzer-museumseisenbahn.de

Preise

E 10 € (hin und zurück), 5 € (einfach), K (6–12 J) 5 € (hin und zurück), 2,50 € (einfach), K unter 6 J frei

Anfahrt

Museumsbahnhof Kleinbahren: Vom Bhf. Finsterwalde mit dem Bus 595 (Ri. Crinitz, fährt stündlich) bis Kleinbahren. Dann längerer Fußweg über die Kreisstraße 6231 bis Kleinbahren, dort links die Dorfstraße entlang.

Haltepunkt Frankenaer Weg in Finsterwalde: Vom Bhf. Finsterwalde ca. 15 min Fußweg.

Die historischen Fahrzeuge der Niederlausitzer Museumseisenbahn verkehren auf der knapp 16 km langen Strecke zwischen Finsterwalde und Crinitz. »Regulärer« Verkehr findet von Juni bis Oktober an ausgewählten Wochentagen statt; in- und außerhalb dieser Kernzeit gibt es aber auch Sonderfahrten an Wochenenden oder Feiertagen, etwa im Frühjahr eine Fahrt zum Crinitzer Töpfermarkt oder im Winter mehrere Nikolausfahrten. Wer eine reguläre Fahrt mitmachen möchte (Fahrplan im Internet), sollte bedenken, dass die einfache Fahrt von Finsterwalde bis Crinitz stolze 80 Minuten dauert – als Kurzfassung bietet sich daher an, nur die 30-minütige Teilstrecke von Finsterwalde zum Vereinssitz Kleinbahren mitzufahren. Dort kann man dann entweder warten, bis der Zug auf dem Rückweg wieder hält, oder man radelt einfach mit dem eigenen Drahtesel zurück nach Finsterwalde. Die Mitnahme von Fahrrädern im Gepäckwagen ist nämlich möglich. Geld sparen kann man durch diese Abkürzung allerdings nicht, denn es gibt keine Tarife für Teilstrecken

Museumsbahn Buckower Kleinbahn (MOL) 9

Adresse und Öffnungszeiten
Museumsbahn Buckower Kleinbahn e.V., Bahnhofstraße 1, 15377 Buckow
Zugverkehr nur von Mai bis September an Wochenenden und Feiertagen
Das Eisenbahnmuseum Buckow hat an allen Fahrtagen der Museumsbahn von 10–16 Uhr geöffnet.
Infos unter 033433 / 575 78 (nur an Betriebstagen) oder www.buckower-kleinbahn.de

Preise
Einfache Fahrt: E 3 €, K (6–12 J) 1,50 €. Hin- und Rückfahrt E 5 €, K (6–12 J) 2,50 €. K unter 6 J frei.
Museumseintritt E 2 €, K (6–14 J) 1,50 €

Anfahrt
Ab Bhf. Berlin-Lichtenberg mit dem NE 26 Richtung Kostrzyn bis Bhf. Müncheberg und von dort mit der Museumsbahn bis Buckow.

Die Züge der Buckower Kleinbahn stammen aus den 1930er Jahren und sehen ein bisschen aus wie altertümliche Berliner S-Bahnwagen. Für die knapp 5 km lange Strecke zwischen Buckow und Müncheberg brauchen sie etwa 10 Minuten. In Buckow gibt es ein Eisenbahnmuseum, das mit zahlreichen Exponaten die Geschichte der Buckower Kleinbahn und anderer deutscher Eisenbahnlinien veranschaulicht. Auf dem Freigelände finden sich historische Diesel- und Elektroloks. – Im Sommer bietet sich als krönender Abschluss ein Besuch im Strandbad Buckow am Schermützelsee an, das man vom Bahnhof aus über die Hauptstraße/Wriezener Straße (K 6413) Richtung Norden erreicht (knapp 2 km Fußweg). Dort gibt es u. a. einen Sprungturm, einen Imbiss, einen Bootsverleih und einen Kinderspielplatz. (*Wriezener Str. 38, Mai–Sep täglich 10–19 Uhr, E 2 €, K 1 €, Toiletten und Umkleiden vorhanden.*) Auf dem Weg dorthin kommt man übrigens an einigen der Wassertretstellen vorbei, für die der Kneipp-Kurort Buckow unter anderem bekannt ist. (*Weitere Infos dazu bei der Tourist-Info: Sebastian-Kneipp-Weg 1, 033433 / 575 00, www.buckow-online.de.*)

Parkeisenbahn Cottbus (CB) ⑩

Adresse und Öffnungszeiten

Verein zur Förderung der Cottbuser Parkeisenbahn e.V., Am Eliaspark 1, 03042 Cottbus
Fahrzeiten alle 50–60 Minuten. Apr–Mai Mo–Fr 13.30–17.40 Uhr (außer Mo); Sa, So, feiertags & in den Ferien ab 10 Uhr (einschließlich Mo). Jun–Aug Mo–Fr 10–17.40 Uhr (außer Mo); in den Ferien auch Mo. Sep–Okt nur Sa, So, feiertags & in den Ferien 10–17:40 Uhr
Infos unter 0355 / 756 17 10 oder www.pe-cottbus.de

Preise

Hin- und Rückfahrkarte 4 €, K (bis 14 Jahre) 2 €, K unter 3 Jahren frei; Familienkarte (2 E & bis zu 4 K) 10 €. Dampflokzuschlag 1 €

Anfahrt

Zum Bahnhof Sandower Dreieck gelangt man von Cottbus Hbf. mit der RE 11 in Richtung Frankfurt/O. oder mit dem OE 46 nach Forst bis zum Haltepunkt Cottbus Sandow. Oder (wochentags) mit der Straßenbahnlinie 2 bzw. (am Wochenende) mit der Straßenbahnlinie 5 bis Sandow. Den Bahnhof Zoo erreicht man ab Cottbus Hbf. mit dem Bus 10 bis Tierpark.

Die Parkeisenbahn Cottbus verbindet die innerstädtischen Grünanlagen mit dem Fürst-Pückler-Park Branitz. Das Zug- und Bahnhofspersonal besteht aus Kindern und Jugendlichen. Die Züge auf der insgesamt 3,2 km langen Schmalspurstrecke werden von Dieselloks oder (an jedem ersten Wochenende im Monat bzw. an Feiertagen) von einer Dampflok Baujahr 1918 gezogen. Die Fahrtzeit vom »Hauptbahnhof« Sandower Dreieck bis nach Branitz beträgt 20 Minuten. Vom Bahnhof Stadion der Freundschaft erreicht man das gleichnamige Stadion, die Messe Cottbus und den Eliaspark mit seinem beliebten Wasserspielplatz, der großen Liegewiese und dem Spielhaus, das während der Sommerferien zahlreiche Aktivitäten für Kinder anbietet. Am Spielhaus beginnt auch ein Naturerlebnispfad, der weiter durch den Spreeauenpark bis zum Tierpark führt. Im Spreeauenpark (Haltepunkt Parkcafé oder Bahnhof Zoo) bietet sich für Naturfreunde ein Gang durch den Tertiärwald an, der einen lebendigen Eindruck davon vermittelt, wie die Natur in der Niederlausitz vor 10 Millionen Jahren aussah. Neben heute ungewohnten Pflanzenarten kann man dort auch ein nachgestaltetes Kohlemoor und den versteinerten Stumpf eines Mammutbaums mit über 3 m Durchmesser sehen. Vom Bahnhof Zoo erreicht man den Tierpark Cottbus (↑S. 139) und die Pyramiden im Park Branitz.

Prignitzer Kleinbahnmuseum Lindenberg (PR) ⑪

Adresse und Öffnungszeiten

Prignitzer Kleinbahnmuseum, Lindenberg 7, 16928 Groß Pankow (Prignitz) OT Lindenberg

Zugverkehr von Mai bis Okt an ausgewählten Wochenenden und Feiertagen. Das Kleinbahnmuseum hat von Mai–Okt jeden Sa & So von 10–17 Uhr geöffnet

Infos unter 033982 / 601 28 bzw. www.pollo.de

Preise

Einfache Fahrt: E 6 €, K (4–12 J) 3 €. Hin- und Rückfahrt E 8 €, K (4–12 J) 4 €. K unter 4 J frei

Familienkarte (2 E mit ihren K) 18 €. Bei Themenfahrten gelten Sonderpreise

Museumseintritt E 1,50 € (1 € mit gültiger Fahrkarte), K (4–12 J) 0,50 €

Anfahrt

Vom Bhf. Pritzwalk mit dem Bus 905 (Ri. Lindenberg) bis Bhf. Lindenberg oder vom Bhf. Kyritz mit dem Bus 942 (Ri. Lindenberg) bis Bhf. Lindenberg (jeweils ca. 40 min).

Bis in die 1960er Jahre hinein waren viele Städte der Prignitz durch ein Schmalspurbahnnetz miteinander verbunden. Zwischen Mesendorf und Lindenberg haben rührige Eisenbahnfreunde einen 9 km langen Streckenabschnitt reaktiviert und befahren ihn mit rekonstruierten Zügen, die von den Einheimischen auch »Pollo« genannt werden. Gefahren wird von Mai bis Oktober an ausgewählten Wochenenden und Feiertagen. Die einfache Fahrt dauert eine gute halbe Stunde. Zu Ostern und Nikolaus gibt es spezielle Themenfahrten mit besonderen Angeboten für Kinder. An manchen Tagen werden die Züge auch von Dampfloks gezogen. Ein Highlight ist (zumindest an trockenen Tagen) der offene Aussichtswagen. In Lindenberg gibt es auch ein kleines Museum zur Geschichte der Kleinbahnstrecke.

Jumicar fahren im Kiebitzpark (LDS) ⑫

Adresse und Öffnungszeiten

Kiebitzpark, Brückenstraße 13, 15711 Königs Wusterhausen

Ganzjährig Sa, So & feiertags 10–19 Uhr, von Mai–Sep auch Fr 14–19 Uhr, in den Schulferien täglich 10–19 Uhr

Infos und Reservierung unter 03375 / 216 407 oder www.kiebitzpark.de

Preise

Jumicar: 1 Fahrt (à 5 min) 2,50 €, 6 Fahrten 12 €. Beifahrer 1,20 €/6 €

Minigolf: 1 Runde 3,50 €, K (6–17 J) 3 €. K unter 5 J frei

Kombiangebot für Kinder von 6–14 J: 1 Runde Minigolf & 2 Fahrten im Jumicar 6,50 €

Anfahrt

Vom S-Bhf. Königs Wusterhausen zu Fuß (ca. 5 min) rechts über die Storkower Straße bis zum Kreisverkehr, dann links in die Gerichtsstraße und bei der nächsten Abzweigung rechts in die Brückenstraße. Alternativ mit dem Stadtbus 739 eine Station bis Landratsamt; der Bus fährt am Wochenende aber selten.

Ein Jumicar ist die motorbetriebene Minivariante eines »normalen« Autos – mit Lenkrad, Gas- und Bremspedal. Beflügelt von echtem Motorengeknatter und mit einer Geschwindigkeit von bis zu 15 km/h können Kinder ab ca. 6 Jahren im Verkehrsparcours des Kiebitzparks ihre Runden drehen. Vor der Fahrt werden die gängigen Verkehrsregeln und die Bedeutung der verschiedenen Straßenschilder erklärt; bei Regelverstößen erfolgt eine freundliche »Nachhilfe«. Der Parcours wirkt auf den ersten Blick enttäuschend klein und etwas in die Jahre gekommen, aber für junge Fahranfänger ist die Kombination aus Lenken, abwechselnd Gas geben und Bremsen sowie gleichzeitig an die Verkehrsregeln denken trotzdem eine spannende Herausforderung. Kinder von 4 bis 6 Jahren dürfen entweder als Beifahrer im Jumicar mitfahren oder selbst ein kleineres (und langsameres) Elektro-Auto steuern. Die Eltern können das Fahrvergnügen vom kleinen »Sommergarten« des Eiscafés aus beobachten und dabei Kräfte sammeln für die anschließende Partie Minigolf in der sehr schön gestalteten Anlage nebenan.

Kartbahn Altes Lager in Niedergörsdorf (TF) ⑬

Adresse und Öffnungszeiten

Go-Kartbahn und Freizeitzentrum Niedergörsdorf, Flugplatzweg 6, 14913 Niedergörsdorf

Mrz–Okt Mo–Di 10-18 Uhr, Mi–So 10–20 Uhr. Nov–Feb Fr–So 10–18 Uhr. Wetterbedingte Abweichungen möglich

Infos und Reservierung unter: 033741 / 720 66 oder www.go-kartbahn.de

Preise

6,5-PS-Kart 10 €/10 min, 28 €/30 min, 51 €/60 min; 9-PS-Kart 14 €/10 min, 39 €/30 min, 69 €/60 min. Mittwochs gelten die 10-min-Preise für 15 min

Anfahrt

Vom Bhf. Jüterbog mit dem OE 33 bis Bhf. Altes Lager, von da ca. 30 min Fußweg: Geradeaus die Bahnhofstraße entlang, dann rechts in die Treuenbrietzener Str., an der nächsten Abzweigung rechts in die Kastanienallee, an deren Ende der Flugplatzweg beginnt.

Go-Kart-Fahren ist nicht nur für Motorsport-Fans eine tolle Sache. Dass dabei ein richtiger Benzinmotor den Antrieb übernimmt, ist zwar ökologisch alles andere als korrekt, macht es aber gerade für Kinder besonders spannend. Auf dem Gelände eines ehemaligen sowjetischen Militärflughafens in Niedergörsdorf (bei Jüterbog) liegt die 1,2 km lange Kartbahn Altes Lager. Die Strecke ist abwechslungsreich und vermittelt mit ihrer bis zu 8 m breiten Fahrbahn ein echtes Formel-1-Gefühl. Im Angebot sind Leihkarts mit 6,5 PS (empfohlen für 8- bis 12-Jährige), 9 PS (ab 12 Jahren) oder 18 PS (nur für Erwachsene). Die Mindestkörpergröße beträgt grundsätzlich 1,30 m. Kleinere Kinder können als Beifahrer im Doppelsitzer mitfahren. In diesen Karts gibt es dann auch einen Anschnallgurt. Da meist auch Kartprofis auf der Strecke sind, sollte man als Anfänger möglichst so fahren, dass für andere Platz zum gefahrlosen Überholen bleibt. Die Fahrtzeit beträgt immer 10 Minuten; auch wer mehrere Fahrten gebucht hat, muss sich jedes Mal neu anstellen, sodass man auch bei großem Andrang die Chance hat, nach überschaubarer Wartezeit auf die Piste zu kommen. Eine telefonische Anfrage, ob wegen einer Veranstaltung die Öffnungszeiten geändert sind, kann nicht schaden. – Wer Kinder dabei hat, die nicht die eigenen sind, braucht übrigens eine Einverständniserklärung der Erziehungsberechtigten.

Kartbahn Schönerlinde (BAR) 14

Adresse und Öffnungszeiten

Kartbahn Schönerlinde, Alter Heerweg 3–4 / Ecke Mühlenbeckerstr. 8 B, 16348 Wandlitz OT Schönerlinde

Mrz–Okt Mi–Fr 14–21 Uhr (in den Ferien ab 12 Uhr), Sa, So & feiertags 10–21 Uhr. Wetterbedingte Abweichungen möglich. Letzter Start 1 Std. vor Schließung

Infos und Reservierung unter 030 / 747 77 301, 0163 / 632 28 34 oder www.leihkart.info

Preise

Erwachsenenkarts ab 12 €/10 min, Kinderkarts 10 €/10 min, Doppelsitzer 18 €/10 min

Anfahrt

Vom Bhf. Schönerlinde (NE 27) zu Fuß etwa 300 m weiter in Fahrtrichtung, an der grünen Stahltreppe hoch zur Mühlenbecker Straße, dann weiter nach links, nach 700 m links in den Alten Heerweg abbiegen.

Die 1,4 Kilometer lange Outdoor-Strecke der Kartbahn Schönerlinde in Wandlitz liegt verkehrsgünstig direkt an der A 10 nördlich von Berlin. Die 8 m breite Fahrbahn hat sicher schon bessere Tage gesehen, aber sie bietet mit ihrer abwechslungsreichen Streckenführung viele spannende Herausforderungen für kleine Sebastian Vettels. Die Fahrzeugflotte ist 2012 teilweise erneuert worden. Neben 9, 11 und 13 PS starken Karts stehen auch familienkompatible Möglichkeiten für Anfänger zur Verfügung: Kinder-Karts mit 4 oder 5,5 PS (Mindestkörpergröße ca. 1,40 m) bzw. mit 1 und 2 PS (ab ca. 1,30 m) sowie Doppelsitzer, auf denen ein Erwachsener ein Kind mitnehmen kann. Ab ca. 1,50 m Körpergröße dürfen Kinder auch mit den 9 PS-Karts fahren, wenn sie sicher an Gas und

Bremse herankommen. – Auch hier lohnt ein Blick ins Internet oder ein Anruf, ob die Bahn wegen einer Sonderveranstaltung möglicher Weise geschlossen ist. Wer Kinder dabei hat, die nicht die eigenen sind, braucht eine Einverständniserklärung der Erziehungsberechtigten.

Kartbahn Templiner Ring (UM) 15

Adresse und Öffnungszeiten

Templiner Ring Kartcenter, Carl-Friedrich-Benz-Straße 2, 17268 Templin

Ganzjährig Mo–Fr 12 Uhr–Einbruch der Dunkelheit, Sa, So & feiertags ab 9 Uhr. In den Schulferien Mo–Fr ab 10 Uhr. Wetterbedingte Abweichungen möglich.

Infos und Reservierung unter 03987 / 40 99 60 oder www.kart-templin.de

Preise

9-PS-Kart 11 €/10 min, Kinderkart 9 €/10 min, Doppelsitzer 13 €/10 min

Anfahrt

Vom Bhf. Templin ca. 2,5 km Fußweg: Nach links parallel zu den Gleisen die Bahnhofstr. (später Dorfstr.) entlang, dann vor der Tankstelle links in die Hindenburger Str. einbiegen und weiter bis zur Carl-Friedrich-Benz-Allee.

Die 1,1 km lange Strecke der Kartbahn Templiner Ring wurde von den Lesern des Magazins Motorsport XL im Jahr 2011 zur »besten Kartbahn des Jahres« gewählt. Tatsächlich wirkt die Anlage gepflegt und gut ausgebaut. Die Fahrbahn ist durchweg mindestens 8 m breit und verfügt über großzügig bemessene Auslaufzonen. So viel Komfort zieht Profi-Fahrer aus ganz Deutschland an, die dort auch außerhalb der zahlreichen Meisterschaften, die hier stattfinden, gerne die Gelegenheit nutzen, ihre Karts mit Spitzengeschwindigkeiten von zum Teil über

50 km/h auszufahren. Das wiederum kann für vorsichtige Fahranfänger zum Stressfaktor und damit zum Nachteil werden. Eine telefonische Anfrage nach dem aktuellen Belegungsstand der Bahn ist empfehlenswert. Die Termine der geschlossenen Rennveranstaltungen werden auch im Internet bekannt gegeben. – Wer Kinder dabei hat, die nicht die eigenen sind, braucht eine Einverständniserklärung der Erziehungsberechtigten.

Spreewaldring Kartcenter (LDS) 16

Adresse und Öffnungszeiten

Spreewaldring Kart-Center, Waldhaus 1, 15910 Schönwald OT Waldow

Mrz–Okt täglich 10–22 Uhr. Nov–Feb täglich 11–20 Uhr. Wetterbedingte Abweichungen möglich.

Infos und Reservierung unter 035477 / 40 40 oder www.kart-center.de

Preise

9-PS-Kart 13 €/10 min (bis 16 Jahre 11 €), 6,5-PS-Kart 10 €/10 min, Doppelsitzer 16 €/10 min

Mittwochs 9-PS-Kart 10 €, 6,5-PS-Kart 9 €

Anfahrt

Bis Waldow, Waldstraße, entweder vom Bhf. Brand (RE 2) mit dem Bus 476 (Ri. Rietzneuendorf) oder vom Bhf. Golßen (RE 3) mit dem Bus 476 (Ri. Lübben).

Der sogenannte Waldow Circuit ist mit 800 m Länge die kürzeste unter den brandenburgischen Kartbahnen. Verkürzt sind vor allem die geraden Abschnitte, wodurch die Strecke besonders kurvenreich wirkt. In Waldow gibt es neben 6,5- und 9-PS-Karts auch Doppelsitzer für Eltern-Kind-Fahrten. Eine Besonderheit sind hier die Karts für Menschen mit körperlichen Einschränkungen, bei denen Sitz und Lenksäule individuell verstellbar sind und Gas und Bremse von Hand bedient werden können. Da das Spreewaldring Kartcenter insbesondere am Wochenende häufig mit Gruppen belegt ist, sollte man unbedingt vorher im Internet oder telefonisch die Verfügbarkeit prüfen. – Wer Kinder dabei hat, die nicht die eigenen sind, braucht eine Einverständniserklärung der Erziehungsberechtigten.

Für Forscher und Entdecker

Besucherbergwerk F60 (EE) ①

Adresse und Öffnungszeiten
Besucherbergwerk F 60, Bergheider Straße 4, 03238 Lichterfeld
Mitte Mrz–Ende Okt täglich 10–18 Uhr (Fr–Sa bis 20 Uhr, Mai–Aug bis 22 Uhr)
Nov–Mitte Mrz Mi–So 11–16 Uhr
Infos unter 03531-608 00 oder www.f60.de

Preise
Eintritt zu Infozentrum, Ausstellung, Freigelände: 2,50 € p. P.
Große Führung: E 9 €, K (6–11 J) 4,50 €, K (12–15 J) 8 €, K unter 5 J frei. Kurzführung: 4,50 € p. P.
K unter 12 J dürfen die F60 nur in Begleitung eines E betreten

Anfahrt
Ab Bhf. Finsterwalde mit dem Bus 599 (Ri. Senftenberg) bis Lichterfeld, Besucherbergwerk F60. (Bus hält nur zum Ausstieg bzw. nach Voranmeldung 1 Std. im Voraus unter Tel. 03531 / 650 010, Gruppen ab 10 Personen mind. 2 Tage im Voraus anmelden.)

In der Niederlausitz lockt ein Gigant der Technik: Die ehemalige Abraumförderbrücke vom Typ F60 ist gut 500 m lang, über 200 m breit, fast 80 m hoch und 11.000 Tonnen schwer. Würde man sie aufrichten, wäre sie ganze 182 m höher als der Eiffelturm in Paris. Diese riesige Stahlkonstruktion wurde für den Braunkohletagebau konstruiert und konnte mit ihren Baggern bis zu 60 m Erdreich abtragen (daher der Name F60) und pro Stunde 50.000 Tonnen Abraum wegschaffen. Im Dienst war dieses Exemplar allerdings nur von 1991 bis 1992, seit 2002 ist es als Besucherbergwerk und Technikdenkmal zugänglich. Eine 90-minütige Führung führt in luftige Höhen von 74 Metern und erlaubt spektakuläre Ausblicke auf die umliegende Tagebaulandschaft. Mit der Kurzführung kommt man immerhin auf 20 Meter Höhe. Wer eine F60 in Betrieb sehen will, der sollte einen der Tagebauaussichtspunkte in der Lausitz besuchen (Wegbeschreibungen findet man zum Beispiel unter www.cottbus.de in der Rubrik Gäste / Cottbus Information / Die Region um Cottbus).

Bockwindmühle Ketzür (PM) ②

Windmühlen gehörten bis Anfang des 20. Jahrhunderts ganz selbstverständlich zum Landschaftsbild Brandenburgs. Dass dort Getreide zu Mehl gemahlen wurde, ist vielen Kindern heute sicherlich kaum noch bekannt. Die liebevoll restaurierte Bockwindmühle von Ketzür im Havelland wurde 1861 errichtet und war sogar bis 1955 tatsächlich in Betrieb. Heute bemüht sich der örtliche Mühlenverein um die Bewahrung und Vermittlung dieser alten Kulturtechnik. Wann immer ge-

Adresse und Öffnungszeiten
Verein zur Erhaltung der Bockwindmühle Ketzür e.V., Ketzürer Dorfstraße 30, 14778 Beetzseeheide OT Ketzür
Führungen von Ostern bis Okt jeden Sonntag 11–17 Uhr
Infos unter 033836 / 205 23 oder www.bockwindmuehle-ketzuer.de
Preise
E 1 €, K frei
Anfahrt
Von Brandenburg Hbf. mit dem Bus 569 (Ri. Päwesin) bis Ketzür, Dorf bzw. Abzweig.

nug Wind weht, drehen sich in Ketzür die Windmühlenflügel, und jeden Sonntag erklärt der ehrenamtliche Müller Jan Dijkstal, ein gebürtiger Holländer, mit viel Begeisterung die Technik und die Hintergründe des Mühlenwesens. Zum Deutschen Mühlentag, jährlich am Pfingstmontag, gibt es zudem ein Mühlenfest mit Kaffee und Kuchen, Brotbacken und Kinderprogramm.

Weitere Windmühlen mit regelmäßigen Öffnungszeiten
Beelitzer Bockwindmühle Trebbiner Straße, 14547 Beelitz, Mai–Aug Sa & So 10–17 Uhr, Eintritt 2 €, Kinder 1 €, Tel. 033 204-421 67 oder 0175-125 03 54, www.beelitzerbockwindmuehle.de
Bockwindmühle Cammer An der Chaussee, 14822 Planebruch OT Cammer, Apr–Okt jeden 2. & 4. So im Monat 10–17 Uhr, Eintritt frei, Tel. 033835-413 08
Bockwindmühle Elsterwerda (im Erlebnis- und Miniaturenpark Elsterwerda, ↑S. 60).
Bockwindmühle Paretz An der Mühle 6, 14699 Paretz, Apr–Sept jeden 1. So im Monat 13–18 Uhr, Eintritt frei, Tel. 033233-301 32, www.muehle-paretz.de

Bockwindmühle Vehlefanz Lindenallee 71, 16727 Oberkrämer OT Vehlefanz, Apr–Sept Sa 11–17 Uhr, Eintritt 1 €, Kinder 0,50 €, Tel. 0160 / 969 70 050 oder 03304 / 20 13 58

Bockwindmühle Wilhelmsaue 15324 Letschin OT Wilhelmsaue, Apr–Okt Fr–So 10–17 Uhr, Eintritt frei, Tel. 033475 / 502 91

Historische Mühle im Park Sanssouci Maulbeerallee 5, 14469 Potsdam, Apr–Okt tägl. 10–18 Uhr, Nov & Jan–Mrz Sa & So 10–16 Uhr, Eintritt 3 €, Kinder 1,50 €, Tel. 0331 / 550 68 51

Holländer-Windmühle Straupitz Laasower Str. 11a, 15913 Straupitz, Apr–Okt Di–Fr 9–18 Uhr, Sa & So 9–18 Uhr, Nov–Mrz Di–Do 9–17 Uhr, Fr 9–14 Uhr, Eintritt frei, Zutritt für Kinder erst ab 4 Jahren, Tel. 035475 / 169 97, www.windmuehle-straupitz.de

Erlebnis- und Miniaturenpark Elsterwerda (EE) 3

Adresse und Öffnungszeiten

Erlebnis- und Miniaturenpark Elsterwerda, Furtbrückwiese 1, 04910 Elsterwerda
Ostern–Ende Okt täglich 10–18 Uhr
Infos unter 03533 / 48 77 97 oder www.erlebnis-miniaturenpark.de

Preise

E 5 €, K 3 €, Familienkarte (2 E & 2 K) 14 €

Anfahrt

Vom Bhf. Elsterwerda ca. 2 km Fußweg: Die Bahnhofstraße/Wallstraße bis zum Ende, dann links in die Burgstraße einbiegen, gleich darauf rechts in den Kochhorstweg und an dessen Ende wieder rechts in die Furtbrückwiese.

Willkommen in Lilliput! Im 30 ha großen Miniaturenpark in Elsterwerda wandelt man vorbei an über 50 Bauwerken, die im Maßstab 1:25 nachgebaut wurden, darunter zahlreiche Burgen, Schlösser und Kirchen aus dem Elbe-Elster-Land sowie aus der Ober- und Niederlausitz. Unter den Nachbauten fehlt es leider an überregional bekannte Attraktionen, sodass es für Besucher, die nicht aus der Gegend stammen, kaum Wiedererkennungseffekte gibt. Dieses Manko wird aber durch andere Attraktionen ausgeglichen, zum Beispiel durch eine LGB-

Modelleisenbahnanlage auf 400 m^2, ein »Mini-Meer« und eine 85 m lange »Mini-Elbe«, auf denen man mitgebrachte Modellboote fahren lassen kann. Wenn man Glück hat, herrscht dort reger Schiffsverkehr. Für Modellautos gibt es Auslauf auf einem 170 m langen »Mini-Lausitzring«. Ebenfalls sehenswert sind die funktionsfähige Bockwindmühle (in Originalgröße!), das Wandelgartenlabyrinth, die Abenteuerspielburg und nicht zuletzt die Parkeisenbahn (Spurweite 7 ¼ Zoll), deren knapp 700 m lange Strecke einmal rund um das Gelände führt. Trotz ihrer geringen Größe, können darauf Passagiere mitfahren.

Extavium Potsdam (PM) 4

Adresse und Öffnungszeiten

Extavium, Marlene-Dietrich-Allee 9, 14482 Potsdam (Achtung! Adressänderung ab Februar 2015.)
Ganzjährig Di–Do 9–14 Uhr, Sa & So 11–17 Uhr. In den Herbst- und Winterferien täglich 11–17 Uhr, Oster- und Sommerferien Di–Sa & feiertags 11–17 Uhr. Ostersonntag, Ostermontag, Weihnachten, Silvester und Neujahr geschlossen
Infos unter 0331 / 7212-222 oder www.extavium.de

Preise

E 8 €, K (1–3 J) 3 €, (bis 4–18 J) 6 €, Familienkarte (2 E & 3 K) 29 €. Experimentierkurs: 4 € p. P.

Anfahrt

Vom S-Bhf. Griebnitzsee zu Fuß (ca. 15 min) durch die Unterführung Richtung Campus, dann rechts in die Prof.-Dr.-Helmert-Straße, links in die August-Bebel-Straße, zuletzt rechts in die Marlene-Dietrich-Allee. Vom S-Bhf. Babelsberg mit dem Bus 601 oder 690 (Ri. Johannes-Kepler-Platz) bis Filmpark Babelsberg, von dort links um den Filmpark herum über die Heinrich-George- und Emil-Jannings-Straße (ca. 12 min). – Die neue Anschrift stand bei Redaktionsschluss noch nicht fest.

Noch bis Februar 2015 residiert Potsdams »wissenschaftliches Mitmachmuseum« in der Caligari-Halle neben dem Filmpark Babelsberg: Auf geräumigen

2.400 m^2 finden Kinder hier über 130 Exponate, die zum Anfassen und Ausprobieren einladen. Man kann auf Knöpfe drücken, an Kurbeln drehen, seinen Kopf in einen innen verspiegelten Würfel stecken, Schokoküsse im Vakuum zum Platzen bringen, ein Auto mit Muskelkraft in die Luft heben oder Mäuse im Irrgarten beobachten. Auch wenn es überall erklärende Texte gibt und die Museumsmitarbeiter für Fragen zur Verfügung stehen, sollte man nicht erwarten, dass jedes Kind sich auch intensiv für die wissenschaftlichen Hintergründe und Zusammenhänge interessiert. Der Spaß an verblüffenden Beobachtungen und lustigen Aktionen steht sicher meist im Vordergrund. Wer das Interesse vertiefen will, kann an der Kasse einen 30-minütigen Experimentierkurs buchen, in dem die Kinder dann unter fachmännischer Anleitung je nach Thema Glibber herstellen, Tornados erzeugen oder Lichtfarben mischen. Entsprechende Programme gibt es auch für Kindergeburtstage.

Flugplatzmuseum Cottbus (CB) ❺

Adresse und Öffnungszeiten

Flugplatzmuseum Cottbus e.V., Fichtestr. 1, 03046 Cottbus

Mrz–Okt Di–Fr 10–16 Uhr, Sa & So 10–17 Uhr. Nov–Feb Di–Sa 10–16 Uhr

Infos unter 0355 / 320 04 oder www.flugplatzmuseumcottbus.de

Preise

E 4 €, K (6–17 J) 2 €, Familienkarte (2 E & 2 K) 10 €

Anfahrt

Vom Bhf. Cottbus mit dem Bus 16 (Ri. Lessingstraße) bis Pappelallee, von dort ca. 1,3 km Fußweg die Dahlitzer Straße entlang. Die Fichtestraße beginnt am Abzweig der Ströbitzer Hauptstraße; dort rechts abbiegen.

Auf dem 20 ha großen Areal eines ehemaligen Militärflugplatzes in Cottbus findet man eine große Freilichtausstellung mit Militär- und Zivilflugzeugen, Helikoptern, Flugsicherungstechnik, Uniformen und Fotos aus den letzten 100 Jahren Luftfahrtgeschichte. In den meisten Familien werden es vor allem Väter und Söhne sein, die sich für sowjetische MiGs und Antonows, für Triebwerke, Motoren und Panzerabwehrkanonen interessieren. Aber auch Mädchen finden es toll, dass man sich in viele der ausgestellten Fahrzeuge hineinsetzen darf. Pilot ist ja keineswegs nur ein Traumberuf für Jungs. – Mitte Juli findet übrigens auf dem Gelände des Flugplatzmuseums regelmäßig das Treffen der Nutz- und Militärfahrzeuge statt; bei dieser Gelegenheit gibt es noch viel mehr historische Flug- und Fahrzeuge zu sehen.

Gläserne Molkerei in Münchehofe (LDS) 6

Adresse und Öffnungszeiten

Gläserne Molkerei, Molkereistraße 1, 15748 Münchehofe

Führungen ganzjährig Mo–Sa 10 Uhr, zusätzlich Di & Mi 13 Uhr, Sa 12 Uhr (Anmeldung erforderlich)

Spezielle Kinderführung Do 13 Uhr

Infos und Anmeldung unter 033760 / 207 70 oder www.glaeserne-meierei.de

Preise

E 3 €, K (ab 6 J) 1 €, Kinderführung: 4 €, erwachsene Begleitperson 1 € (nur eine Begleitperson je Kind erlaubt)

Anfahrt

Vom S-Bhf. Königs Wusterhausen mit dem Bus 725 (Ri. Märkisch Buchholz/Groß Eichholz) bis Münchehofe. Am Wochenende keine Busverbindung.

Insbesondere Stadtkinder wissen oft wenig darüber, wie eigentlich die Lebensmittel aus dem Supermarkt tatsächlich hergestellt werden. Weniger romantisch als ein Besuch auf dem Bauernhof, dafür aber sehr faszinierend, ist der Blick in eine moderne Molkerei bzw. Käserei. In Münchehofe im Spreewald kann man hinter hohen Glaswänden zuschauen, wie Biomilch aus der Region maschinell abgefüllt oder in chromglänzenden Apparaturen zu Käse, Butter, Quark oder anderen Produkten weiter verarbeitet wird. Die Atmosphäre ist, wie es die Hygiene erfordert, eher steril. Trotzdem schmecken die Milchprodukte, die man im Hofladen nebenan kaufen kann, nach dem Besuch doppelt so gut. – Eine etwas kleinere Variante lässt sich in der Schaukäserei der Käserei Wolters im uckermärkischen Bandelow besichtigen. Dort kann man durch Glasscheiben besichtigen, wie der hauseigene »Uckerkaas« hergestellt wird; wer sich vorher anmeldet, bekommt auch eine kleine Führung. *(Bauernkäserei Wolters GmbH, Bandelow 50/81, 17337 Uckerland, Tel.: 039740-205 72, www.uckerkaas.de, Sommeröffnungszeiten Mo–Fr 9–18 Uhr, Sa & So 10–17 Uhr, Eintritt frei.)*

Industriemuseum Brandenburg an der Havel (BRB) 7

Adresse und Öffnungszeiten
Industriemuseum Brandenburg, August-Sonntag-Straße 5, 14770 Brandenburg an der Havel
Mrz–Okt Di–So & feiertags 10–17 Uhr, Nov–Feb Di–So & feiertags 10–16 Uhr
Führungen jeweils 10.30, 13 & 15 Uhr
Infos unter 03381 / 30 46 46 oder www.industriemuseum-brandenburg.de
Preise (pro Person)
E 5 €, K 3 €, mit Führung 5 € p. P.
Anfahrt
Von Brandenburg Hbf mit der Straßenbahn Linie 2 (Ri Quenz) bis Am Stadion/Industriemuseum.

Das Stahl- und Walzwerk Brandenburg war in den 1980er Jahren das größte Stahlwerk der DDR und hatte über 10.000 Beschäftigte. Heute dienen die gigantischen Fabrikhallen als Industriemuseum, in dem man unter anderem den letzten erhaltenen Siemens-Martin-Ofen in Europa sehen kann – eine inzwischen überholte Technik der Stahlgewinnung. Ausgestattet mit Bauarbeiterhelmen begibt man sich hier, entweder im Rahmen einer Führung oder auf eigene Faust mit Audioguide, auf eine Entdeckungstour durch vergangene Industriewelten: Von der Ofen- und Gießhalle, über den Steuerstand und die Meisterstube bis hin zur Schusterwerkstatt und der Wagenhalle scheint überall die Zeit stehen geblieben zu sein. Die Unordnung auf den Tischen und die herumstehenden Tassen und Flaschen lassen vermuten, dass die Stahlarbeiter nur kurz außer Haus sind und die Maschinen jederzeit wieder hochgefahren werden können. Ein großes Plus für Kinder ist, dass man fast alles anfassen und viele Kräne und Fahrzeuge betreten darf.

Luftfahrtmuseum Finowfurt (BAR) 8

Adresse und Öffnungszeiten

Luftfahrtmuseum Finowfurt, Museumsstraße 1, 16244 Schorfheide (OT Finowfurt)

Apr–Okt täglich 10–17 Uhr

Infos unter 03335 / 72 33 oder www.luftfahrtmuseum-finowfurt.de

Preise

E 5 €, K (6–12 J) 2,50 €

Anfahrt

Vom Bhf. Eberswalde mit dem Bus 917 (Ri. Eberswalde) bis Finowfurt, Post. Von dort ca. 10 min Fußweg die Hauptstraße in Fahrtrichtung weiter, dann rechts in die Biesenthaler Straße, dann links in die Museumsstraße.

Das Luftfahrtmuseum Finowfurt bezeichnet sich selbst nicht zu Unrecht als »Spielplatz für große und kleine Kinder«. Auf dem etwa 10 ha großen Gelände eines ehemaligen Militärflugplatzes und in den dazugehörigen Hangars findet man über 25 Flugzeuge bzw. Flugzeug-Wracks, Bodenfahrzeuge, Turbinen und

Motoren. Die allermeisten Ausstellungsobjekte dürfen angefasst bzw. betreten werden; so kann man sich zum Beispiel in das Cockpit eines Hubschraubers oder einer sowjetischen Mig-21 setzen. Wer sich vor dem Besuch anmeldet, kann das Gelände zudem mit dem Elektroauto, Quad oder Tretmobil erkunden oder Extras wie eine Kinderführung, eine Spritztour mit dem Feuerwehrauto oder einen Workshop zum Bau eines Miniheißluftballons buchen. Ganz Mutige machen einen Rundflug mit der AN 2, dem größten Doppeldecker der Welt.

Modell- und Miniaturpark Brieske (OSL) 9

Ein lohnendes Ziel für große und kleine Freunde des Modellbaus ist der Modell- und Miniaturpark im Senftenberger Ortsteil Brieske. Auf einer Freifläche von 2.500 m² lassen sich die Niederlausitz und Teile Berlins im Maßstab 1:25 bewundern, darunter ein komplettes Tagebaugebiet mit einer aktiven Förderbrücke vom Typ F60. Neben den zahlreichen Zügen, die auf einem Schienennetz von über 400 m Länge verkehren, bewegen sich hier auch Autos, Motorräder, Schiffe, Flugzeuge (am Boden) und (in der Luft) sogar ein Hubschrauber und ein

Adresse und Öffnungszeiten

Modell- und Miniaturpark Brieske, Fabrikstr. 4, 01968 Senftenberg OT Brieske

Ostern–Okt Sa & So & feiertags 10–18 Uhr, Mai–Okt auch Mo–Fr 14–18 Uhr

Infos unter 03573 / 652 69 oder www.miniaturpark-brieske.de

Preise

E 5 €, K (ab 3 J) 3 €

Anfahrt

Vom Bhf. Senftenberg zu Fuß zum Busbahnhof, von dort mit dem Bus 691 (Ri Lauchhammer) bis Brieske Ost, Hotel Marga. Ca. 200 m Fußweg über die Fabrikstr. bis zum Eingang.

Heißluftballon. Kinder freuen sich darüber, dass ein großer Teil der Modelle per Knopfdruck selbst in Gang gesetzt werden kann. Aber auch sonst gibt es in der Anlage genug zu entdecken und zu beobachten, vom Autobahnunfall bis hin zum S-Bahn-Verkehr auf dem Berliner Alexanderplatz. Eine besonders lustige Idee hat Parkbesitzer Matthias Philipp im Mitropa-Biergarten realisiert (der allerdings nur im Sommer geöffnet ist): Die drei Tische sind durch Gleise mit der Küche verbunden, von wo aus die Bestellungen mit dem Zug angeliefert werden.

Museumsdorf Baruther Glashütte (TF) ⑩

Adresse und Öffnungszeiten

Museumsverein Glashütte e.V., Hüttenweg 20, 15837 Baruth-Glashütte

Apr–Okt Di–So 10–18 Uhr, Nov, Dez & Mrz Di–So 10–16 Uhr, Jan & Feb Mi–So 10–16 Uhr

Infos unter 033704 / 98 09 14

oder www.museumsdorf-glashuette.de

Preise

Eintritt: E 5,50 €, K 3 € (K unter 7 J frei), Familienkarte 13 € (2 E & bis zu 3 K)

Durstkugelblasen: 6 € pro Person und Kugel (Coupons an der Kasse)

Anfahrt

Vom Bhf. Klasdorf (RE 3) 3 km zu Fuß über einen ausgeschilderten Wanderweg. Auf Wunsch kann beim Museum eine Führung für den Weg gebucht werden (3 € p. P.).

Im Ort Glashütte wird seit dem 18. Jahrhundert Glas produziert. Heute hält ein entsprechendes Museum die Erinnerung daran wach. Im Museum, das auch an den aus Brandenburg stammenden Erfinder der Thermosflasche erinnert, gibt es einen noch aktiven Ofen, an dem ein Glasmacher die Technik des Glasblasens vorführt. Alte und junge Besucher können dort selbst eine Durstkugel (ein Gefäß zur Pflanzenbewässerung) blasen. Nach dem Museumsbesuch locken in dem überschaubaren Ort vier Spielplätze, ein Café, ein Gasthof mit Biergarten und der »Biobadeteich« der Museumsherberge (*Hüttenweg 12, Tel. 033704 / 674 73*). Dieser Teich mit seinem wirklich verblüffend klaren Wasser ist während der Saison in der Regel von 11 bis 15 Uhr zugänglich. Eintrittskarten gibt es an der Rezeption der Herberge (Erwachsene 3,50 €, Kinder 2,50 €, Familienkarte 7 €). – Von Glashütte aus bietet sich ein Besuch im nahegelegenen Wildpark Johannismühle (↑S. 144) an.

Museumspark Rüdersdorf (MOL) ⑪

Adresse und Öffnungszeiten

Museumspark Rüdersdorf, Heinitzstraße 41, 15562 Rüdersdorf bei Berlin
Park: Apr–Okt täglich 10–18 Uhr, Nov–Mrz täglich 10.30–16 Uhr
Geologische Führung: Sa & So 10 & 13.30 Uhr (nur mit Anmeldung)
Land-Rover-Tour: täglich zu variablen Zeiten (nur mit Anmeldung)
Infos und Anmeldung unter 033638 / 79 97 97 oder www.museumspark.de

Preise

Parkeintritt: E 5 €, K 3 €
Geologische Führung (ca. 2 Std.): E 12 €, K 8 €
Land-Rover-Tour (ca. 1 Std.): E 15 €, K 8 € (Mindestteilnehmerzahl 4)

Anfahrt

Vom S-Bhf. Friedrichshagen mit der Straßenbahn 88 bis Rüdersdorf, Heinitzstraße, oder vom Bhf. Erkner mit dem Bus 950 bis Rüdersdorf, Marktplatz. Alternativ mit dem Schiff: Reederei Kutzker (Absprache unter 03362 / 62 51) oder Stern- und Kreisschifffahrt von Berlin-Treptow.

Der 17 ha große Museumspark Rüdersdorf befindet sich im größten Kalksteinbruch Mitteleuropas, auf dem Grund eines Meeres, das es hier vor über 200 Millionen Jahren gab. Seit 800 Jahren wird aus dem hier gewonnenen Kalk Baumaterial hergestellt, noch heute ist eine große Zementfabrik aktiv. Das Areal der historischen Produktionsstätten ist heute als richtiger Park gestaltet mit Spazierwegen, Imbiss und Streichelzoo. Dazwischen vermitteln festungsartige Ofenanlagen, geheimnisvolle Kanalsysteme und andere Technikdenkmale einen lebendigen Eindruck alter Industriekultur. Wer mehr wissen will, kann eine 1–2-stündige Führung über das Gelände mitmachen. Besonders aufregend für Kinder sind die Land-Rover-Tour zum benachbarten Tagebau bzw. die Geologische Führung (ab 7 Jahren), bei der man zum Hobby-Archäologen wird und im Steinbruch mit Helm, Schutzbrille und Hammer nach Fossilien aus dem Trias suchen darf. – Zum Museumspark gehört übrigens auch ein Kanuverleih (*Dreierkanadier ab 7,50 €/Std. + 100 € Kaution, Reservierung unter 033638 / 79 97 97*).

Optipark Rathenow (HVL) ⑫

Dass die Stadt Rathenow stolz ist auf ihre Tradition als Standort optischer Industrie, wird nicht zuletzt im Optipark deutlich, einem an der Havel gelegenen Landschaftspark, der ganz vom Thema Farben und Sehen geprägt ist. Farbpyramiden und nach Farben sortierte Blumenbeete, ein Optik-Erlebnispfad, ein Optik-Spielplatz, das weltgrößte Brachymedial-Fernrohr und der höchste Leuchtturm Brandenburgs machen den Aufenthalt zur spannenden Entdeckungstour für Eltern wie Kinder. Wobei die Eltern sich bei Bedarf auch auf einer der Bänke oder im Café ausruhen können, ohne dass das groß auffällt. Es gibt auch einen kleinen Streichelzoo mit Eseln und Ziegen sowie die Möglichkeit einer 15-minüti-

Adresse und Öffnungszeiten
Optikpark Rathenow GmbH, Schwedendamm 1, 14712 Rathenow
Ende Apr–Mitte Okt täglich 10–20 Uhr, letzter Einlass um 19 Uhr
Infos unter 03385 / 49 85 0 oder www.optikpark-rathenow.de
Preise
E 2 €, K (7–17 Jahre) 1 €, K unter 7 frei. Im Jahr 2015 Eintritt nur mit BUGA-Ticket (ab 20/18 €)!
Ausleihe von Bollerwagen gegen Kaution
Anfahrt
Vom Hbf. Rathenow (RE 2) mit dem Bus L 672 oder L 673 (Ri. Göttlin/Grütz/Steckelsdorf) bis Schwedendamm/Optikpark.

gen Floßfahrt von der Nord- zur Südspitze des Parks. Die von Rathenower Jugendlichen gebauten Wassergefährte werden von ortskundigen Flößern über einen Altarm der Havel gesteuert. – Am anderen Ufer der Havel, auf dem Weinberg steht der 32 m hohe Bismarckturm (↑S. 80), der ebenfalls einen Besuch lohnt.

Otto-Lilienthal-Centrum Stölln (HVL) ⑬

Adresse und Öffnungszeiten

Otto-Lilienthal-Centrum Stölln (LCS), Otto-Lilienthal-Str. 50, 14728 Gollenberg OT Stölln
LCS: Apr–Okt Di–So 10–17 Uhr, Mrz Sa & So 11–16 Uhr
Lady Agnes: Apr–Okt Di–So 10–17 Uhr, Mrz Sa & So 11–16 Uhr
Infos und Anmeldung unter 033875 / 906 90, 033875 / 320 20 oder www.otto-lilienthal.de

Preise

LCS bzw. Lady Agnes jeweils: E 4,50 €, K (7–14 J) 3,50 €, K unter 7 J frei. Kombiticket: 7 € / 6 €

Anfahrt

Vom Bhf. Rathenow (RE 4) mit dem Bus 684 (Ri. Neustadt/Dosse) bis Rhinow, Turmstraße. Dann zu Fuß ca. 1,2 km weiter in Fahrtrichtung auf der Friesacker Straße. An der Abzweigung rechts auf die Otto-Lilienthal-Straße. Zur Lady Agnes geht es vom LCS noch ca. 1 km weiter auf der Otto-Lilienthal-Straße.

In Stölln ist 1896 Otto Lilienthal, der Begründer der modernen Luftfahrt, mit einem seiner selbstgebauten Fluggeräte tödlich verunglückt. An ihn und seine Erfindungen erinnert heute das Otto-Lilienthal-Centrum. Highlights der Ausstellung sind das riesige mit Hebeln zu bedienende »Pop-Up-Lexikon« der Luftfahrt sowie zwei an der Decke schwebende Flugapparate. Wer Museen trotzdem langweilig findet, der kann sich direkt an den Fuß des nahe gelegenen Gollenbergs (Am Gollenberg 10) begeben, wo mitten auf der Wiese ein ausgemustertes Langstreckenflugzeug vom sowjetischen Typ IL-62 steht. Es heißt nach Lilienthals Frau »Lady Agnes« und beherbergt eine kleine Ausstellung über die DDR-Fluggesellschaft Interflug. Am Wochenende kann es manchmal zu Wartezeiten kommen, weil der Flieger auch als Standesamt dient.

Schiffshebewerk Niederfinow (BAR)

14

Adresse und Öffnungszeiten

Schiffshebewerk Niederfinow, Hebewerkstraße 52, 16248 Niederfinow

Ende Mrz–Mitte Okt täglich 9–18 Uhr, Mitte Okt–Ende Mrz täglich 9–16 Uhr

Infos unter 033362-713 77 oder www.schiffshebewerk-niederfinow.info

Preise

Schiffshebewerk: E 2 €, K bzw. Schüler 1 €

Schiffsfahrt: E 7 €, K (4–12 J) 4 € (Abfahrtszeiten ca. 11, 13 & 15 Uhr)

Anfahrt

Von Eberswalde Hbf mit dem Bus 916 (Ri. Hohensaaten, Dorf) bis Niederfinow, Schiffshebewerk.

Ein Fahrstuhl für Schiffe – das muss man gesehen haben. Eines der größten und ältesten funktionierenden Schiffshebewerke Europas befindet sich am Oder-Havel-Kanal in Niederfinow, unweit vom Kloster Chorin. Die Schiffe überwinden hier mit Hilfe einer komplizierten Seilkonstruktion 36 m Höhenunterschied. Besonders beeindruckend ist das Ganze, wenn man selbst mitfährt – zu diesem Zweck verkehren Fahrgastschiffe zwischen Oberhafen (An der Schleusentreppe, Anlegestelle 2) und Unterhafen (Hebewerkstraße, Anlegestelle 3). Es handelt sich jeweils um eine ca. 1,5-stündige Rundtour, bei der man einmal durch das Hebewerk rauf und wieder runter (bzw. umgekehrt) fährt und zum Ausgangspunkt zurückkehrt. Neben dem alten Schiffshebewerk, das schon seit 1934 seinen Dienst tut, kann man die Baustelle für das neue, größere Hebewerk besichtigen, das ab 2014 seinen Vorgänger ablösen soll. Sowohl das Treiben im Hebewerk wie auch die Bauarbeiten nebenan kann man gut von der Aussichtsplattform beobachten. Im Infozentrum gibt es Filme, Modelle und weitere Informationen.

Ziegeleipark Mildenberg (OHV) ⑮

Weit mehr als sein Name verspricht, bietet der Ziegeleipark Mildenberg in Zehdenick. Das Gelände einer ehemaligen Ziegelei im einst größten Ziegeleirevier Europas wurde aufwändig restauriert und ist nun eine gelungene Mischung aus (Freilicht)Museum und Freizeitpark. Neben zahlreichen museal aufbereiteten Werkstattgebäuden findet man auf dem 42 Hektar großen Gelände eine große »Abenteuerspielwiese« mit Riesenrutschturm, Schaukeln und anderem Gerät, eine Picknickwiese mit Sitzgelegenheiten und Grillplatz, eine kleine Badestelle, ein

Adresse und Öffnungszeiten

Ziegeleipark Mildenberg, Ziegelei 10, 16792 Zehdenick (OT Mildenberg)

Apr – Okt täglich 10–18 Uhr

Infos unter: 03307/31 04 10 oder www.ziegeleipark.de

Preise

E 8 €, K (4–14 Jahre) 4 € (bei Familien zahlt nur das erste eigene Kind!)

»Freigelände-Ticket« (nur Spielwiese & Picknickbereich): E 5 €, K 2,50 €

Themenführungen und Naturpark-Tour je 5/2,50 € extra

Anfahrt

Ab Bahnhof Zehdenick (RB 12) mit dem Bus 838 bis Mildenberg/Ziegeleipark (an Wochenenden und Feiertagen, ansonsten als Rufbus, der bis 90 Minuten vor Fahrtbeginn bestellt werden muss unter: 03306 / 23 07).

Gehege mit Schweinen, Hasen und Ziegen, einen kurzen Fahrraddraisinen-Rundkurs und eine Seilfähre, die die Kinder mit eigener Muskelkraft über das Wasser ziehen können. Mit historischen Kleinbahnen kann man sich zudem wahlweise einmal durch den Ziegeleipark (Dauer 45 Minuten, Abfahrt täglich 10.30, 11.30, 12.30, 14.30 und 15.30 Uhr) oder durch den umliegenden Naturpark Uckermärkische Seen (Dauer 90 Minuten, Abfahrt täglich 13.45 Uhr) fahren lassen. Familienfreundlicher Clou der Anlage: Für jeweils 3 Euro pro Stunde bzw. eine Tagespauschale können Fahrräder, Kettcars, Laufräder oder Bollerwagen ausgeliehen werden. Dadurch wird allein schon die Bewegung auf dem Gelände für die Kinder zum Highlight. Tipp: Proviant für ein Picknick im Grünen mitnehmen. – Im »Alten Hafen« des Ziegeleiparks kann man übrigens führerscheinfreie Motorboote für bis zu vier Personen leihen. Preise: eine Stunde 30 €, jede weitere Stunde 10 € *(www.marina-alter-hafen.de).*

Raumflugplanetarium Cottbus (CB) 16

Adresse und Öffnungszeiten
Raumflugplanetarium »Juri Gagarin«, Lindenplatz 21, 03042 Cottbus
Ganzjährig geöffnet.
Infos und Programm unter 0355 / 71 31 09 oder www.planetarium-cottbus.de

Preise
Mo–Fr 8–15 Uhr: E 4 €, K (4–16 J) 3 €; Mo–Fr. ab 16 Uhr sowie Sa, So & feiertags E 5 €, K 4 €

Anfahrt
Ab Hbf Cottbus mit der Buslinie 10 (Pücklerlinie) bis Haltestelle Georg-Schlesinger-Straße, von dort ca. 5 min zu Fuß über den beschilderten Weg.

Das 1974 eingeweihte Planetarium in Cottbus, benannt nach dem sowjetischen Kosmonauten Juri Gagarin, gehört mit seinem Kuppeldurchmesser von 12,5 m und seinen 110 Sitzplätzen zu den 15 größten Planetarien in Deutschland. Auf dem Programm stehen hier auch zahlreiche Projektionen für Kinder und Jugendliche, die den Sternenhimmel und seine Phänomene oft mit Hilfe kleiner Geschichten erklären, zum Beispiel: »Didi und Dodo im Weltraum«, »Von Fröschen, Sternen und Planeten«, »Der weise alte Mann mit den Sternenaugen«, »Mit Professor Photon durchs Weltall«, »Tom rettet den Frühling«, »Waldwichtels Abenteuer« oder »Tabaluga und die Zeichen der Zeit«. Mit älteren Kindern kann man auch schon einige der populärwissenschaftlichen Vorführungen für Erwachsene besuchen.

Urania Planetarium Potsdam (P) 17

Adresse und Öffnungszeiten

URANIA-Planetarium und Bürgel-Gedenkstätte, Gutenbergstraße 71/72, 14467 Potsdam

Ganzjährig geöffnet

Infos und Reservierung unter 0331 / 270 27 24 oder www.urania-planetarium.de

Preise

E 5 €, K 3,50 €

Anfahrt

Ab Potsdam Hbf. mit der Tram 92 (Ri. Kirschallee) oder Tram 96 (Ri. Viereckremise) bis Brandenburger Tor, von dort weiter in Fahrtrichtung auf der Friedrich-Ebert-Straße, an der nächsten Kreuzung rechts in die Gutenbergstraße.

Das Planetarium in der Landeshauptstadt Potsdam residiert seit 2007 in eigens dafür gebauten Räumen im Dachgeschoss der Urania, mitten im Holländischen Viertel. Unter einer Kuppel mit 8 m Durchmesser können bis zu 50 Zuschauer den Weg der Sterne am künstlichen Himmel verfolgen. Zusätzlich gibt es spezielle Kinderprogramme für verschiedene Altersgruppen ab 5 Jahren, von »Lars der kleine Eisbär« über »Das kleine Einmaleins der Sterne« bis hin zu »Mit Professor Photon durchs Weltall« (ab 10 Jahren). Die gängigen Anfangszeiten sind 9.30 Uhr, 11 Uhr, 14.30 Uhr, 17 Uhr und 19 Uhr. – Im Rahmen eines Kindergeburtstags kann man auch das ganze Planetarium für eine Sondervorstellung mieten (100 €, bis max. 46 Personen).

Askanierturm Schorfheide (BAR) 18

Weil der verwunschene Turm an der Südspitze des Werbellinsees nicht nur so aussieht, als wäre er einem Märchen entsprungen, sondern auch noch mitten in einem schönen Wald steht, diente er im Jahr 2009 als Drehort für den ARD-Kinderfilm »Rapunzel«. An genau dieser Stelle soll einst im Mittelalter eine Burg der brandenburgischen Markgrafen (aus dem Geschlecht der Askanier, daher der Name des Turms) gestanden haben. Im 19. Jahrhundert ließ dann ein Nachfahre, Prinz Carl von Preußen, den etwa 15 m hohen Rundturm aus Feldsteinen mit seinem markanten Zinnenkranz aus Backsteinen errichten. Der denkmalgeschützte Bau wurde 1991 wieder hergerichtet und ist seitdem als Aussichtsturm geöffnet. Anders als im Märchen gibt es hier auch eine Eingangstür; den Schlüssel

Adresse und Öffnungszeiten

Askanierturm Schorfheide, 16244 Schorfheide (OT Eichhorst)

Touristinformation: Apr–Sept täglich 10–18 Uhr, Okt täglich 10–16 Uhr; Café Wildau: täglich 12–20 Uhr (Okt–Mrz Mo & Di Ruhetag); Café Kunst & Rad: Sa & So 11–19 Uhr

Infos unter 03334 / 33 09 34 (Touristinformation)

Preise

Eintritt 0,50 € p. P.

Anfahrt

Vom Bhf. Eberswalde (RE 3) mit dem Bus 917 (Ri.) bis Eichhorst, Schleuse. Von dort zuerst ein Stück am Werbellinkanal entlang Ri. Süden bis zur Touristinformation, dann mit dem Schlüssel entlang des Kanals in die andere Richtung. Der Turm steht kurz vor Wildau, nahe der hölzernen Brücke über den Kanal.

erhält man gegen eine Gebühr von 50 Cent pro Person entweder bei der Touristinformation Eichhorst (Am Werbellinkanal 12B), im Café Wildau (Wildau 19) oder im Café Kunst & Rad (Wildau 3). Anschließend bietet sich ein Spaziergang entlang des malerischen Werbellinseeufers an – oder ein Abstecher zum Wildpark Schorfheide (↑S. 146), zum Zoo Eberswalde (↑S. 147) oder zum Schiffshebewerk Niederfinow (↑S. 71).

Aussichtsturm am Cottbuser Ostsee (CB) ⑲

Adresse und Öffnungszeiten

Aussichtsturm am Cottbuser Ostsee, Klein Lieskower Weg, 03042 Cottbus OT Merzdorf

Infos unter 0355 / 754 20 (Cottbus Service)

Preise

Eintritt frei

Anfahrt

Vom Hbf Cottbus mit dem RE 11 (Ri. Frankfurt/Oder) bis Bhf. Cottbus-Merzdorf. Von dort ca. 2,1 km zu Fuß: Vom Bhf. aus rechts den Merzdorfer Weg entlang, am Ende rechts in den Klein Lieskower Weg einbiegen und diesem bis zum Ende folgen.

Nein, es ist kein Schreibfehler: Cottbus liegt natürlich nicht an »der« Ostsee, sondern an »dem« Ostsee – jedenfalls spätestens im Jahr 2030, wenn die Flutung des zur Zeit noch aktiven Braunkohletagebaus Cottbus-Nord abgeschlossen sein wird. Bis dahin schaut man vom 31 m hohen Aussichtsturm, der irgendwie an das Treppenhaus eines nicht fertig gebauten Wolkenkratzers erinnert, vor allem auf viel trockenes Land. Das bisschen Wasser, das man derzeit erkennen kann, gibt noch keine Vorstellung davon, dass hier einmal mit 1.900 ha der größte See der Region zum Baden oder Paddeln einladen wird. Wer die 173 Stufen hinaufgestiegen ist, der fühlt sich ein bisschen wie am Ende der bewohnten Welt: vorn eine bizarr zerklüftete Marslandschaft, hinten die Stadt Cottbus zwischen grünen Wäldern und Wiesen. Dort könnte dann auch das nächste Ziel des Ausflugs liegen, zum Beispiel im Tierpark Cottbus (↑S. 139) oder bei einer Runde mit der Parkeisenbahn (↑S. 50). Richtung Norden ist es aber auch nicht weit zur Sommerrodelbahn Teichland (↑S. 114). Dort, am anderen Ende des Ostsees, befindet sich übrigens ein zweiter Aussichtsturm, der mit 50 m Höhe und einem futuristischen Design seinem Cottbuser Pendant Konkurrenz macht.

Aussichtsturm Woltersdorf (LOS) ⑳

Der hölzerne Aussichtsturm in Woltersdorf ist nur 25 m hoch, fußt aber 102 m über dem Meeresspiegel auf dem Kranichsberg. Daher kann man von hier aus weit über die umliegenden Wälder und Seen blicken; bei klarer Sicht ist im Nordosten auch deutlich der Berliner Fernsehturm zu erkennen. Beim Aufstieg im Turm können sich die Erwachsenen eine kleine Ausstellung über die Geschichte Woltersdorfs als Filmstadt ansehen.

Adresse und Öffnungszeiten
Aussichtsturm Woltersdorf, Parkplätze an der Buchhorster Straße oder An der Maiwiese, 15569 Woltersdorf
Apr–Okt Mo–Fr 9:30–15:30 Uhr, Sa & So & feiertags 10–17 Uhr, Nov–Mrz nur Sa & So & feiertags 10–15 Uhr. Bei extremen Witterungsverhältnissen geschlossen
Infos unter 03362 / 247 93, 03362 / 590 010 oder www.verschoenerungsverein-woltersdorf.de
Preise
E 1,50 €, K 0,50 €
Anfahrt
Nach Woltersdorf Schleuse kommt man vom Bhf. Erkner (S3) mit dem Bus 418 (Ri. Rüdersdorf) oder vom Bhf. Rahnsdorf (S3) mit der Woltersdorfer Straßenbahn (in historischen Wagen!).

Kindern dagegen dürfte vor allem der Weg von der Woltersdorfer Schleuse durch den Wald zum Turm Spaß machen (entweder bequem vom Parkplatz »An der Maiwiese« oder etwas steiler über die »Liebesquelle« neben dem gleichnamigen Restaurant). Die Gegend um den Kranichsberg gehört zur Rüdersdorfer Heide, die auch ein beliebtes Wandergebiet ist. Wenn die Kinder Ausdauer haben, kann man nach der Turmbesteigung am Ufer des Kalksees entlang Richtung Norden bis Rüdersdorf wandern (ca. 6 km). Soviel Sport muss allerdings nicht sein: Im Ort selbst locken verschiedene Cafés und Eiscafés, die Schleuse mit einer elektrischen Klappbrücke und eine kleine Strandpromenade, von der aus man die Enten auf dem Flakensee beobachten kann. Folgt man dem Uferweg etwa 1 km nach Süden, kommt man zur Badestelle »Weißer Strand« (Achtung, keine Bewachung und schnell tief werdendes Wasser!). Möglich ist auch ein Abstecher zum Sport- und Freizeitpark Fuchsberge (Hochlandstr. 11a, ca. 10 min mit dem Auto oder mit der Tram 87 bis Haltestelle Fasanenstraße): Dort gibt es einen schönen Spielplatz, eine gepflegte Minigolfanlage und eine Boulebahn. Am Wochenende ist die Anlage von 10 Uhr bis Einbruch der Dunkelheit geöffnet.

Blumenthaler Aussichtsturm (PR) ㉑

Dieser 45 m hohe Aussichtsturm wurde von Blumenthaler Bürgern in Eigeninitiative errichtet und ist der höchste, frei begehbare Holzaussichtsturm Deutschlands. Die besondere Bauweise aus Eichen- und Lärchenholzbalken, die von Metallbolzen und schienen zusammen gehalten werden, verleiht dem Turm den besonderen Charme eines riesigen Klettergerüsts. Von der Aussichtsplattform in 32 m Höhe hat man eine herrliche Aussicht. – Im nahe gelegen Heiligengrabe befindet sich übrigens die besterhaltene mittelalterliche Klosteranlage Brandenburgs. Kloster Heiligengrabe kann im Rahmen von Führungen besichtigt werden (*Stiftgelände 1, 16909 Heiligengrabe, Apr–Okt Di–Sa 11 & 14 Uhr, So 12.30 & 15 Uhr; Nov–Mrz Di–So 14 Uhr, www.klosterstift-heiligengrabe.de*). Und auch das nahe gelegen Wittstock an der Dosse, das vielen nur als Autobahnkreuz ein Begriff ist, lohnt einen Abstecher, nicht zuletzt wegen des Museums des Dreißigjährigen Krieges in der Alten Bischofsburg: Waffen und Uniformen, mit Zinnsoldaten nachgestellte Schlachten und ein Pestfloh unter dem Mikroskop sind auch für Kinder interessant (*Amtshof 1–5, 16909 Wittstock, Mai–Aug Di–Do 9–17 Uhr, Fr 9–15 Uhr, Sa & So 11–16.30 Uhr; Sep–Mrz jeweils eine Std. kürzer, Sa 13–16 Uhr, So 11–16.30 Uhr, www.mdk-wittstock.de*). Wer es weniger kulturell mag, der hat es vom Blumenthaler Aussichtsturm aus nicht weit zum Kleinbahnmuseum in Lindenberg (↑S. 51).

Adresse und Öffnungszeiten
Blumenthaler Aussichtsturm, 16928 Heiligengrabe OT Blumenthal
Ganzjährig täglich bis Einbruch der Dunkelheit. Bei extremen Witterungsverhältnissen geschlossen
Infos unter 033984 / 718 72 bzw. www.blumenthaler-aussichtsturm.de

Preise
E 1 €, K (bis 14 J) 0,50 €

Anfahrt
Vom Bhf. Neustadt (Dosse) mit der PE73 (Ri. Pritzwalk) bis Bhf. Blumenthal. Von dort ca. 1,5 km zu Fuß: Der Bahnhofstr. folgen, dann links in die Straße der Einheit (L145), immer geradeaus, über die Kreuzung Mühlenweg/Buttstr. hinweg, dann nach ca. 200 m rechts einbiegen. Über den Baumwipfel sieht man den Turm schon.

BIORAMA-Aussichtsturm Joachimsthal (BAR) ㉒

Einen herrlichen Blick über das Biosphärenreservat Schorfheide hat man von der Plattform des 27 m hohen ehemaligen Wasserturms in Joachimsthal. Im Zuge des namengebenden BIORAMA-Projekts (ein Kunstwort aus »Biosphäre« und »Panorama«) wurde der Turm zum Ausstellungs- und Veranstaltungsort ausgebaut. Vom künstlerischen Anspruch zeugen nicht zuletzt der mit rotem Glas verkleidete Aufzugsturm, der einen barrierefreien Zugang zur Plattform ermöglicht, und die moderne Außentreppe, die sich an beiden Türmen entlang nach oben schraubt. Die Zugangswege liegen nicht zuletzt deshalb außerhalb des Wasserturms, weil die Besucher sonst durch das Wohnzimmer des britischen Künstlerpaars

Adresse und Öffnungszeiten

BIORAMA-Aussichtsturm, Am Wasserturm, 16247 Joachimsthal

Apr–Okt Do–So & feiertags 11–18 Uhr

Infos unter 033361/ 649 31 bzw. www.biorama-projekt.org

Preise

E 2 €, K 0,50 €

Anfahrt

Vom Bhf. Eberswalde mit dem OE 63 nach Joachimsthal, Kaiserbahnhof. Von dort ca. 1 km Fußweg: Nach rechts über den Paradiesweg bis zur Töpferstraße (L 220), dann dieser nach links folgen.

Sarah Philips und Richard Hurding stapfen müssten. Die beiden haben nämlich Grundstück und Turm vor Jahren gekauft und ihr neues Zuhause zumindest teilweise als Kulturzentrum öffentlich zugänglich gemacht. So kann, wer will, den Turmaufstieg mit dem Besuch der jeweils aktuellen Wechselausstellung verbinden. – Eine besondere Empfehlung ist übrigens der »Hörspielbahnhof« im nahe gelegenen Kaiserbahnhof (an dem einst Kaiser Wilhelm II. zum Jagdvergnügen Station machte): Während der Sommerferien werden hier an den Wochenenden auch Hörspiele für Kinder aufgeführt (*Eintritt frei, Programm unter www.hoerspielbahnhof-joachimsthal.de*). Genauso gut kann man natürlich einen Abstecher zum nahegelegenen Wildpark Schorfheide (↑S. 146) oder zum dortigen Kletterpark machen (↑S. 126).

Bismarckturm Rathenow (HVL) ㉓

Adresse und Öffnungszeiten

Bismarckturm Rathenow, Auf dem Weinberg, 14712 Rathenow

Mo–Fr 11–17 Uhr, Sa & So 10–17 Uhr

Infos und Buchung von Führungen unter 03385 / 498 50 (Optipark Rathenow)

Preise

Eintritt frei

Anfahrt

Vom Bhf. Rathenow ca. 1,5 km Fußweg: Vom Bahnhof aus links entlang der Schienen über den Dunckerplatz bzw. die anschließende Verladestraße bis zur Heidefeldstraße. Auf der gegenüberliegenden Straßenseite auf dem Weinberg sieht man schon den Turm.

Die Stadt Rathenow kann sich rühmen, unter all den Bismarcktürmen, mit denen Deutschland am Anfang des 20. Jahrhundert überzogen wurde, den architektonisch wohl merkwürdigsten errichtet zu haben. Der 32 m hohe Bau mit seinen zwei markanten Wehrtürmen sieht aus wie ein Mix aus Burg, Kathedrale und einem mittelalterlichen Rathaus, das auf Stelzen steht. Die Leere im unteren Bereich erklärt sich dadurch, dass dort einst eine riesige Statue des Reichskanzlers und Rathenower Ehrenbürgers Bismarck Platz finden sollte, die allerdings 1942 wieder eingeschmolzen wurde. Im Westturm geht es über eine steinerne Wendeltreppe mit 90 Stufen nach oben zu der auf 20 m Höhe gelegenen Aussichtsgalerie. Darüber liegt, direkt unter dem Dach, das »Bismarck-Zimmer«, in dem man heutzutage auch heiraten kann. Die Erhöhung, auf der die Rathenower den Turm gebaut haben, heißt übrigens nicht umsonst »Kiekeberg«: Von hier aus hat man einen herrlichen Blick über die Stadt und das umliegende Havelland. Auch der Optipark (↑S. 69), dessen Besuch sich im Anschluss an die Turmbesteigung anbietet, ist zu erkennen.

Flatowturm im Park Babelsberg (P) ㉔

Richtig märchenhaft sieht der imposante Flatowturm im Potsdamer Park Babelsberg aus. Mit seinen 46 m Höhe und dem markanten Spitzdach mit vier kleinen Türmchen zwischen den hohen Zinnen ist er schon von weitem zu erkennen. Der Weg nach oben führt durch die original ausgestatteten Räume des einstigen kaiserlichen Gästehauses und endet auf einer Aussichtsplattform, von der aus man ganz Potsdam überblicken kann. Vor oder nach der Turmbesteigung bietet es sich an, mit den Kindern über die verschlungenen Wege des herrlichen Landschaftsparks zu streifen. Zwischen Bäumen und Hecken gibt es nämlich viel zu entdecken: Etwa eine Siegessäule, eine alte Gerichtslaube aus Berlin oder das neogotische Schloss Babelsberg (leider bis 2017 geschlossen). Direkt am Havelufer, etwa auf halber Höhe zwischen Flatowturm

Adresse und Öffnungszeiten
Flatowturm, Park Babelsberg 12, 14482 Potsdam
Mai–Okt Sa, So & feiertags 10–18 Uhr
Infos und Buchung von Führungen unter 0331 / 969 42 00 oder www.spsg.de
Preise
Eintritt 2 € p. P.
Anfahrt
Vom S-Bhf. Babelsberg zur Bushaltestelle Rathaus Babelsberg (ca. 300 m). Dann mit dem Bus 694 (Ri. Stern-Center) bis Schloss Babelsberg. Von dort ca. 500 m Fußweg.

und Schloss, liegt das so genannte Kleine Schloss – ein Café mit vielfältigem Kuchenangebot sowie Kaffeespezialitäten aus fairem Handel und auf Wunsch auch mit Sojamilch, was in Brandenburg sonst eher selten ist (*Di–So 10.30–19 Uhr, www.kleinesschloss.de*). Hier kann man bei schönem Wetter auch draußen sitzen und die Aussicht genießen. Der einzige Wermutstropfen ist, dass die strenge Parkordnung der Stiftung Preußische Schlösser und Gärten den Kindern das Herumtollen auf den Rasenflächen verbietet: Das Verlassen der Wege ist hier genauso untersagt wie Fahrradfahren, Inlineskaten oder Ballspielen.

Friedenswarte auf dem Marienberg (BRB) ㉕

Adresse und Öffnungszeiten

Friedenswarte auf dem Marienberg, Marienberg 3, 14770 Brandenburg an der Havel

Apr–Okt Di–So & feiertags 10–17 Uhr

Infos unter 03381 / 30 09 25

Preise

E 3 €, K 1,50 €, Kleingruppenkarte (2 E & 3 K) 5 €

Anfahrt

Vom Bhf. Brandenburg mit der Tram 6 (Ri. Hohenstücken Nord) bis Nicolaiplatz. Von dort ca. 500 m Fußweg: Entgegen der Fahrtrichtung auf der Plauer Str. zurück laufen, dann links in die Bergstr. einbiegen, an der Weggabelung links halten.

Auf dem 50 m hohen Marienberg in Brandenburg an der Havel steht schon seit dem 19. Jahrhundert ein Turm: Erst war es ein Telegrafenmast, dann ein turmartiges Kriegerdenkmal, später eine Bismarckwarte und zuletzt seit 1974 die Friedenswarte. Dieses silbern glänzende Highlight der 1970er-Jahre-Architektur ist 32,5 m hoch, hat einen kreisrunden Grundriss mit 8 m Durchmesser, und sieht aus wie ein futuristisches Eis am Stiel. Im Innern verlaufen zwei Wendeltreppen mit je 180 Stufen – eine für den Auf-, die andere für den Abstieg. Abwechselnd gelangt man auf 5 verglaste und 5 offene Aussichtsplattformen, von denen aus man eine weite Sicht hat auf die Stadt Brandenburg mit ihren beiden Stadtkernen und der Dominsel sowie auf die umliegende Wald- und Seenlandschaft. Wer noch nicht genug von Türmen hat, der besteigt im Anschluss den fast genauso hohen Steintorturm in der Neustadt (*Steintorstraße, Di–Fr 9–17 Uhr, Sa & So 10–17 Uhr, Erwachsene 3 €, Kinder 1 €, Familienkarte 5 €*). In den fünf Stockwerken des Wehrturms aus dem 15. Jahrhundert befindet sich zudem eine sehenswerte Ausstellung über die Brandenburger Havelschifffahrt mit Bootsmodellen, Ankern und anderem Schiffszubehör.

Siegessäule Hakenberg (OPR) 26

Adresse und Öffnungszeiten

Siegessäule Hakenberg, Am Denkmal, 16833 Fehrbellin OT Hakenberg

Ganzjährig täglich geöffnet

Preise

Eintritt frei, Spenden erbeten

Anfahrt

Vom Bhf. Kremmen (RE 6) mit dem Bus 756 (Ri. Neuruppin) bis Hakenberg. Von dort ca. 1,3 km Fußweg: Entgegen der Fahrtrichtung auf der Fehrbelliner Str. (L 16) zurück laufen, dann rechts in die Straße Am Denkmal einbiegen.

Die knapp 35 m hohe Siegessäule in Hakenberg bei Fehrbellin ähnelt ein wenig der Berliner Siegessäule – auch hier steht oben auf dem Turm eine goldglänzende Siegesgöttin Viktoria, die an dieser Stelle allerdings nicht an Siege über die Franzosen, sondern an einen über die Schweden erinnern soll. 1675 besiegten die Truppen des brandenburgischen Großen Kurfürsten in der legendären Schlacht bei Fehrbellin die mehr als doppelt so große Streitmacht des schwedischen Königs. 200 Jahre später war das Grund genug, ein solches Denkmal zu errichten. Heute ist hier zum Glück alles friedlich. Sehr friedlich sogar, denn die Siegessäule steht ziemlich einsam mitten im Rhinluch – wenn man von der nahe gelegenen Gaststätte »Waldhaus am Denkmal« absieht, die neben Speis und Trank auch noch ein kleines Tiergehege zu bieten hat. – Wer noch mehr Natur sucht: Etwa 4 km weiter östlich liegt das NABU-Naturschutzzentrum »Storchenschmiede Linum«, wo mit einer Ausstellung und Führungen über die hier regelmäßig anzutreffenden Weißstörche und Kraniche informiert wird (*Nauener Str. 58, 16833 Linum, Apr–Nov Samstag, Sonntag & feiertags 10–18 Uhr, www.berlin.nabu.de/projekte/linum*).

Turmdiplom in Bad Freienwalde (MOL) 27

Adresse und Öffnungszeiten
Eulenturm: Haus der Naturpflege e.V., Dr.-Max-Kienitz-Weg 2; Aussichtsturm: Melcherstraße; Bismarckturm: An der B 167 zwischen Bad Freienwalde und Falkenberg; Schanzenturm: Sparkassen-Skiarena im Papengrund, Berliner Straße
Alle Türme Apr–Okt Di–So & feiertags 10–17 Uhr
Tourist-Information: Uchtenhagenstraße 3, 16259 Bad Freienwalde, Mo–Fr 9–18 Uhr, Sa, So & feiertags 10–15 Uhr
Infos unter 03344 / 15 08 90 oder www.bad-freienwalde.de/entdecken/aktiv-unterwegs/wandern/bad-freienwalder-turm-diplom.html

Preise
E 2, K 1 € je Turm. Oder Turm-Diplom-Ticket für alle 4 Türme: E 6 €, K 3 €.

Anfahrt
Vom Bhf. Bad Freienwalde ca. 700 m Fußweg: Rechts über die Straße Am Bahnhof bis zur Bahnhofstraße, dieser nach links folgen, dann weiter über die Karl-Marx-Str. zur Tourist-Information.

Das Mekka für Turmfetischisten heißt Bad Freienwalde, denn dort gibt es nicht nur vier reizvolle Türme zu besteigen, sondern man kann auch das begehrte »Turmdiplom« erwerben, wenn man sich auf allen vier Gipfeln seine Turmkarte abstempeln lässt. Eine geniale Idee der örtlichen Tourismusmanager, die jährlich Hunderte von Besuchern anlockt. Die Türme sind ganz unterschiedlich geartet: Der 13 m hohe Eulenturm steht im Schau- und Lehrgarten des Hauses der Naturpflege, der 26 m hohe Aussichtsturm auf dem Galgenberg ist eigentlich ein Kriegerdenkmal aus dem 19. Jahrhundert, der 28 m hohe Bismarckturm ist ein schönes Exemplar der Gattung »Rapunzelturm« und der 32 m hohe Schanzenturm ist eigentlich gar kein Turm, sondern eine Skisprungschanze – die daran

erinnert, dass Bad Freienwalde vor dem Zweiten Weltkrieg ein beliebter Wintersport-Ort war. Die Türme sind auch durch einen 12 km langen Turmwanderweg erschlossen, für den man allerdings 4 bis 5 Stunden einplanen muss. Belohnt wird man mit spektakulären Aussichten und abenteuerlichen Streckenabschnitten in richtigen Schluchten und dichten Wäldern. Ob mit oder ohne Wanderung – am besten startet man in der Tourist-Information von Bad Freienwalde, wo es nicht nur die Stempelkarten gibt, sondern auch Kartenmaterial, mit dessen Hilfe man alle Türme findet.

Wasserturm auf dem Funkerberg (LDS) 28

Wer das Treppenhaus des 1910 erbauten ehemaligen Wasserturms auf dem Funkerberg in Königs Wusterhausen betritt, wird zunächst vom Gezwitscher zweier Vögel begrüßt, die sich bei genauerem Hinsehen als Attrappen entpuppen. Eine schöne Einstimmung auf die urige Atmosphäre des heute als Restaurant, Café und Veranstaltungsort privat betriebenen Turms. Nach etwa der Hälfte der 110 Wendeltreppenstufen steht man vor dem kleinen Gastraum und darf, wenn man beim Wirt Stefan Burkert seinen Obulus entrichtet hat, weiter bis auf die Aussichtsplattform in 33 m Höhe steigen. Von dort hat man einen fantastischen Ausblick in die Umgebung, bei guter Sicht erkennt man sogar den Berliner Fernsehturm. Gestärkt von einem Stück Kuchen oder einem Eisbecher kann man nach der Turmbesteigung weitere Sehenswürdigkeiten von Königs Wusterhausen erkunden. Für technikinteressierte Kinder ist zum Beispiel das gegenüber liegende Sender- und Funktechnikmuseum interessant, das in einem ehemaligen Senderhaus technische Anlagen aus der Anfangszeit des Rundfunks in den 1920er und 1930er Jahren präsentiert. (*Funkerberg 1, geöffnet Di, Do, Sa & So 13–17 Uhr, Eintritt 3 €, Kinder 1,50 €, www.funkerberg.de*) Die Alternative wäre ein Abstecher in den Kiebitzpark zu einer Runde Jumicar oder Minigolf (↑S. 52).

Adresse und Öffnungszeiten

Der Turm, Funkerberg 3, 15711 Königs Wusterhausen. Apr–Sep Mi 12–21 Uhr, Do–Sa 12–21 Uhr, So 12–18 Uhr; Okt–Mrz Mi 12–22 Uhr, Do–So 12–18 Uhr. Wegen geschlossener Veranstaltungen manchmal Änderungen der Öffnungszeiten. Infos unter 03375 / 29 09 32 bzw. www.der-turm-kw.de

Preise

Turmbesteigung: E 1 €, K (unter 14 J) 0,50 €

Anfahrt

Vom S-Bhf. Königs Wusterhausen ca. 1 km zu Fuß: Vom Bahnhofsvorplatz rechts in die Storkower Str., am Kreisverkehr links in die Gerichtsstraße bis zum Schlossplatz, dann hinter dem Schloss rechts in die Berliner Straße und immer geradeaus auf den Funkerberg.

Für Wasserratten und Badenixen

Fläming-Therme Luckenwalde (TF) ①

Adresse und Öffnungszeiten

Fläming Therme, Weinberge 40, 14943 Luckenwalde
Ganzjährig täglich 10–22 Uhr
Infos unter 03371 / 400 20 oder www.flaemingtherme.de

Preise

Spaß- und Sportbad E 7 € (2 Std.) bzw. 9 € (4 Std.), K (bis 15 J) 4,80 € (2 Std.) bzw. 5,80 € (4 Std.), jede weitere Std. 1 €. K bis 1 m pauschal 2 €. Familienticket (2 E & 2 K): 20 € (2 Std.), 26 € (4 Std.) bzw. 34 € (Tageskarte)

Anfahrt

Vom Bhf. Luckenwalde (RE 5) ca. 1 km Fußweg: Rechts auf die Käthe-Kollwitz-Straße/Heinrich-Zille-Straße, nach ca. 800 m links einbiegen (Weinberge).

Die Fläming-Therme in Bad Luckenwalde bietet zwar einen großen Wellnessbereich mit Saunalandschaft und Dampfbad, zugleich ist sie aber auch eine Kombination aus Sport- und Freizeitbad mit zahlreichen Familienattraktionen. Positiv hervorzuheben ist, dass die Benutzung des Sportbereichs im Spaßbadtarif bereits enthalten ist. Geboten werden neben 8 Schwimmbahnen eine 57 m-Turborutsche, eine 90 m-Reifenrutsche sowie ein Spaßbecken mit Strömungskanal und Wasserfall. Eine Besonderheit ist das über dem Wasser aufgespannte Kletternetz, an und auf dem die Kinder sich entlang hangeln können. Die Kleinkinderwelt bietet eine Kinderrutsche und ist liebevoll dekoriert mit Wasser speienden Tierfiguren, darunter dem »Luckenwalder Pelikan«. Eine spezielle Kindertoilette und eine Wickelecke sind ein besonderer Service für die Kleinsten.

Lagune Cottbus (CB) ②

Adresse und Öffnungszeiten

Lagune Cottbus, Sielower Landstraße 19, 03044 Cottbus

Mo–Fr 9–21 Uhr, Sa & So 10–20 Uhr

Infos unter 0355 / 49 49 84 10 oder www.lagune-cottbus.de

Preise

E 4,70 € (1,5 Std.) bzw. 6,50 € (3 Std.) bzw. 7,50 € (Tageskarte), K 3 € (1,5 Std.) bzw. 4 € (3 Std.) bzw. 4,50 € (Tageskarte). K bis 1 m pauschal 1 €. Familienticket (2 E & 2 K): 22 € (Tageskarte), jedes weitere K 2 €

Anfahrt

Vom Hbf. Cottbus mit dem Bus 15 (Ri. Sielow, Sportplatz) oder mit dem Bus 47 (Ri. Burg) bis Haltestelle »Freizeitbad Lagune«.

Die Lagune Cottbus verfügt über ein 50-m-Sportbecken, ein eigenes Kinderbecken sowie ein Wellen- und Spaßbecken mit Strömungskanal und Wasserfall-Pilzen. Die Wellenmaschine wird alle halbe Stunde angeworfen. Daneben gibt es noch eine 110 m-Riesenrutsche sowie eine 75 m lange Black-Hole-Turborutsche. Von Juni bis August ist zusätzlich die Außenanlage geöffnet, wo man ein weiteres Becken mit Strömungskanal sowie ein Kinderplanschbecken und einen Sandspielplatz findet. Am »Familiensonntag« (jeden ersten Sonntag im Monat) gibt es ein Kinderanimationsprogramm, das den Eltern erlauben soll, in aller Ruhe den Wellness- und Saunabereich zu genießen. – Eine weite Anreise lohnt sich allein für einen Besuch in der Lagune nicht unbedingt, aber angesichts der günstigen Preise ist es ein schöner Abschluss nach einem Tag im Tierpark (↑S. 139) und/oder einer Fahrt mit der Parkeisenbahn (↑S.50).

Marienbad Brandenburg an der Havel (BRB) ③

Adresse und Öffnungszeiten

Marienbad, Sprengelstr. 1, 14770 Brandenburg an der Havel

Ganzjährig Mo–Fr 9–21.30 Uhr, Sa, So & feiertags 9–20 Uhr. Montags grundsätzlich erst ab 10 Uhr

Infos unter 03381 / 32 27 80 oder www.marienbad-brandenburg.de

Preise

E 6,40 € (2 Std.), K (bis 15 J) 5,20 € (2 Std.), jede weitere Std. 3 € / 2,40 €. Tageskarte 8,40 € / 6,60 €. K bis 1 m pauschal 0,50 €. Familientarif: E zahlen voll, K erhalten 50 % Ermäßigung

Anfahrt

Vom Hbf. Brandenburg mit der Tram 6 (Ri. Hohenstücken Nord) bis Karl-Marx-Str. Von dort ca. 400 m Fußweg: Ein Stück zurück über die August-Bebel-Straße, dann links in den Triglafweg.

Das Marienbad in Brandenburg an der Havel ist ein ganzer Schwimmbadkomplex, bestehend aus 2 Schwimmhallen mit Sportbecken, einer Saunalandschaft, einem Freibad und einem »Funbad«. Unter der markanten Kuppel des Rundbaus mit 38 m Durchmesser findet man ein ziemlich großes Spaßbecken mit Gegenstromanlage, Wasserfall und einer 3 m breiten Rutsche, auf der – mit oder ohne Reifen – mehrere Personen nebeneinander rutschen können. Zudem gibt es ein Kleinkinderbecken mit der obligatorischen Kinderrutsche, Wasserspeiern und einem Wasserpilz. Die größeren bevorzugen die 80 m lange Röhrenrutsche. Mit Familienumkleiden, Wickeltischen, Laufgittern, Kinderstühlen und einem Buggyverleih am Empfang gibt sich das Marienbad betont familienfreundlich.

Schwapp Sport- und Erlebnisbad in Fürstenwalde (LOS) ④

Adresse und Öffnungszeiten

Schwapp, Große Freizeit 1, 15517 Fürstenwalde

Ganzjährig So–Do 10–20 Uhr, Fr & Sa 10–23 Uhr. In den Ferien: Mo–Do 10–21 Uhr, Fr & Sa 10–23 Uhr, So 10–20 Uhr

Infos unter 03361 / 363 70 oder www.schwapp.de

Preise

E 13 € (3 Std.) bzw. 17 € (Tageskarte), K (bis 16 J) 9 € (3 Std.) bzw. 13 € (Tageskarte), K unter 99 cm 4 € pauschal. Familienkarte (2E & 1K) 31 € (Tageskarte), jedes weitere K: 7 € (max. 3 K). Ferien- und Feiertagsangebot (2 E & 1 K) 31 € (3 Std.), jedes weitere K 7 € (max. 3 K), jede weitere angefangene Std. 2 € p. P.

Anfahrt

Vom Bhf. Fürstenwalde (RE 1) mit dem Bus 4/414 oder 1/411 (Ri. J.-Marchlewski-Str.) bis Haltestelle »Freizeitbad«.

Das Schwapp in Fürstenwalde vereint auf relativ engem Raum eine Reihe von Attraktionen: Eine 109 m lange Black-Hole-Rutsche, eine 65 m lange Röhrenrutsche, eine »Master Blaster« genannte Berg- und Talrutsche, einen Strömungskanal, einen Wasserfall mit Grotte und ein Kleinkindbecken mit Rutsche und Spielgeräten. Der »Actionriver«, in den sich durch ein Gitter regelmäßig Wellen ergießen, ist allerdings deutlich weniger spektakulär, als sein Name verspricht. Dafür ist der zentrale »Drachenpalast«, in dem man herumklettern kann und in dem einige der Rutschen beginnen, für (kleinere) Kinder auf jeden Fall ein Highlight. Unter freiem Himmel gibt es noch ein Außenbecken und einen Liegebereich mit Kinderspielplatz. Drinnen sind Sitz- und Liegeplätze eher rar. – Außerhalb der Ferien gibt es samstags keine Familienermäßigung.

Spreewelten Bad Lübbenau (OSL) ⑤

Adresse und Öffnungszeiten

Spreewelten, Alte Huttung 13, 03222 Lübbenau/Spreewald
Ganzjährig So–Do 9–22 Uhr, Fr & Sa 9–23 Uhr
Infos unter 03542 / 89 41 60 oder www.spreewelten-bad.de

Preise

E 11 € (2 Std.) bzw. 15 € (4 Std.), K (6–15 J) 6 € (2 Std.) bzw. 10 € (4 Std.), K unter 6 J pauschal 3 €.
Familienkarte (2 E & 1 K): 32 € (4 Std.), 40 € (Tageskarte), jedes weitere K über 6 J: 6 €, unter 6 J: 3 €

Anfahrt

Vom Bhf. Lübbenau (Poststraße) mit dem Bus 607, 654 oder 660 (Ri. Busbahnhof / Poststraße) bis Lübbenau, Busbahnhof. Am Wochenende ca. 1,5 km Fußweg: Durch die Unterführung unter den Gleisen durch, dann rechts der Güterbahnhofstr. folgen, über den »Energieweg« bis zur Apfelallee. Dann nach links über die Goethestr., rechts in die Robert-Koch-Str., links in die Straße des Friedens.

Die große Attraktion im Spreewelten Bad sind die Pinguine, deren Reich nur durch eine Glasscheibe vom Schwimmbecken der menschlichen Badegäste getrennt ist. So kann man sie sowohl unter als auch über Wasser beobachten und mit ihnen um die Wette schwimmen. Auch ansonsten muss sich das Bad trotz seiner überschaubaren Größe nicht verstecken: Drinnen gibt es zwei Riesenrutschen von jeweils 118 m Länge (eine davon als Black Hole), ein Wellenbecken, ein Strömungskanal und ein Kleinkinderbecken mit Wasserspielgeräten; draußen stehen bei gutem Wetter eine Liegewiese mit kostenlosen Sonnenschirmen und ein großer Wasserspielplatz zur Verfügung. Von der Liegewiese aus hat man auch einen direkten Blick auf die Pinguinanlage, in der täglich um 11 und 15.30 Uhr eine öffentliche Fütterung stattfindet.

TURM ErlebnisCity Oranienburg (OHV) 6

Adresse und Öffnungszeiten

TURM ErlebnisCity, André-Pican-Str. 42, 16515 Oranienburg

Ganzjährig täglich 9–22 Uhr

Infos unter 03301 / 573 81 111 oder www.erlebniscity.de

Preise

Familienkarte (2 E & 1 K): 31 € (4 Std.), 43 € (Tageskarte), jedes weitere K: 9 € (4 Std.), 13 € (Tageskarte), K unter 6 J frei. Sa & So & feiertags sowie in den Ferien jeweils 1 € Zuschlag

Anfahrt

Ab Bhf. Oranienburg ca. 1,2 km Fußweg: Vom Bhf. aus nach links die Stralsunder Straße entlang (ca. 300 Meter), dann nach links auf der Dr.-Heinrich-Byk-Straße unter den Gleisen hindurch bis zur André-Pican-Straße. Alternativ eine Station mit dem Bus 804 (Richtung Malz/Anker) bis Dr.-Heinrich-Byk-Straße.

Das TURM liegt direkt vor den Toren Berlins. Die gute Erreichbarkeit bedingt, dass man am Wochenende und in den Ferien, insbesondere vormittags, etwas Wartezeit an der Kasse einplanen sollte. Drinnen sind die Highlights ein großes Wellenbecken (das immer zur vollen Stunde angeworfen wird) und die zwei Rutschen (die eine 30 m lang und richtig schnell, die andere 80 m lang und mit abgedunkelter Black-Hole-Röhre). Daneben gibt es ein Außenbecken mit Wassersprudeln und Strömungskanal, ein 33 Grad warmes Solebad (ebenfalls mit Außenbecken) und einen sog. Wasserspielgarten für die kleinsten, der allerdings etwas lieblos neben dem Restaurant platziert wurde. Die bereitgestellten Liegestühle sind meistens schnell belegt. Im Sommer stehen auch Liegewiesen im Außenbereich zur Verfügung. Wer nicht nur planschen, sondern richtig schwimmen will, der findet den Platz dafür im abgeteilten Sportbad (dessen Benutzung 2,- € extra kostet). Außerhalb des Schwimmbadbereichs stehen auch Bowling- und Kegelbahnen sowie Tischtennisplatten zur Verfügung.

Tropical Islands (LDS) ⑦

Adresse und Öffnungszeiten

Tropical Islands, Tropical-Islands-Allee 1, 15910 Krausnick

Ganzjährig täglich 0–24 Uhr (außer am 24.12.)

Infos unter 035477 / 60 50 50 oder www.tropical-islands.de

Preise

Erlebnis-Landschaft (ohne Sauna): E 36 €, K (6–14) 28,50 €, Schüler (ab 15 J) 31, K unter 5 J frei.

Kinder-Willkommen-Angebot: Bis zu 3 K (6–14 J) haben freien Eintritt, wenn 2 E und 1 K (6–14) voll zahlen. Geburtstagskinder haben freien Eintritt

Zusatzkosten: Nutzung Sauna-Landschaft: 12 € p. P.(Tagespauschale), Nutzung Rutschenturm 5 € p. P. (Tagespauschale), African Jungle-Lift 3 € p. P., Abendshow: E 15 €, K 10 €, Fahrt im Fesselballon: E 12 €, K (bis 14 J) 7 €, Fahrt im Korbballon: 25 € pauschal + 5 € pro E bzw. 2,50 € pro K.

Anfahrt

Kostenloser Shuttlebus vom Bhf. Brand/Niederlausitz (RE 2)

Das Tropical Islands ist wohl Brandenburgs bekanntestes Badeparadies. In der 360 m langen, 210 m breiten und 107 m hohen ehemaligen Luftschiff-Halle findet man eine tropische Landschaft mit Regenwald, Südseearchitektur, Stränden, Grotten und Wasserfällen. Daneben gibt es noch eine Sauna-Landschaft, Restaurants, eine Shopping Mall sowie Apartments und Zelte für Übernachtungsgäste. Der Badespaß kommt daneben fast ein bisschen kurz: Man hat die Wahl zwischen zwei leidlich großen Schwimmbecken, von denen eines immerhin einen Strömungskanal bietet. Im großzügig ausgestatteten Kinderparadies (mit Kletterspielanlage, Bällebad etc.) gibt es noch ein Kleinkinderbecken mit allem, was dazugehört. Für die Benutzung des 27 m hohen Rutschenturms mit vier unterschiedlichen Rutschen (Turborutsche erst ab 14 Jahren) wird eine zusätzliche

Tagespauschale fällig. – Im Grunde will das Tropical Islands weniger ein Spaßbad sein als vielmehr ein tropisches Urlaubsresort direkt vor der Haustür – inklusive Animationsprogramm und mehrreihig aufgestellten Sonnenliegen am Strand. Wer solche Art Urlaub mag, wird sich hier wohlfühlen.

Lausitztherme Wonnemar Bad Liebenwerda (EE) 8

Räumlich getrennt vom Thermalbadbereich, in dem Sauna, Wellness und das entsprechende Ruhebedürfnis der Gäste im Vordergrund stehen, gibt es im Wonnemar auch ein Sport- und Erlebnisbad. Die Highlights sind das Wellenbecken, in dem sich halbstündlich bis zu ein Meter hohe Wellen türmen, und der Rutschenturm mit seinen vier verschiedenen Rutschen: eine 22 m lange Free-Fall-Rutsche, eine 56 m lange Turborutsche, eine 116 m lange Röhrenrutsche und eine 120 m lange Black-Hole-Rutsche. Neben dem Wellenbecken befindet sich zusätzlich noch eine auch für kleinere Kinder geeignete breite Familienrutsche. Auf dem sogenannten »Lazy River« kann man sich gemütlich auf einem großen Reifen liegend von der Strömung durch einen Rundkurs treiben lassen. Für die ganz Kleinen gibt es eine eigene Kinderwelt mit Kinderrutsche, Wasserkanone, Wasserfällen, einer Grotte und einem Piratenschiff. Beheizte Sitzflächen für die Eltern und eine Kindertoilette mit Wickelmöglichkeit in der Nähe sind familienfreundliche Details. Wer tatsächlich ein paar Züge am Stück schwimmen will, muss angesichts des begrenzten Raumes auf das große Außenbecken mit Strömungskanal oder auf die 4 Bahnen des Sportbades ausweichen.

Adresse und Öffnungszeiten
Lausitztherme Wonnemar, Am Kurzentrum 1, 04924 Bad Liebenwerda
Mai–Sep täglich 10–21 Uhr, Okt–Apr 10–22 Uhr
Infos unter 035341 / 490 20 oder www.wonnemar.de/bad-liebenwerda

Preise
Erlebnis- und Sportbad: E 8,90 € (1,5 Std.), 9,90 € (3,5 Std.), 11,90 € (Tageskarte), K (4–15 J) 6,90 € (1,5 Std.), 7,90 € (3,5 Std.), 9,90 € (Tageskarte), K unter 3 J frei. Familienkarte (2 E & ihre K) 26,90 € (3,5 Std.) bzw. 32 € (Tageskarte). Sa, So & feiertags sowie in den Ferien jeweils 1 € / 0,50 € Zuschlag. Geburtstagskinder haben freien Eintritt

Anfahrt
Vom Bhf. Bad Liebenwerda ca. 700 m Fußweg: Ein Stück links über die Ladestr., dann in die Str. Am Bahnhof einbiegen, geradeaus über die Schwarze Elster durch den Kurpark, dann nach links über die Dresdener Str. (B 183), rechts in die Friedrich-Engels-Str., dann links in die Str. Am Kurzentrum.

Badeanstalt am Straussee (MOL) 9

Adresse und Öffnungszeiten

Städtische Badeanstalt Strausberg, Fichteplatz 1, 15344 Strausberg

Mai–Sep täglich 9 Uhr–Einbruch der Dämmerung

Infos unter 03341 / 31 10 66 bzw. www.strausberger-baeder.de

Preise

E 3 €, K 2 €

Anfahrt

Vom S-Bhf. Strausberg Bhf. mit der Tram 89 (Ri. Lustgarten) bis Lustgarten oder vom S-Bhf. Strausberg Stadt ca. 800 m Fußweg: Dem Josef-Zettler-Ring folgen, am Ende rechts durch den Übergang zur Wallstr. / An der Stadtmauer, dann der Wallstr. nach links folgen, geradeaus in die August-Bebel-Straße bis zum Straussee.

Die »Städtische Seebadeanstalt« (so der offizielle Name) liegt im Strausberg-Eggersdorfer Seengebiet, mitten in der Stadt Strausberg am südöstlichen Ufer des Straussees. Das Besondere ist hier die weitgehend originalgetreu erhaltene Holzarchitektur aus dem Gründungsjahr 1925. Der auf drei Seiten von dem gelbschwarz gestrichenen Gebäude umgebene Strand ist relativ klein, dafür gibt es alle Annehmlichkeiten wie WCs, Umkleidekabinen (2 €), Liegestuhlverleih (3 €) und eine Bewachung durch Rettungsschwimmer. An Attraktionen findet man hier einen Sprungturm und eine große Wasserrutsche auf den Badestegen sowie einen Kinderplanschbereich mit Rutsche. Nebenan: Imbiss und Bootsverleih (Ruderboote 5 € / Std., Tretboote 7 € / Std.). – Ganz in der Nähe fährt die elektrische Seilfähre über den Straussee (↑S. 34).

Flussbadeanstalt im Spreepark Beeskow (LOS) ⑩

Adresse und Öffnungszeiten

Flussbadeanstalt im Spreepark Beeskow, Bertholdplatz 6, 15848 Beeskow

Jun–Aug täglich 10–20 Uhr, Mai & Sep nach Wetterlage

Infos unter 03366 / 52 05 40 bzw. www.spreepark-beeskow.de

Preise

1 € p. P

Anfahrt

Vom Bhf. Beeskow ca. 1,8 km Fußweg: Der Straße Am Bahnhof nach rechts folgen, dann links in die Bahnhofstr. und immer geradeaus (Berliner Str. / Breitscheidstr.). Am Ende des kleinen Wäldchens rechts in die Gartenstr. einbiegen, an der nächsten Kreuzung wieder rechts.

Mitten in Beeskow, am Westufer der Spree, liegt die Flussbadeanstalt des Spreeparks Beeskow, zu dem auch ein Campingplatz und Ferienwohnungen gehören. Hier gibt es WCs, Umkleidekabinen und eine Bewachung durch Rettungsschwimmer. Die Attraktionen sind die Badestege mit Sprungtürmen und großer Wasserrutsche, ein Kinderspielplatz mit Hüpfburg und vor allem die 42-m-Riesenwasserrutsche. Auf dem Gelände des Spreeparks befinden sich zudem ein Bootsverleih, ein Imbiss, eine Minigolfanlage und ein Eiscafé. – In Beeskow selbst kann man nach dem Baden auch einen Abstecher zur Burg Beeskow machen (↑S. 181) oder die Schäferei-Erlebniswelt besuchen (↑S. 162). Etwa 10 km westlich von Beeskow befindet sich das Gut Hirschaue mit einem riesigen Damwildbestand *(15848 Rietz-Neuendorf OT Birkholz, Führungen sonntags 10 Uhr, Erwachsene 3 €, Kinder 1,50 €, www.gut-hirschaue.de).*

Strandbad Müllrose (LOS) ⑪

Adresse und Öffnungszeiten

Strandbad Müllrose, Beeskower Str. 26, 15299 Müllrose

Mai–Sep täglich ab 10 Uhr

Infos unter 033606 / 78 64 88 (Betreiber: Villa del Lago)

Preise

E 1,50 €, K 0,75 €

Anfahrt

Vom Bhf. Müllrose ca. 1,8 km Fußweg: Der Bahnhofstr. folgen, immer geradeaus bis zur Strandpromenade, dahinter links in die Fischerstr., die in die Beeskower Str. übergeht.

Der Große Müllroser See liegt an der Nordspitze des Naturparks Schlaubetal. An seinem nordwestlichen Ufer, mitten im Ort Müllrose, liegt das Strandbad Müllrose, eine der zwei offiziellen Badestellen an diesem See. Das Strandbad wird betrieben vom Pächter der Villa del Lago, einem italienischen Restaurant, das zugleich als Strandcafé dient. WCs, Duschen, Umkleidemöglichkeiten und Bewachung durch Rettungsschwimmer sind vorhanden. An Attraktionen gibt es einen feinen Sandstrand (mit einem Schatten spendenden Waldstück nebenan), einen Badesteg mit Sprungturm, eine Kinderrutsche, einen Spielplatz sowie eine separate Großrutsche. Nebenan befindet sich ein Ruderbootverleih. – Das »konkurrierende« Freibad Müllrose liegt übrigens gegenüber am südöstlichen Ufer des Sees; dort gibt es einen Kiosk, einen Kinderspielplatz und Rettungsschwimmer. Nach dem Baden kann man in der Nähe den Heimattiergarten Fürstenwalde (↑S. 134) oder das Tiergehege Eisenhüttenstadt (↑S. 136) besuchen.

Seebad Prenzlau (UM) ⑫

Adresse und Öffnungszeiten

Seebad Prenzlau, Uckerpromenade 46, 17291 Prenzlau

Mai–Sep täglich 9–20 Uhr

Infos unter 03984 / 83 48 64 oder 03984 / 75 30 40

Preise

E 2 €, K 1 €, K unter 7 J frei

Anfahrt

Vom Bhf. Prenzlau (RE 3) mit dem Bus 503 (Ri.Templin) bis Prenzlau, Mitteltorturm, dann ca. 1 km Fußweg über die Fischerstr., oder mit dem Bus 403 (Ri. Schwedt) bzw. 435 (Ri. Schmölln) bis Prenzlau, Baustr., dann ca. 600 m Fußweg über den Seeweg.

In der Stadt Prenzlau gab es schon seit den 1920er Jahren ein Seebad am Ufer des Unteruckersees. 2005 wurde an historischer Stelle ein neues Bad mit WCs, Umkleidekabinen und Wickelraum errichtet. Ein Bademeister bewacht die Anlage, die über einen Badesteg mit Sprungturm und großer Wasserrutsche verfügt. Zu den zusätzlichen Angeboten gehören ein Abenteuerspielplatz, Strandkörbe und Tischtennisplatten. Nebenan findet man einen Bootsverleih und die Anlegestelle des Fahrgastschiffes »Onkel Albert«, das zwischen Prenzlau und Warnitz verkehrt. In der Badesaison werden regelmäßig 45-minütige Rundfahrten in Prenzlau angeboten *(Erwachsene 7 €, Kinder von 4–16 Jahren 3,50 €, Familienkarte 18 €, Fahrplan unter www.uckerseeschiff.de).*

Strandbad Kallinchen am Motzener See (TF) ⑬

Adresse und Öffnungszeiten
Strandbad Kallinchen, Am Strandbad, 15806 Zossen OT Kallinchen
Mai-Sep täglich 8–19 Uhr
Infos unter 033769 / 513 50 bzw. www.kallinchen.de

Preise
E 2 €, K (bis 14 J) 1 €, K (15-18 J) 1,50 €

Anfahrt
Vom Bhf. Zossen (RE 3 / RB 14) mit dem Bus 729 (Ri. Königs Wusterhausen) bis Kallinchen, Dorf. Von dort zu Fuß über die Straße Am Strandbad bis zum Eingang.

Das Strandbad Kallinchen liegt im Dahme-Seengebiet am nordwestlichen Ufer des Motzener Sees. Dass es kein Geheimtipp ist, erkennt man schnell an den Autokennzeichen auf dem großen Parkplatz. Die weitläufige Anlage gehört zum »Sport- und Freizeitpark Am Strandbad Kallinchen« und verfügt über eine große Liegewiese, die teilweise von Schatten spendenden Bäumen bewachsen ist. Es gibt WCs, Duschen, Umkleidekabinen und eine Bewachung durch Rettungsschwimmer. Für den Badespaß sorgen eine Badeinsel und eine große Wasserrutsche; zusätzlich gibt es einen Bootsverleih (Tretboote, Ruderboote, Kajaks und Fahrräder, ab 3 €/Std.), einen Imbiss, einen Kinderspielplatz, Tischtennisplatten und eine Minigolfanlage. Nebenan gibt es einen kleinen Fitnessparcours (für Erwachsene). Noch sportlicher geht es im nahe gelegenen Kletterwald Kallinchen zu, von dessen 3 Parcours allerdings nur einer für Kinder unter 12 Jahren geeignet ist *(voraussichtlich wieder geöffnet ab Mai 2015, www.kletterwald-kallinchen.de)*. – Erfrischend ist der Besuch im Strandbad auch nach einer Tour auf der Draisinenbahn Mittenwalde (↑S. 41).

Strandbad Lehnin (PM) 14

Adresse und Öffnungszeiten

Strandbad Lehnin, Am Klostersee 13 b, 14797 Kloster Lehnin OT Lehnin

Mai–Jun täglich ab 11 Uhr, Jul & Aug täglich ab 10 Uhr, Sep täglich ab 12 Uhr

Infos unter 03382 / 70 79 44 bzw. www.strandbad-lehnin.jimdo.com

Preise

E 2 €, K 0,50 €

Anfahrt

Vom Bhf. Groß Kreutz (RE 1) mit dem Bus 550 (Ri. Lehnin) oder vom Bhf. Götz (RE 1) mit dem Bus 554 oder vom Hbf. Potsdam mit dem Bus 580 (Ri. Bad Belzig) bis Lehnin, Fischersberg. Von dort ca. 1,2 km Fußweg: Der L 86 in Fahrtrichtung folgen, dann hinter dem Autohaus rechts abbiegen in die Straße Am Klostersee. (Wer sich traut, nimmt die Abkürzung über den Feldweg, der in der Nähe der Bushaltestelle rechts abgeht und direkt zum See führt.)

Ein geradezu »himmlisches« Badevergnügen genießt man im Ort Kloster Lehnin am Südostufer des Klostersees, in kaum 2 km Entfernung von der heute noch erhaltenen Klosterkirche aus dem Jahr 1260 *(Klosterkirchplatz, Besichtigung Montag–Samstag 10–16 Uhr, Sonntag 13–17 Uhr)*. Im Strandbad Lehnin findet man nicht nur WCs, Duschen und Umkleiden vor, sondern auch einen Badesteg mit Wasserrutsche, einen Kletterspielplatz, eine Buddelecke und Tischtennisplatten. Zusätzlich gibt es einen Strandliegen- und Bootsverleih (Ruderboot 5 € / Std., 4er-Kanadier 6 € / Std.) sowie einen Imbiss mit kleinen Snacks, Kaltgetränken und italienischen Kaffespezialitäten. Man kann im Strandbad sogar zelten (Erwachsene 6 €, Kinder bis 13 Jahren 6 € pro Nacht). Jeden Freitag um ca. 17 Uhr wird im Bootsschuppen unter dem Motto »Freitagskino im Strandbad« ein Kinderfilm gezeigt (aktuelles Programm auf der Website).

Strandbad Neue Mühle am Krimnicksee (LDS) ⑮

Adresse und Öffnungszeiten

Strandbad Neue Mühle, Küchenmeisterallee 33, 15711 Königs Wusterhausen
Mai–Sep täglich 10–18 Uhr
Infos unter 03375 / 29 01 99

Preise

E 2,50 €, K 1,20 €, K unter 6 J frei

Anfahrt

Vom Bhf. Königs Wusterhausen mit dem Bus 721 oder 723 (Ri. Kablow-Ziegelei) bis Niederlehme, Dahmestr., von dort mit dem Bus 733 (Ri. S-Bhf. Königs Wusterhausen) bis Haltestelle Strandbad. Von dort kurzer Fußweg. – Am Wochenende am besten direkt vom Bhf. ca. 2 km zu Fuß: Über Kirchsteig, Tiergartenstr., Zornsdorfer Str., dann rechts in die Küchenmeisterallee.

In Königs Wusterhausen am nordwestlichen Ufer des Krimnicksees liegt das Strandbad Neue Mühle. Es bietet WCs, Duschen, Umkleiden sowie eine Bewachung durch Rettungsschwimmer. Die gepflegte Liegewiese ist sehr groß, der Sandstrand dafür eher klein. Die Hauptattraktion, nicht nur für Kinder, ist sicher die 52 m lange Riesenrutsche. Man findet auf dem Gelände hier auch einen Bootsverleih, einen Imbiss mit Terrasse, einen Kinderspielplatz, ein Volleyballfeld, einen Fußballplatz und Tischtennisplatten. – In Königs Wusterhausen können Familien außerdem vor oder nach dem Baden eine Menge andere Aktivitäten einplanen: Von der Schlossbesichtigung (↑S. 189), über eine Besteigung des Wasserturms (↑S. 85) bis hin zu einer Runde Jumicar im Kiebitzpark (↑S. 52) reicht die Auswahl.

Strandbad Storkow (LOS) 16

Adresse und Öffnungszeiten

Strandbad Storkow, Seestr. 24, 15859 Storkow

Jun–Aug täglich 9–19 Uhr, Mai & Sep 10–18 Uhr

Infos unter 033678 / 722 82 oder www.strandbad-storkow.de

Preise

E 3,50 €, K (14–17 J) 2 €, K (2–13 J) 1,50 €, K (unter 2 J) 1 €

Anfahrt

Vom Bhf. Storkow mit dem Bus 435 (Ri. Fürstenwalde) bis Storkow, Reichenwalder Str., dann ca. 400 m Fußweg über die Reichenwalder Str. bis zur Seestr. – Alternativ vom Bhf. Storkow ca, 2 km Fußweg: Über die Bahnhofstr., Ernst-Thälmann-Str. (B 246), Rudolf-Breitscheid-Str., Am Markt, Altstadt, Heinrich-Heine-Str. bis zur Reichenwalder Str.

Am Nordufer des Großen Storkower Sees liegt das Strandbad Storkow. Man findet hier neben einem Steg mit Sprungturm und Rutsche, eine Kinderrutsche, Strandkörbe, einen Kinderspielplatz, Tischtennisplatten und einen Ruderbootverleih. Ein besonderer Service für Familien ist der (kostenlose) Verleih von Buddelsachen und Schwimmflügeln sowie der (kostenpflichtige) Verleih von Luftmatratzen, Schwimmtieren, Schwimmreifen, Schwimmnudeln, Taucherbrillen etc. (1–3 € / Std.). Im Gebäude des Strandbads gibt es neben WCs, Duschen und Umkleiden auch einen Billardtisch. Ein Imbiss und eine Bewachung durch Rettungsschwimmer sind vorhanden. – In der Nähe lohnt sich vor oder nach dem ein Abstecher in die Burg Storkow (↑S. 113) oder in den Irrlandia Mitmachpark (↑S. 200).

Strandbad Stienitzsee (MOL) ⑰

Adresse und Öffnungszeiten

Strandbad Stienitzsee, Berliner Straße 14, 15378 Rüdersdorf OT Hennickendorf

Mai–Sep Mo–Fr 10–21 Uhr, Sa & So 9–22 Uhr

Infos unter 0151 / 15 95 69 44 bzw. www.strandbad-stienitzsee.com

Preise

E 2 €, K (bis 14 J) 1,50 €, K unter 6 J frei

Anfahrt

Vom Bhf. Strausberg mit dem Bus 950 (Ri. Erkner) bis Hennickendorf, Dorf. Von dort ca. 1,5 km Fußweg: Nach Westen über die Berliner Straße, dann nach rechts der Ausschilderung folgen.

Das Strandbad Stienitzsee in Hennickendorf befindet sich am Ostufer des Stienitzsees, im Eggersdorf-Strausberger Seengebiet. Die im Jahr 2011 renovierte Anlage bietet WCs, Duschen, einen Sonnenschirmverleih und eine Bewachung durch Rettungsschwimmer. Es gibt hier Liegewiesen und einen großen Strandbereich mit feinem Sand, eine Wasserrutsche im Nichtschwimmerbereich, einen Bootsverleih und Tischtennisplatten. Der Imbiss liegt auf einer Anhöhe und verfügt über eine großzügige Aussichtsterrasse mit Sonnenschirmen und Blick auf den See. Im Sommer finden gelegentlich Kinderfeste statt. – Vor oder nach dem Baden kann man zum Beispiel den nahe gelegenen Museumspark Rüdersdorf (↑S. 68) besichtigen oder den Aussichtsturm Woltersdorf (↑S. 77) besteigen. Hennickendorf hat aber auch einen eigenen Aussichtsturm, den 28 m hohen Wachtelturm auf dem Wachtelberg *(Ostern–Oktober Sa, So & feiertags 13–18 Uhr, Erwachsene 1,50 €, Kinder von 6–14 Jahren 0,75 €).*

Strandbad Wandlitzsee (BAR) ⑱

Adresse und Öffnungszeiten

Strandbad Wandlitzsee, Prenzlauer Chaussee 154, 16348 Wandlitz

Mai, Jun & Sep täglich 10–19 Uhr, Jul & Aug täglich 9–20 Uhr

Infos unter 033397 / 648 88

Preise

E 3 €, Schüler 1,50 €, K (ab 5 J) 1 €, K unter 5 J frei

Anfahrt

Mit dem NE 27 oder (vom Bhf. Bernau) mit dem Bus 894 (Mo–Fr) bzw. 903 (Sa & So) (Ri. Bernau) bis Bhf. Wandlitzsee. Von dort kurzer Fußweg.

Das Strandbad Wandlitzsee lockt schon seit den 1920er Jahren erholungssuchende Berliner an. Es liegt im Wandlitzer Seengebiet am Ostufer des Wandlitzer Sees und verfügt über WCs, Duschen und Umkleidekabinen. Der lange Badesteg bietet ein 3-m-Sprungbrett und eine Wasserrutsche. Eine solche gibt es auch auf der kleinen Badeinsel. Im Strandbad werden Boote, Strandliegen, Schwimmbretter und -nudeln sowie Federball- und Tischtennisschläger verliehen. Neben Tischtennisplatten findet man hier auch einen großen Kinderspielplatz mit Schaukeln, Rutschen und einem Wasserspielgarten und einen Imbiss. Eine Bewachung durch Rettungsschwimmer ist vorhanden. Beliebt ist das nebenan gelegene, traditionsreiche »Ristorante alla Fontana« mit seiner Aussichtsterrasse. – Von Wandlitz aus ist es nicht weit ins mittelalterliche Bernau mit seinem Heimatmuseum (↑S. 203) oder zum Kletterpark in Schmachtenhagen (↑S. 125).

Strandbad Wolletzsee (UM) ⑲

Mitten in der unberührten Natur des Biosphärenreservats Schorfheide-Chorin liegt am Ostufer des Wolletzsees das Strandbad Wolletzsee. Die 2007 renovierte Anlage bietet WCs, Umkleiden und eine Bewachung durch Rettungsschwimmer. Zu den Attraktionen gehören der große Badesteg mit Sprungturm und Wasserrutsche, ein großer Kinderspielplatz, Tischtennisplatten und mehrere Volleyballfelder. Es gibt auch einen Imbiss mit Terrasse sowie einen Bootsverleih mit Tret- und Ruderbooten (je 6 € / Std.). Das Strandbad wird regelmäßig mit der »Blauen Flagge« für herausragende Wasserqualität ausgezeichnet. – Der Wolletzsee liegt westlich von Angermünde und wird in der Saison vom »Biberbus« angefahren, der auch im NABU-Informationszentrum Blumberger Mühle (↑S. 175) hält.

Adresse und Öffnungszeiten
Strandbad Wolletzsee, Am Wolletzsee, 16278 Angermünde
Mai & Sep Mo–So 10–19 Uhr, Jun–Aug täglich 9–20 Uhr
Infos unter 03331 / 324 31 bzw. www.angermuende.de

Preise
E 3 €, K 1 €

Anfahrt
Vom Bhf. Angermünde (RE 3) mit dem »Biberbus« 496 (Ri. Angermünde) bis Angermünde, Am Wolletzsee. Verbindung Apr–Okt dreimal täglich.

Strandbad Wukensee (BAR) ⑳

Adresse und Öffnungszeiten
Strandbad Wukensee, Ruhlsdorfer Straße 41, 16359 Biesenthal
Mai, Jun & Sep täglich 9–19 Uhr, Jul & Aug täglich 8–20 Uhr
Infos unter 03337 / 49 03 80 bzw. www.strandbad-wukensee.de

Preise
E 3 €, K 1,50 €

Anfahrt
Vom Bhf. Bernau mit dem Bus 903 (Ri. Bernau, nur Sa & So) bis Biesenthal, Wukensee bzw. (Mo–Fr) mit dem Bus 896 (Ri. Biesenthal) bis Biesenthal, Ambulatorium. Von dort ca. 800 m Fußweg über die Ruhlsdorfer Straße bis zum Strandbad.

Der Wukensee liegt im Wandlitzer Seengebiet am Ostufer des Großen Wukensees, nahe der Stadt Biesenthal. Das Strandbad Wukensee mit seinen historischen Holzpavillons wurde von rbb-Zuschauern im Jahr 2008 zum »schönsten Strandbad in Brandenburg« gewählt. Auch für Familien mit Kindern hat es einiges zu bieten, so den Badesteg mit Sprungturm und Wasserrutsche, der zugleich den Nichtschwimmerbereich begrenzt, eine Badeinsel, einen Spielplatz, Bootsverleih und einen Imbiss. WCs, Duschen, Umkleiden und Bewachung durch Rettungsschwimmer sind vorhanden. – Vom Strandbad Wukensee aus ist es nicht weit ins mittelalterliche Bernau mit seinem Heimatmuseum (↑S. 203).

Waldbad Borkheide (PM) 21

Adresse und Öffnungszeiten

Waldbad Borkheide, Kirchanger 14, 14822 Borkheide

Mai–Sep täglich 7–21 Uhr

Infos unter 033845 / 909 41 oder www.waldbad-borkheide.de

Preise

3 € p. P.

Anfahrt

Vom Bhf. Borkheide (RE 7) ca. 800 m Fußweg: Die Friedrich-Engels-Str. entlang bis zum Marktplatz, dann links in den Kirchanger.

Der Ort Borkheide liegt ca. 10 km westlich von Beelitz. Das örtliche Waldbad liegt weder an einem See noch an einem Fluss, sondern ist ein künstlich angelegter Badeteich, dessen Wasser ohne Chlor oder andere Chemikalien sauber gehalten wird. Dem Namen entsprechend liegt das Bad idyllisch am Waldrand und verfügt über eine Liegewiese mit Schattenbereichen im Wald. Es gibt hier ein separates Kleinkinderbecken, eine Kinderrutsche im Nichtschwimmerbereich, Holzstege, einen Sprungturm und einen Sandkasten mit Sonnensegel und kleinem Spielschiff. WCs und Umkleiden sind vorhanden. – Auf dem nahe gelegenen Flugplatz Borkheide kann ein Interflug-Flugzeug vom Typ IL18 besichtigt werden (Am Flugplatz, Mrz–Okt Sa, So & feiertags 14–17 Uhr). Etwa 10 km entfernt liegt übrigens der Spargel- und Erlebnishof Klaistow (↑S. 116).

Waldbad Templin am Templiner See (P) 22

Adresse und Öffnungszeiten

Waldbad Templin, Templiner Str. 110, 14473 Potsdam

Mai–Aug täglich 9–20 Uhr

Infos unter 0331 / 661 98 37 bzw. www.swp-potsdam.de

Preise

E 3 €, K 1,50 €

Anfahrt

Vom Bhf. Potsdam mit dem Bus 607 (Ri. Ferch) bis Potsdam, Forsthaus Templin. Von dort kurzer Fußweg. Alternativ: Vom Bhf. Potsdam-Hafen mit dem Wassertaxi bis Strandbad / Forsthaus Templin (www.potsdamer-wassertaxi.de).

Das Waldbad Templin liegt nicht in der gleichnamigen Stadt in der Uckermark, sondern zwischen Potsdam und Caputh am Ostufer des Templiner Sees. Die zentrale Lage bedingt, dass es hier bei schönem Wetter oft sehr voll ist. Eine 62 m lange Großwasserrutsche rundet das ohnehin großzügige Spiel- und Spaß-Angebot ab; daneben gibt es eine Badeinsel, eine normale Wasserrutsche, einen großen Kinderspielplatz, Tischtennisplatten, eine Minigolfanlage und einen Imbiss. Strandkörbe kosten 5 € pro Tag, Strandliegen 3 €. Der Nichtschwimmerbereich ist nur durch Schilder markiert, aber das Wasser ist bis weit in den See hinein sehr seicht. Bewachung durch Rettungsschwimmer ist vorhanden. Nebenan gibt es einen Bootsverleih (Tretboot 6 € / Std., Ruderboot 3 € / Std.). Es besteht zudem die Möglichkeit, sich auf einer »Spaßbanane« über das Wasser ziehen zu lassen (ab 8 Jahre, Erwachsene 4 € / 10 min, Kinder bis 14 Jahre 2,50 / 10 min).

Für Bewegungslustige

Flaeming Skate (TF) ①

Adresse und Öffnungszeiten

Flaeming Skate, Einstiegspunkt z.B.: Am Nuthefließ, 14943 Luckenwalde

Ganzjährig befahrbar

Infos unter www.flaeming-skate.de

Anfahrt

Vom Bhf. Luckenwalde zum Einstiegspunkt Am Nuthefließ ca. 1 km zu Fuß: Geradeaus über die Goethestr., rechts in die Puschkinstr., links in die Käthe-Kollwitz-Str., links in die Kleine Weinbergstr., geradeaus über den Haag (B 101) und dann über die Rudolf-Breitscheid-Str. weiter geradeaus über den kleinen Parkplatz zwischen den Häusern und nach links der Str. Am Nuthefließ folgen bis zum Knick vor der Kreisverwaltung. Von dort geht es los auf dem Flaeming Skate durch die Lückegärten. – Wer im Hotel Märkischer Hof Fahrräder leihen möchte, biegt aus der Goethestr. links in die Puschkinstr. ein (statt nach rechts); an der dritten Querstraße ist dann schon das Hotel.

Das 230 km lange Wegenetz der »Flaeming Skate« bietet Inline-Skatern die Möglichkeit, sich ohne die Konkurrenz lästiger Fußgänger oder Autofahrer auf glattem Asphalt zu bewegen. Genauso attraktiv sind die 2–3 m breiten Bahnen aber für Radler, die dort ebenfalls fahren dürfen. Die Flaeming Skate gliedert sich in 8 Rund- und zahllose weitere Teilstrecken, die einzeln oder kombiniert abgefahren werden können. Für einen Familienausflug ohne sportliche Höchstleistungen empfiehlt sich der 12 km lange Rundkurs 2, der von Luckenwalde über Kolzendorf und Jänickendorf wieder zurück nach Luckenwalde führt. Als Abschluss bietet sich eine Abkühlung im Wasser an, je nach Lust und Jahreszeit in der Fläming Therme (↑S. 88) oder im Freibad Elsthal (*Teichwiesenweg 11, Mai–Aug täglich 9–19 Uhr, E 3 €, K 1,50 €*). – Die An- und Abreise mit Fahrrad und Bahn kann gerade am Wochenende angesichts voller Züge zur Tortur werden; alternativ kann man in Luckenwalde auch Fahrräder mieten, z.B. im Hotel Märkischer Hof (*Poststr. 8, Mo–So 9–22 Uhr, 7 € pro Rad/Tag, auch Kinder- und Jugendräder, unbedingt reservieren unter www.skatemekka.com/verleih.html oder 03371 / 60 40*).

Freizeitpark Wendisch-Rietz (LOS) 2

Adresse und Öffnungszeiten

Freizeitpark Wendisch-Rietz, Hauptstraße 26, 15864 Wendisch Rietz
Apr–Jun & Sep–Okt täglich 10–18 Uhr, Jul & Aug täglich 10–19 Uhr
Infos unter 033679 / 750 62 oder www.freizeitpark-wendisch-rietz.de

Preise

Eintritt: E 3 €, K (bis 14 J) 1,50 €. Minigolf: E 3 €, K (bis 14 J) 2 €

Anfahrt

Vom Bhf. Wendisch Rietz (OE 36) ca. 1 km Fußweg: Parallel zu den Bahngleisen nach rechts, dann rechts in die Hauptstr. (L 412) einbiegen und immer geradeaus durchs Stadtzentrum.

Der am Südufer des Scharmützelsees gelegene Ort Wendisch-Rietz unterstreicht seinen Titel »familien- und kinderfreundliche Gemeinde« durch einen eigenen Freizeitpark, der beständig erweitert und ausgebaut wird. Man findet hier einen Kindertierhof mit Streichelzoo, einen großzügigen Spielplatz und eine Anlage für verschiedene Ballsportarten. Im Tierhof lebt neben Ponys, Eseln, Ziegen, Schafen und Schweinen auch allerhand Klein- und Ferdervieh und sogar ein Lama. Die meisten Tiere kann man anfassen, einige auch füttern (Futtertüten sind für 1 € an der Kasse erhältlich). Auf dem Spielplatz finden die Kinder einen Sandkasten mit Wasserspielen, eine Rutsche, Schaukeln, ein 9 x 10 m großes Hüpfkissen und ein (auch für Rollstuhlfahrer geeignetes) Drehkarussell. Neu sind eine Boulder-Kletterwand und der sogenannte Tarzanschwinger – eine überlange Schaukel, mit der man sich von einem Hügel zum gegenüberliegenden schwingt. Für die Zukunft ist die Erweiterung um einen Pferdestall mit Ponyreiten geplant. Bereits jetzt gibt es eine Minigolfanlage sowie einen 600 m langen Skater-Rundkurs, der um die ganze Anlage herum führt. Ausruhen kann man sich auf der Terrasse des kleinen Imbisskiosks oder auf der Liegewiese.

Ganzjahresrodelbahn Scharmützelbob (LOS) 3

Adresse und Öffnungszeiten

Scharmützel-Bob, Am Fuchsbau 7, 15526 Bad Saarow (OT Petersdorf)

Apr–Jun & Sep–Okt täglich 10–18 Uhr, Jul–Aug täglich 10–19 Uhr, Mrz Mo–Fr 11–16 Uhr, Sa & So 11–17 Uhr, Nov Mo–Fr 13–16 Uhr, Sa & So 11 bis Dämmerung, Dez–Feb nur Sa & So 11–16 Uhr

Infos unter 0152 / 29 26 46 62 oder www.scharmuetzelbob.de

Preise

Einzelfahrt: E 2,50 €, K 1,50 €, 6er-Karte: E 12 €, K 8 €, Familienkarte 34 € (je 6 Fahrten für 2 K und 2 E), Tageskarte 20 € (K) bzw. 30 € (E). Geburtstagskinder erhalten Freifahrten

Anfahrt

Vom Bhf. Fürstenwalde (RE 1) mit dem Bus 430 oder 431 (Richtung Bad Saarow) bis Haltestelle Saarower Chaussee, von dort ca. 10 min Fußweg auf der Straße »Am Fuchsbau«.

Zum Rodeln braucht man in Brandenburg weder Schnee noch Berge. Zwischen Bad Saarow und Fürstenwalde sausen Erwachsene und Kinder (ab 8 Jahren alleine, ab 3 Jahren mit einem älteren Begleiter) im Zweierbob über eine fast 1.000 m lange Rodelstrecke mit rasanten Kurven und starkem Gefälle. Die Bobs sind fest auf der Strecke montiert und mit Bremsen sowie Sicherheitsgurten versehen. So haben Kinder (und Eltern) bei Geschwindigkeiten von bis zu 40 km/h maximalen Nervenkitzel bei minimalem Risiko. Dank der speziellen Technik kann man auch bei Regen oder Schnee rodeln, aber am meisten Spaß macht es natürlich bei schönem Wetter. Dann ist es allerdings oft auch besonders voll. Wer gleich morgens kommt, kann lange Wartezeiten zwischen den Fahrten vermeiden. Spätestens nach ein bis zwei Stunden lässt der Spaß am Rodeln ohnehin nach. Wenn dann auch der Spielplatz mit Seilbahn und Rutschenturm »abgearbeitet« ist, kann man den Rest des Tages für weitere Highlights der Region nutzen, z.B. den Arborafabula Kletterwald (↑S. 120), das Schwapp in Fürstenwalde (↑S. 91) oder einen Abstecher nach Storkow (↑S. 103, 200 und siehe nächsten Tipp.).

Irrlandia – der Mitmachpark (LOS) ④

Adresse und Öffnungszeiten

Irrlandia – der Mitmachpark, Lebbiner Straße 1, 15859 Storkow (Mark)
Ende Mai–Anfang Okt täglich 10–18 Uhr
Infos unter 033678 / 417 32, 030 / 641 08 28 oder www.irrlandia.de

Preise

6 € p. P. (für K von 2–15 J inkl. einer Freifahrt mit Schiffsschaukel oder Karussell)

Anfahrt

Vom Bhf. Storkow (Mark) (OE 36) ca. 2,3 km zu Fuß: Die Bahnhofsallee hinunter, dann rechts auf die Ernst-Thälmann-Str., dann links in die Rudolf-Breitscheid-Str., über den Storkow-Kanal weiter auf der Heinrich-Heine-Str., dann links auf die Kummersdorfer Str. (L 23), am Kreisverkehr rechts auf die Lebbiner Str.

Der Irrlandia Mitmachpark ist eine faszinierende Mischung aus Abenteuerspielplatz und Freizeitpark. Von weitem schon sieht man die fantasievoll verdrehten Klettertürme des Rutschenparadieses (die höchste Rutsche startet in 12 m Höhe). Der Park, der beständig erweitert und umgebaut wird, bietet aber noch viel mehr: mit Strohdächern und Sonnensegeln beschattete Buddelflächen für die Kleinsten, eine Hüpfburg, einen Fahrradparcours, ein weit verzweigtes Tunnellabyrinth und eine Rollandia genannte Fläche, auf der die Kinder sich in luftgefüllten Riesenhamsterrädern fortbewegen. Überall gibt es Gelegenheiten für kleine Spiele und Aktivitäten mit Wasser, Steinen oder Murmeln, zum Klettern, Hüpfen und Büchsenwerfen. Wem das alles nicht genug ist, der kann auch noch (gegen geringe Zusatzkosten) die Kletterwand, den Hochseilgarten, die Schiffsschaukel, das Kinderkarussell oder die Wasserbombenwurfanlage ausprobieren. Auch Ponyreiten und Bungee-Trampolin kosten extra. Jährlich im Juli wird zusätzlich das 20.000 m² große Maislabyrinth eröffnet.

Sommerrodelbahn im Erlebnispark Teichland (SN) 5

Der Erlebnispark Teichland ist eins der Projekte, die aus der Rekultivierung ehemaliger Tagebaugebiete in der Niederlausitz hervorgegangen sind. Am Westhang der »Bärenbrücker Höhe« in Teichland, nördlich von Cottbus, wird das entstandene Gefälle für allerlei Vergnügungen genutzt, bei denen es abwärts geht: Zuallererst natürlich für die Sommerrodelbahn, bei der man von der »Bergstation« in 300 m Höhe durch

Adresse und Öffnungszeiten

Erlebnispark Teichland. Zum Erlebnispark 1, 03185 Teichland OT Neuendorf

Apr–Okt täglich 10–19 Uhr, Mrz, Nov & Dez Mi–So 12–17 Uhr

Infos unter 035601 / 90 90 23 oder www.erlebnispark-teichland.de

Preise

Rodelbahn / Tubingbahn / MonsterRoller / Kletterspaß: E 2,20 €, K (bis 14 J) 1,80 € pro Fahrt/Runde; Minigolf: E 4,40 €, K (bis 14 J) 3,60 € pro Runde

Wasserlauf-Ball /Laufrolle / Bungee-Trampolin: E 6,60 €, K (bis 14 J) 5,40 € pro 5 min

Anfahrt

Vom Bhf. Teichland (RE 11) ca. 1,5 km Fußweg: Die Peitzer Str. entlang, dann links in die Mauster Str. einbiegen (zweite Kreuzung) und immer geradeaus bis zur Straße Zum Schießplatz. – Adresse für Navigationsgeräte: Teichland, Zum Schießplatz.

zahlreiche Kurven und einen Kreisel 44 m Höhenunterschied überwindet. Die Bahn ist mit 600 m deutlich kürzer als die in Bad Saarow, dafür gibt es hier aber noch weitere Angebote: Ebenfalls rasant abwärts geht es mit dem Monsterroller oder mit der 112 m langen Tubingbahn auf einem luftgefüllten Gummireifen. Daneben gibt es u. a. einen Kletterfelsen, Wasserlauf-Bälle, Bungee-Trampoline, einen Irrgarten aus Wacholdersträuchern, eine Minigolf-Anlage, einen 50 m hohen Aussichtsturm, eine Hängebrücke und einen großen Spielplatz. Unnötig zu erwähnen, dass die meisten Aktivitäten Geld kosten. Zwar kann man wie auf dem Rummel Fahrchips erwerben, die im 6er- oder 12er-Pack billiger sind, aber ein teures Vergnügen wird der Aufenthalt im Park allemal.

Sommerrodelbahn Wahrberge (PR) ⑥

Groß Woltersdorf in der Prignitz bietet eine ganz besondere Kombination aus Naturerlebnis und Freizeitspaß: einen Waldlehrpark mit Sommerrodelbahn. Seit Mai 2012 können hier Kinder ab ca. 6 Jahren und Erwachsene unter 90 kg mitten im Wald auf drei parallelen Bahnen einen abschüssigen Hang hinunter rodeln. Dank des aus Finnland importierten Prinzips (Plastikbobs auf befeuchteten Kunststoffmatten) erreicht man auf der

Adresse und Öffnungszeiten
Waldlehrpark Wahrberge, Am Märchenwald 5, 16928 Groß Pankow/Prignitz OT Groß Woltersdorf
Sommerrodelbahn: Apr–Okt Mi–So 10–12 & 13–18 Uhr, Mai–Sep zusätzlich Fr 18–20 Uhr.
Waldlehrpark ganzjährig täglich geöffnet
Infos unter 033234 / 222 23 oder www.wahrberge.de

Preise
Sommerrodelbahn: E 4 € (1 Std.), 7 € (3 Std.), 12 € (Tag), K (ab 6 J) 3 € (1 Std.), 5 € (3 Std.), 9 € (Tag).
Eintritt zum Waldlehrpark frei (Toilettenbenutzung 1 € p. P.)

Anfahrt
Vom Bhf. Pritzwalk (RE6) ca. 8 km mit dem Fahrrad über Elbe-Müritz-Rundweg, Bischofs-Tour oder Pollo-Tour. – Adresse für Navis: Dorfstr. 5.

knapp 80 Meter langen Strecke Geschwindigkeiten von bis zu 30 km/h. Den Weg zurück zum Start legt man zu Fuß zurück, was bei 15 Meter Höhenunterschied durchaus eine Herausforderung ist. Wer von der sportlichen Betätigung genug hat, der sollte zumindest noch einen Teil des 70 ha großen Naturlehrparks erkunden; hier gibt es neben lehrreichen Infotafeln auch viele Mitmachstationen wie Balancierbalken oder Ziele für einen Zapfenweitwurf-Wettkampf. Außerdem gibt es hier noch einen Märchenpfad mit Geräusch- und Lichteffekten. Das passt zum Prignitzer Märchentag, der hier jedes Jahr am ersten Septemberwochenende stattfindet.

Karls Erlebnis-Dorf (HVL) 7

Eine Idee aus dem hohen Norden hat 2014 ihren Weg auch ins Land Brandenburg gefunden. Was bei Rostock, bei Lübeck und auf Rügen schon lange viele Erwachsene und Kinder begeistert, verfehlt auch hier seine Wirkung nicht, wie sich schon am weitläufigen Besucherparkplatz ablesen lässt. Das Konzept ist einfach: Zahllose (überwiegend kostenlose) Attraktionen wie Riesen-Hüpfkissen, Streichelzoo, Irrgarten, Riesen-Rutsche, Seilbahn, Indoor-Spielplatz und Ponyreiten werden kombiniert mit bodenständiger Gastronomie sowie einem großen Verkaufsangebot rund um die Themen Marmelade, Bonbons und Landhaus-Deko. Im Mittelpunkt steht die Erdbeere, die zur Saison hier pflückfrisch verkauft wird. Von Mitte Juli bis Ende Oktober ist auch das große Mais-Labyrinth geöffnet. Alles in allem eine noch konsequenter auf Familien ausgerichtete Alternative zum Spargel- und Erlebnishof in Klaistow (↑S. 117). – Wer es lieber ruhig angehen lässt, kommt ganz in der Nähe in Sielmanns Naturlandschaft Döberitzer Heide auf seine Kosten, wo still und einsam seltene Wisente und Wildpferde grasen (Apr–Okt 10–18 Uhr, Nov–Mrz 10–16 Uhr, Eintritt 4/2 €, www.sielmann-stiftung.de/projekte/sielmanns-naturlandschaften/doeberitzer-heide/).

Adresse und Öffnungszeiten
Karls Erlebnis-Dorf, Zur Döberitzer Heide 1, 14641 Wustermark
Mai–Okt täglich 8–20 Uhr, Nov–Apr täglich 8–19 Uhr
Infos unter 033234 / 24 30 30 oder www.karls.de

Preise
Eintritt frei; einzelne Fahrgeschäfte, Ponyreiten und die »Schatzhöhle« sind kostenpflichtig (ca. 2–5 €)

Anfahrt
Vom Bhf. Elstal-Wustermark (RE 4 / RB 13) mit dem Bus 662 (täglich alle 60 Minuten) bis zur Haltestelle »Zum Erlebnis-Dorf«. Zur Bushaltestelle vom Bahnsteig die Treppe hoch und nach links über die Fußgängerbrücke.

Spargel- und Erlebnishof Klaistow (PM) 8

Adresse und Öffnungszeiten

Spargel- und Erlebnishof Klaistow, Glindower Str. 28, 14547 Beelitz OT Klaistow
Ostern bis Weihnachten täglich 8–18 Uhr
Infos unter 033206 / 610 70 oder www.buschmann-winkelmann.de

Preise

Eintritt zum Hof, Tiergehege und Spielplatz frei (während der Kürbisausstellung im Sep & Okt: E 2 €, K (3–14 J) 1 €), Karussell & Ponyreiten ab 1 €.

Anfahrt

Vom Bhf. Beelitz Heilstätten mit dem Bus 643 (Ri. Busendorf) bis Klaistow, Spargelhof . Oder mit dem Shuttlebus ab Rathaus Spandau (Haltestelle Bus 638) bzw. ab Potsdam Hbf (Haltestelle 8), ab Berlin Zool. Garten. Hin und zurück ab Berlin E 8 €, K 4 €. Abfahrtzeiten im Internet. Anmeldung ratsam: Mo–Fr unter 0180 / 428 35 28.

Das Angebot des Spargelhofes in Klaistow ist kaum auf einen Nenner zu bringen. Im Sommer kann man dort Erdbeeren und Heidelbeeren pflücken, es gibt ein Tiergehege (mit Angebot zum Ponyreiten) und eine Streichelwiese, einen großen Kinderspielplatz mit Spielgeräten, ein 15 x 20 m großes Riesenhüpfkissen, ein nostalgisches Kinderkarussell, verschiedene Rutschen, einen Kletterpark, eine Hofbäckerei, einen Eisladen, Süßigkeitenstände und (von Juli bis Oktober) ein begehbares Maislabyrinth. Als ob das alles noch nicht reichen würde, veranstalten die Betreiber regelmäßig Konzerte, Saisonfeste und im Herbst eine große Kürbisausstellung, um noch mehr Gäste anzulocken. Die (Selbstbedienungs)Gastronomie und das Veranstaltungsangebot (z.B. die Live-Konzerte sonntags ab 11.30 Uhr) sind stark auf Massentourismus ausgelegt. Aber da das Gelände sehr weitläufig ist, gibt es auch Gelegenheit, dem Trubel auszuweichen, wenn man das möchte.

Volkspark Potsdam (P) 9

Adresse und Öffnungszeiten

Volkspark Potsdam, Georg-Hermann-Allee 101, 14469 Potsdam

Park: täglich 5–23 Uhr. Info-Pavillon: Mai–Sep 10–18 Uhr, Apr & Okt 12–18 Uhr

Minigolfanlage: Apr–Aug Di–Fr 16–18.30 Uhr, Sa, So & feiertags 10–19 Uhr, Sep Mi–Fr 16–18.30 Uhr, Sa, So & feiertags 10–19 Uhr, in den Sommer- und Herbstferien verlängerte Öffnungszeiten

Infos unter: 0331 / 620 67 77 oder www.volkspark-potsdam.de

Preise

Eintritt frei.

Anfahrt

Vom Hbf. Potsdam (RE 1) mit der Tram 96 (Ri. Viereckremise) bis Potsdam, Volkspark.

Der Volkspark Potsdam bezeichnet sich selbst als »Aktivpark«, was nicht übertrieben ist. Das 2001 zur BUGA-Eröffnung eingeweihte, 65 ha große Gelände gehört sicher zu den beliebtesten Freizeiteinrichtungen der Landeshauptstadt. Man findet dort unter anderem einen Buddelspielplatz, einen Kletterspielplatz, einen Wasserspielplatz, einen Bolzplatz mit Fußballtoren, eine Skateanlage, Riesenrutschen, Trampoline, eine Kletterwand, zwei Grillplätze, Fußball-, Basketball- und Beachvolleyball-Felder, eine Minigolfanlage und einen Parcours für Disc-Golf (eine Art Minigolf mit Frisbeescheiben). Im Info-Pavillon am Haupteingang kann man sich zudem gegen geringe Gebühren so nützliche Sachen ausleihen wie Bollerwagen, Laufräder, Kettcars, Picknickdecken, Tischtennisschläger, Disc-Golf-Scheiben, Volleybälle, Schachfiguren, Slacklines oder Boule-Kugeln.

AbenteuerPark Potsdam (P) ⑩

Adresse und Öffnungszeiten

AbenteuerPark Potsdam, Albert-Einstein-Str. 49, 14473 Potsdam

Mitte Mrz–Mitte Apr: täglich 10–18 Uhr, Mitte Apr–Mitte Mai: täglich 10–19 Uhr, Mitte Mai–Anfang Aug: täglich 10–20 Uhr, Anfang Aug–Mitte Sep: 10–19 Uhr, Mitte Sep–Mitte Okt: 10–18 Uhr, Mitte–Ende Okt: 10–17 Uhr. Bei Gewitter, Sturm oder starkem Regen geschlossen

Infos und Reservierung unter 0331 / 626 47 83 oder www.abenteuerpark.de

Preise (für eine Kletterzeit von 2 Std.)

E 21 €, K (unter 12 J) 15 €, Schüler, Studenten & Azubis 18 €, Familienrabatt (mind. 1 K pro Elternteil) 2 €. Nur Miniparcours 8 €. Betreutes Kinderklettern 23 €

Anfahrt

Vom Hbf. Potsdam ca. 750 m Fußweg: Durch den Ausgang Friedrich-Engels-Str. über den Busbahnhof und über die Friedrich-Engels-Str., dann den blauen Hinweisschildern Ri. Telegrafenberg folgen. Der Weg kreuzt die Heinrich-Mann-Allee und führt dann auf die Straße Brauhausberg, von der links die Albert-Einstein-Str. abgeht.

Der AbenteuerPark ist eigentlich ein Kletterwald und liegt in einem schönen Buchenwald auf dem Potsdamer Brauhausberg. Er bietet zwölf Parcours, von denen neun für Kinder bzw. Jugendliche freigegeben sind: Auf dem Miniparcours (ab 120 cm Körpergröße) können die Kleinsten in nur einem Meter Höhe die ersten Schritte wagen; zwei Parcours dürfen ab 1,30 m benutzt werden, sechs weitere ab 1,40 m, einer davon (in zwölf Metern Höhe) allerdings erst ab 16 Jahren. Die 200 m lange Seilrutsche ist für Kinder ab 1,50 m Körpergröße bzw. ab 40 kg Körpergewicht geeignet. Aufgrund seiner zentralen Lage in der Landeshauptstadt ist der AbenteuerPark (vor allem bei gutem Wetter) oft stark frequentiert, sodass man 30 min und mehr auf die Einweisung warten und mit gelegentlichen Staus auf den Bäumen rechnen muss. Für Gruppen ab 10 Personen wird generell um eine Reservierung gebeten. Vorab buchen (mindestens einen Monat im Voraus) kann man auch diverse Geburtstagsangebote (ab 145 €). An einem Freitag im Monat gibt es ab 15 Uhr betreutes Kinderklettern (für Kinder ab 1,30 m und bis max. 13 Jahre): Die Kinder klettern drei Stunden lang in Begleitung eines Experten, die Eltern trinken auf der Sonnenterasse Capuccino – oder nutzen die Zeit für einen Bummel durch Potsdam.

Arborafabula Kletterwald Bad Saarow (LOS) 11

Adresse und Öffnungszeiten

Arborafabula Kletterwald, Seestr. 47, 15562 Bad Saarow

Apr–Okt Di–Fr 14–19 Uhr, Sa, So, feiertags & in den Schulferien täglich 10–20 Uhr. Bei Gewitter, Sturm oder starkem Regen geschlossen

Infos und Reservierung unter 033631 / 40 48 31 oder www.arbora-kletterwelt.de

Preise (für eine Kletterzeit von 2,5 Std.)

E 19,50 €, K (unter 12 J) 12 €, Schüler, Studenten & Azubis 16 €,
Familienrabatt (mind. 1 E & 2 K) 1 € p. P., Kleinkindparcours 6 €

Anfahrt

Vom Bhf. Bad Saarow (RE 1 / OE 35) ca. 1 km Fußweg: Am Kreisverkehr vor dem Bahnhof nach links, dann nach etwa 100 m rechts in die Seestr. einbiegen und dann immer geradeaus.

Im mondänen Kurort Bad Saarow, in unmittelbarer Nähe zum Scharmützelsee, befindet sich der Arborafabula Kletterwald. Die schöne, in dichtem Grün gelegene Anlage hat sich von der Schriftstellerin Claudia Kühn ein eigenes Kinderbuch schreiben lassen, in dem die Kinder Greta und Johannes einen abenteuerlichen Ausflug ins Reich der Bäume (»Arbora«) unternehmen. Die 8 Parcours der Anlage sind nach den Protagonisten dieses Buches benannt, und die Illustrationen von Annika Uppendahl standen Pate für allerhand Figuren und Bilder an und zwischen den Bäumen. Bei so viel zur Schau gestellter Familienfreundlichkeit erwartet man natürlich entsprechende Angebote – und wird nicht enttäuscht: Ganze vier Kletterparcours sind schon ab einer Mindestkörpergröße von 1,10 m zu bewältigen und zwei ab 1,30 m. Kinder bis 11 Jahre benötigen allerdings eine Erwachsene Kletterbegleitung. Mit »Mollys Parcours« gibt es zusätzlich noch einen Kleinkindparcours, der in 1,20 m Höhe verläuft und überhaupt nur von Kindern unter 1,50 m Körpergröße geklettert werden darf. Entsprechend kann man hier Kinder(kletter)geburtstage schon mit Kindern ab 3 Jahren feiern (ab 12 € pro Kind). Als Ergänzung gibt es noch einen kleinen Naturlehrpfad und ein nettes Waldbistro, in dem auch Bioprodukte aus regionalem Anbau verwendet werden.

Climb Up! Kletterwald Hennigsdorf (OHV) ⑫

Adresse und Öffnungszeiten

Climb Up! Kletterwald Hennigsdorf, Ruppiner Chaussee 99, 16761 Hennigsdorf
Ab Mitte Mrz Sa, So & feiertags 11–18 Uhr, Apr Mo–So 10–19 Uhr,
Mai–Aug Mo–Fr 10–19 Uhr, Sa, So & feiertags 10–20 Uhr,
Sep Mo–Fr 10–19 Uhr, Sa, So & feiertags 10–19 Uhr, Okt Mo–So 10–18 Uhr.
Bei Gewitter, Sturm oder starkem Regen geschlossen.
Infos und Reservierung unter 030 / 810 38 10 12 oder www.climbup.de

Preise (für eine Kletterzeit von 2,5 Std.)

E 18 €, K (unter 12 J) 12 €, Schüler, Studenten & Azubis 15 €. An Werktagen je 2 € Nachlass.
Familienrabatt (für 1 E pro K) 2 €.

Anfahrt

Vom S-Bhf Heiligensee (S 25) ca. 500 m Fußweg über die Ruppiner Chaussee Richtung Norden.

Direkt an der Berliner Stadtgrenze im nördlichen Teil des Tegeler Forstes bei Hennigsdorf liegt der größte der drei Kletterwälder des Anbieters Climb Up! Man findet hier in dichtem Wald 15 Parcours, von denen 14 ab einer Körpergröße von 1,30 m geklettert werden dürfen, der 15. ab 1,50 m. Auch die 180 m lange Riesenseilrutsche darf ab 1,30 m benutzt werden. Insbesondere an Wochenenden und in den Ferien ist eine Reservierung empfehlenswert. – Bei schönem Wetter lohnt ein anschließender Besuch der Naturbadestelle am Nieder Neuendorfer See im südlichen Teil von Hennigsdorf (Am Alten Strom). Dort gibt es einen schönen Sandstrand mit Liegewiese, einen Kinderspielplatz und einen kleinen Imbiss mit WC. Am Wochenende fährt vom S-Bhf. Hennigsdorf aus stündlich der Bus 136 dort vorbei (Haltestelle Havelpromenade).

Climb Up! Kletterwald Klaistow (PM) ⑬

Adresse und Öffnungszeiten

Climb Up! Kletterwald Klaistow, Glindower Str. 28, 14547 Klaistow (auf dem Gelände des Spargel- und Erlebnishofes Klaistow)

Ab Mitte Mrz Sa, So & feiertags 11–18 Uhr, Apr Mo–So 10–19 Uhr, Mai–Aug Mo–Fr 10–19 Uhr, Sa, So & feiertags 10–20 Uhr, Sep Mo–Fr 10–19 Uhr, Sa, So & feiertags 10–19 Uhr, Okt Mo–So 10–18 Uhr.

Bei Gewitter, Sturm oder starkem Regen geschlossen

Infos und Reservierung unter 030 / 810 38 10 11 oder www.climbup.de

Preise (für eine Kletterzeit von 2,5 Std.)

E 18 €, K (unter 12 J) 12 €, Schüler, Studenten & Azubis 15 €. An Werktagen je 2 € Nachlass.

Familienrabatt (für 1 E pro K) 2 €

Anfahrt

Vom Bhf. Beelitz Heilstätten mit dem Bus 643 (Ri. Busendorf) bis Klaistow, Spargelhof . Oder mit dem Shuttlebus: Do & Sa 11 Uhr ab Rathaus Spandau (Haltestelle Bus 638) bzw. 11.45 Uhr ab Potsdam Hbf (Haltestelle 8), Mi, So & feiertags 11 Uhr ab Berlin Zool. Garten. Rückfahrt jeweils um 16 Uhr. Hin und zurück ab Berlin E 8 €, K 4 €. Anmeldung ratsam: Mo–Fr unter 0180 / 428 35 28

Zu den Angeboten auf dem Erlebnisbauernhof Klaistow (↑S. 116) gehört seit 2008 auch ein Kletterwald. Auf 35.000 m^2 märkischem Kiefernwald gibt es hier 14 Kletterparcours, von denen einer mit einer 200 m langen Seilrutsche ausgestattet ist. Zwölf Parcours dürfen von Kindern ab einer Mindestkörpergröße von 1,30 m geklettert werden, die beiden anderen (darunter der mit der Riesenseilrutsche) ab 1,50 m. – Aufgrund der vielen Attraktionen in Klaistow und der guten Verkehrsanbindung ist es hier an Wochenenden, Feier- und Ferientagen auch im Kletterpark meist sehr voll. Der Empfehlung des Betreibers, vorher telefonisch zu reservieren, sollte man daher unbedingt folgen. Wie in allen Kletterparks gilt: Mehr Platz und Ruhe zum Klettern hat man stets unter der Woche oder an Tagen mit »schlechtem« Wetter.

Climb Up! Kletterwald Strausberg (MOL) 14

Adresse und Öffnungszeiten

Climb Up! Kletterwald Strausberg, Landhausstr. 16–18, 15344 Strausberg

Ab Mitte Mrz Sa, So & feiertags 11–18 Uhr, Apr Mo–So 10–19 Uhr, Mai–Aug Mo–Fr 10–19 Uhr, Sa, So & feiertags 10–20 Uhr, Sep Mo–Fr 10–19 Uhr, Sa, So & feiertags 10–19 Uhr, Okt Mo-So 10–18 Uhr.

Bei Gewitter, Sturm oder starkem Regen geschlossen

Infos und Reservierung unter 030 / 810 38 10 10 oder www.climbup.de

Preise (für eine Kletterzeit von 2,5 Std.)

E 18 €, K (unter 12 J) 12 €, Schüler, Studenten & Azubis 15 €. An Werktagen je 2 € Nachlass. Familienrabatt (für 1 E pro K) 2 €. Kinderklettern (pauschal bis 6 K) 139 €.

Anfahrt

Vom S-Bhf. Strausberg ca. 800 m Fußweg: Der Weg zum Kletterpark ist gelb gepflastert.

Am Rand des Sport- und Erholungszentrums Strausberg liegt ein weiterer der drei brandenburgischen Climb Up! Kletterwälder. Auf einem 35.000 m^2 großen Waldgelände gibt es in Höhen zwischen 2 und 8 Metern insgesamt 13 Parcours, von denen 11 von Kindern ab einer Mindestklettergröße von 1,30 m geklettert werden dürfen. Auch die separaten vier Seilrutschen können ab 1,30 m genutzt werden. Zusätzlich gibt es auf dem Gelände ein paar kleine Naturlehrpfade, auf denen man u. a. zahme Eichhörnchen, Insektenhotels, Vogelhäuschen und einen Ameisenparcours zu sehen bekommt. An ausgewählten Wochenenden wird in Strausberg unter dem Motto »Kletteraffen-Abenteuer« betreutes Kinderklettern angeboten, bei dem Kinder im Alter von 7–10 Jahren etwa 3,5 Std. verschiedene sportliche Aufgaben am Boden und im Kletterwald absolvieren. – Insbesondere an Wochenenden, Feier- und Ferientagen mit schönem Wetter wird übrigens eine Reservierung nicht nur vom Betreiber dringend empfohlen, sondern ist auch wirklich sinnvoll, um lange Wartezeiten zu vermeiden.

Kletteranlage »Altes Heizwerk« in Wiesenburg (PM) ⑮

Adresse und Öffnungszeiten

DAV Kletteranlage »Altes Heizwerk«, Parkstr. 4, 14827 Wiesenburg/Mark
Ganzjährig Fr 17–21 Uhr, Sa 11–18 Uhr, So 14–18 Uhr
Infos und Reservierung unter 033841 / 639 06 49, 0151 / 50 94 65 18 oder www.davhf.de

Preise

E 5 €, K (7–18 J) 1,80 €, K (unter 6 J) 1 €, Familienkarte 8 €. Kletterschuhe 3 €

Anfahrt

Vom Bhf. Wiesenburg ca. 1,8 km Fußweg: Entlang der Hauptstraße (Am Bahnhof) bis zum Kreisverkehr, dort rechts (Am Wasserwerk) bis zur Parkstr. Alternativ führt ein Waldweg durch den Landschaftspark (am Bhf. gleich rechts, dann am Waldrand links und immer geradeaus durch den Wald). – Oder vom Bhf. Bad Belzig mit dem Bus 588 (Ri. Görzke) bis Wiesenburg, Schule.

Wer hätte gedacht, dass der Deutsche Alpenverein eine eigene Sektion im Hohen Fläming hat? Mangels richtiger Berge haben die Hobbyalpinisten mit viel Eigeninitiative im Kesselraum eines ehemaligen Heizwerks in Wiesenburg eine

150 m² große Boulderanlage eingerichtet. Bouldern ist eine aktuelle Trendsportart, bei der man mit Hilfe von in verschiedenen Abständen festgeschraubten Griff- und Tritthilfen an künstlich angelegten Wänden, Hindernissen oder gar an der Decke entlang klettert. Am Boden liegen dicke Weichbodenmatten, die etwaige Stürze abfedern. Das Ganze ist eine Herausforderung für Hand-, Arm und sonstige Muskeln, die Kinder unfairer Weise deutlich leichter meistern als untrainierte Erwachsene. Ein kleines Café bietet erschöpften oder kletterunwilligen Eltern die Möglichkeit zum entspannten Zuschauen bei Latte Macchiato oder Bio-Malzcafé. Barfuß oder auf Strümpfen zu klettern ist verboten – man kann aber Kletterschuhe ausleihen oder eigene Turnschuhe (mit abriebfesten hellen Sohlen!) mitbringen. Wer nach dem Hallensport noch etwas frische Luft braucht, dem sei – neben dem nahe gelegenen Spielplatz – noch der Park von Schloss Wiesenburg empfohlen, ein 90 ha großer englischer Landschaftsgarten aus dem 19.Jahrhundert (*Schlossstraße 1, Eintritt frei*).

Kletteras in Schmachtenhagen (OHV) ⑯

Wer einen Kletterwald mit dichten Baumkronen über und Waldboden unter sich erwartet, wird in Schmachtenhagen enttäuscht. Hier sind nämlich die Seile nicht zwischen Bäumen gespannt, sondern zwischen eigens dafür errichteten Masten. Das hat an sehr heißen oder regnerischen Tagen den Nachteil, dass man dem Wetter praktisch schutzlos ausgeliefert ist. Davon abgesehen hat die Anlage aber durchaus ihren Reiz. Für Familien liegt dieser vor allem darin, dass sämtliche Parcours schon für Kinder ab 1 m Körpergröße bzw. ab 3 Jahren kletterbar sind. Das bezieht sich allerdings nur auf die körperlichen Vor-

Adresse und Öffnungszeiten

Kletteras, Bauernmarktchaussee 10, 16515 Schmachtenhagen

Apr–Okt Di–Fr 11–18 Uhr, Sa, So & feiertags 10–19 Uhr, Mrz & Nov nach telefonischer Vereinbarung.

Bei Gewitter, Sturm oder starkem Regen geschlossen

Infos und Reservierung unter 0162 / 447 35 41 oder www.kletteras.de

Preise (für eine Kletterzeit von 1 Std.)

E 16 €, K (4–12 J) 12 €, K (13–18 J) 14 €.

Aufpreis für Sprung vom Powerfan (13-m-Sprungturm) E 8 €, K 6 €

Anfahrt
Vom S-Bhf. Oranienburg mit dem Bus 805 (Ri. Liebenwalde) bis Schmachtenhagen, Bauernmarkt. Am Wochenende auch mit der Heidekrautbahn NE 27 von Groß Schönebeck bzw. Berlin-Gesundbrunnen bis Schmachtenhagen.

aussetzungen, nicht auf die mentalen, denn man bewegt sich hier auf zwei Ebenen, von denen die erste sich bereits in 5 Meter Höhe befindet. Sehr ängstliche Kinder werden hier also wenig Freude haben. Mut braucht man auch für den »Powerfan«, einer Plattform in 13 m Höhe, von der aus man sich an einem speziellen Sicherungsseil buchstäblich in die Tiefe stürzt. – Ganz in der Nähe befindet sich der Oberhavel Bauernmarkt, eine Mischung aus Wochenmarkt und Volksfest mit Streichelzoo, Ponyreiten, Klettergerüst, Karussells und anderen Attraktionen (*Bauernmarktchaussee 10, Di–Fr 9–16 Uhr, Sa & So 9–17 Uhr, www.oberhavel-bauernmarkt.de*)

Kletterpark am Wildpark Schorfheide (BAR) 17

Der jüngste unter den brandenburgischen Kletterwäldern ist 2012 mitten im Biosphärenreservat Schorfheide-Chorin entstanden. In unmittelbarer Nähe zum Wildpark (↑S. 146) kann man hier auf insgesamt 6 Parcours ganz besonders naturnah durch die Baumwipfel klettern. Die Anlage in Groß Schönebeck zeichnet sich durch zwei Dinge besonders aus: Erstens gibt es hier keine Helmpflicht, was nicht nur angenehm, sondern auch plausibel ist; die Gefahr beim Klettern droht ja meist nicht von oben! Sicher-

Adresse und Öffnungszeiten
Kletterpark am Wildpark Schorfheide , Prenzlauer Str. 16, 16244 Schorfheide (OT Groß Schönebeck)
Apr–Okt Fr 14–19 Uhr, Sa, So & feiertags 10–19 Uhr. In den Ferien täglich 10–19 Uhr. Letzter Einlass 17 Uhr. Bei Gewitter, Sturm oder starkem Regen geschlossen
Infos und Reservierung unter 03338 / 33 08 41, 0176 / 38 24 25 88 oder www.kletterwald-schorfheide.de
Preise (für eine Kletterzeit von 2 Std.)
E 15 €, K (bis 14 J) 9 €, Schüler (bis 18 J) 12 €. Sa, So & feiertags je 1 € Zuschlag. Familienkarte (2 E & 1 K) 36 € (Mo–Fr), 39 € (Sa, So & feiertags) oder (2 E & 2 K) 44 € / 48 €
Anfahrt
Vom Bhf. Groß Schönebeck (NE 27 / Heidekrautbahn) etwa 3 km Fußweg: Die Strecke zum Wildpark ist durch grüne Wanderwegweiser gekennzeichnet.

heitsfanatiker dürfen sich natürlich trotzdem einen eigenen Helm mitbringen. Zweitens wird hier nicht nach Körpergröße, sondern nach Griffhöhe gemessen, das heißt danach, bis in welche Höhe der Nachwuchs mit den Händen kommt. Entsprechend ist der Kinderparcours kletterbar ab 1,25 m Griffhöhe (bzw. ab ca. 6 Jahren), weitere 4 Parcours ab einer Griffhöhe von 1,75 m (ca. 8 Jahre). Für den letzten Parcours muss man schon deutlich höher greifen können, deshalb ist er erst ab 12 Jahren zugelassen. Die Parcours gehen alle ineinander über, sodass man nicht absteigen und zum nächsten Startpunkt laufen muss. Es gibt aber an allen Übergängen die Möglichkeit, sich »auszuklinken«.

Kletterwald disati in Grünheide (LOS) 18

Adresse und Öffnungszeiten

Disati Kletterwald Grünheide, Friedrich-Engels-Straße 14b / Am Nordstrand Werlsee, 15537 Grünheide/Mark

Apr–Okt Mi–Fr ab ca. 13 Uhr. Sa, So & in den Ferien täglich ab 10 Uhr. Bei Gewitter, Sturm oder starkem Regen geschlossen

Infos und Reservierung unter 033434 / 14 42 27, 0151 / 10 79 81 81 oder www.kletterwald-gruenheide.de

Preise (für eine Kletterzeit von 2,5 Std.)

E 19 €, K (12–17 J) 15 €, K (8–12) 11 €, K (4–7 J) 7 €. Für Familien je 2 € weniger p. P.

Mittwoch = Familientag: Pro zahlendem E hat ein K freien Eintritt

Anfahrt

Vom Bhf. Erkner (RE 1) mit dem Bus 429 oder 436 (Ri. Kagel) bis Grünheide, Eichenallee.

Der Kletterwald Grünheide ist eine besonders fantasievoll konzipierte Anlage, in der man auch schon mal über Klanghölzer läuft oder mit dem Bobbycar fährt. Allerdings sind die 5 Parcours (mit insgesamt 1 km Länge) durchweg körperlich sehr anspruchsvoll, sodass sie erst von Kindern ab 8 Jahren beklettert werden dürfen. Seit 2013 gibt es immerhin einen separaten Kleinkindparcours. Wie im Wildpark Schorfheide ist man in Grünheide ohne Helm unterwegs, was den Spaß noch zusätzlich steigert. Ein weiteres Plus der Anlage ist die Lage im Landschaftsschutzgebiet Müggel-Spree, direkt am Nordufer des Werlsees: Die zum Kletterwald gehörende »Strandbar« verfügt über eine kleine Terrasse, auf der man bei einem Eis oder auch kleinen warmen Gerichten den Blick über den wirklich schönen Sandstrand schweifen lassen kann. Wer Badesachen dabei hat, kann sich dort gleich nach dem Klettern zur Abkühlung ins Wasser stürzen.

Kletterwald Lübben (LDS) 19

Der »Abenteuerpark im Spreewald«, wie der Kletterwald Lübben sich nennt, bietet insgesamt 10 Parcours auf Höhen von 1 bis 10 m. Dass Familien hier gern gesehen sind, verraten schon die kindgerecht mit Tiernamen bezeichneten Kletterstrecken – von Ameise und Biber bis Schwarzer Milan. Anders als in den meisten anderen Kletterwäldern spielt hier die Körpergröße keine Rolle, sondern es geht nach der geistigen Reife und damit ausschließlich nach dem Alter: 3 Parcours sind für Kinder ab 6 Jahren zugelassen, weitere 4 ab 8 Jahren und die restlichen 3 ab 11 Jahren. Die 25 m lange »Fledermausseilbahn« ist für Kinder ab 6 Jahren geeignet. Man klettert in Lübben in einem lichten Kiefernwäldchen ohne Helm auf meist niedrigem Höhenniveau (die Hälfte der Parcours bleibt unter 4 m Kletterhöhe). Im Kiosk des Kletterwalds können Eis und Getränke gekauft werden; das Mitbringen von eigenen Picknickutensilien ist erlaubt. Für Kindergeburtstage gibt es ermäßigte Gruppenangebote.

Adresse und Öffnungszeiten

Kletterwald Lübben, Hartmannsdorfer Str. 27c, 15907 Lübben/Spreewald
Apr–Mai & Sep–Okt Di–So 10–18 Uhr (in den Ferien und an Feiertagen täglich), Jun–Aug täglich 10–19 Uhr. Bei Gewitter, Sturm oder starkem Regen geschlossen
Infos und Reservierung unter 01573 / 005 17 27 oder www.kletterwald-luebben.de

Preise (für eine Kletterzeit von 2 Std.)

E 17 €, K (ab 11 J) 14 €, K (bis 10) 11 €, K (6–7 J) 8 €. Für Familien mit eigenen Kindern: E 14 €, K (ab 11 J) 12 €, K (bis 10) 9 €, K (6–7 J) 7 €

Anfahrt

Vom Bhf. Lübben (RE 2) ca. 2 km. Fußweg: Der Parkstr. nach links folgen, hinter dem ALDI-Markt rechts abbiegen, auf der Schillerstr. über den Kreisverkehr geradeaus (Wettiner Str.). Am Ende links in den Hartmannsdorfer Weg einbiegen.

Mini Monkey Kletterwald (OHV) 20

Adresse und Öffnungszeiten

Mini Monkey Kletterwald, Briese 13, 16547 Birkenwerder OT Briese

Apr–Okt täglich 10–18 Uhr. Nov Sa & So 13–17 Uhr. Bei Gewitter, Sturm oder starkem Regen geschlossen

Infos und Reservierung unter 0172 / 382 54 43 oder www.minimonkey-kletterwald.de

Preise

Eintritt: 6,90 € (für K im kletterfähigen Alter). Kistenklettern 2 €. Schatzsuche (ca. 40 min) 2,50 €.

Anfahrt

Vom S-Bhf. Borgsdorf (S 8) ca. 2,3 km Fußweg: Links auf die Bahnhofstr., dann immer geradeaus durch den Wald. An der großen Kreuzung im Ortskern von Briese links.

Der Mini Monkey Kletterwald schließt eine Lücke für Familien mit kletterwilligen Kindern zwischen 2 und 6 Jahren. Ohne vorgeschriebene Mindestkörpergröße und mit einer maximalen Fallhöhe von 1,50 m können hier die Kleinsten nahezu gefahrlos alle Elemente eines richtigen Kletterparks ausprobieren. Das lästige Einhaken und Sichern ist nicht nötig (kann auf Wunsch aber ausprobiert werden); dafür entfällt allerdings auch das Teamerlebnis, wenn Vater und Tochter oder Mutter und Sohn im Zweierteam durch die Wipfel klettern. Die Rolle der Eltern besteht hier allenfalls darin, neben den Kindern herzulaufen, während sie den 150 m langen Parcours absolvieren. In vielen Fällen wird es aber wohl so sein, dass die Erwachsenen im Elterncafé Milchkaffee schlürfen und schon einmal die hausgemachten Crèpes und Waffeln vorkosten, während der Nachwuchs sich mit Hangeln, Balancieren und Klettern auspowert. Falls das nicht genügt, gibt es noch einen Sandkasten, ein »Atelier« fürs Basteln und Malen sowie Zusatzangebote wie Kistenklettern (ab 5 Jahre) oder eine Schatzsuche im Wald.

Spielschloss Diedersdorf (TF) 21

Adresse und Öffnungszeiten

Spielschloss Diedersdorf, Kirchplatz 5–6, 15831 Diedersdorf
Ganzjährig Mi–Fr 12–18 Uhr, Sa 12–19 Uhr, So 10–18 Uhr
Biergarten von Schloss Diedersdorf Mrz–Okt täglich ab 10 Uhr,
Restaurant Pferdestall täglich 11–23 Uhr, Schlossbäckerei und Café täglich 7–18 Uhr (im Herbst und Winter Mo & Di geschlossen)
Infos unter 03379 / 35 35 46 oder www.schlossdiedersdorf.de

Preise

Eintritt: K 30 min 2,50 €, 1 Std. 4 €, Tageskarte 7 €, E frei
Trampolin: 15 min 2 €, 30 min 3,50 €
Kettcar: 30 min 3 €, 1 Std. 5 €

Anfahrt

Mo–Fr vom Bhf. Blankenfelde mit dem Bus 704 oder 720 (Ri. Teltow oder Ludwigsfelde) bis Diedersdorf, Friedhof. Von dort ist der Weg ausgeschildert. Sonntags verkehrt die Sonderbuslinie A20 alle 40 min im Pendelverkehr zwischen Blankenfelde und Schloss Diedersdorf.

Ein Nebengebäude der Ausflugsgaststätte Schloss Diedersdorf beherbergt einen (mit 500 m^2 relativ kleinen) Indoor-Spielbereich mit Kletterburg, Röhrenrutschen, Bällebad und allem, was sonst so dazu gehört. Bei gutem Wetter gibt es vor der Tür noch weitere Angebote: eine Riesenhüpfblase, Trampolins und einen Kettcarverleih. Da das Spielschloss beaufsichtigt wird, haben die Eltern Gelegenheit, unterdessen das gastronomische Angebot des Schlosses auszuprobieren oder einen kleinen Spaziergang durch die Umgebung zu machen. Bei gutem Wetter können sich die Kinder vor oder nach dem Aufenthalt im Spielschloss auch auf dem restlichen Gelände weiter austoben: Es gibt noch eine große Wiese mit einem kleinen (kostenfreien) Spielplatz und zwei Slacklines sowie den Ponyverleih des Reiterhofs am Schloss Diedersdorf (↑S. 153). Etwa einmal im Monat (im Dezember auch mehrmals) bietet das Schloss von 10–12 Uhr ein Kinderfrühstücksbuffet mit Puppentheater-Aufführung an (»Frühstück mit Kasper«), während gleichzeitig ein Brunch für die Erwachsenen in der Schmiede bzw. im Schlosssalon serviert wird.

Weitere Indoorspielplätze

Bambooland Wildau, Chausseestr. 1 (im A10 Center), 15745 Wildau, ganzjährig täglich 10–20 Uhr, letzter Einlass 18 Uhr, E 3,50 €, K 9 €, Infos unter 03375 / 21 70 40 oder www.bamboo-land.de

Dino Dschungel, Auf dem Kiewitt 3, 14471 Potsdam, ganzjährig Mo–Fr 13–19 Uhr, Sa, So, feiertags & in den Ferien 9.30–19 Uhr, E & K (1–2 J) 3 €, K (3–12 J) 6 €, Infos unter 0331 / 243 46 16 oder www.dinodschungel.de

Fitolino, Coppistr. 1e, 16227 Eberswalde, ganzjährig Mo–Fr 15–19 Uhr, Sa, So, feiertags & in den Ferien 10–19 Uhr, E 3,50 €, K 7,50 €, Familienkarte (2 E & 2 K) 20 €, Infos unter 03334 / 20 74 50 oder www.fitolino.de

Haberland, Nordpromenade, 15926 Luckau, ganzjährig Mi–Fr 14–18 Uhr, Sa, So, feiertags & in den Ferien täglich 10–18 Uhr, E 2,50 €, K 4,90 € pro Tag oder 2,90 € pro Stunde, Infos unter 03544 / 417 98 61 oder http://indoorspielplatz-luckau.de

Kinderoase, Bahnstraße 2, 14513 Teltow, ganzjährig täglich 14–19 Uhr, E 3 €, K 6 €, Infos unter 03328 / 30 98 11 oder www.kinderoase.de

Meer for Kids, Mielestr. 2, 14542 Werder/Havel, ganzjährig Mo–Fr 14–19 Uhr, Sa, So, feiertags & in den Ferien 10–19 Uhr, E 3 €, K 6 €, Familienkarte (2 E & 2 K) 16 €, Infos unter 03327 / 669 48 03 oder www.meer-for-kids.de

Rappelkiste, An der Bundesstraße 1, 14776 Brandenburg an der Havel, ganzjährig täglich 10–19 Uhr, E 4,50 €, K 5,50 €, Infos unter 03381 / 89 08 80 oder www.rappelkiste-brb.de

Snowtropolis Indoorski in Hörlitz (OSL) ㉒

Adresse und Öffnungszeiten

Snowtropolis, Tropolis 1, 01968 Schipkau OT Hörlitz

Okt–Apr Mi–So 10–21 Uhr, Jul–Sep Mi–Fr 15–21 Uhr, Sa & So 10–21 Uhr. Mai & Jun geschlossen. Kurzfristige Änderungen wg. Sonderveranstaltungen sind möglich.

Infos unter 03573 / 36 37 00 oder www.snowtropolis.de

Preise
Mi–Fr: E 18 € (2 Std.), 23 € (3 Std.), 27 € (8 Std.), K (bis 17 J) 14 € (2 Std.), 18 € (3 Std.), 22 € (8 Std.), Familie (2 E & 1 K, 3 Std.) 60 € (jedes weitere K 10 €). Schlittenfahren (1 Std.) E 12 €, K 10 €
Sa, So & feiertags: E 21 € (2 Std.), 26 € (3 Std.), 30 € (8 Std.), K (bis 17 J) 17 € (2 Std), 21 € (3 Std.), 25 € (8 Std.), Familie (2 E & 1 K, 3 Std.) 70 € (jedes weitere K 15 €). Schlittenfahren (1 Std.) E 15 €, K 13 €

Anfahrt
Mo–Fr vom Bhf. Senftenberg mit dem Bus 631 oder 634 bis Erlebnisbad Senftenberg. Sonst ca. 2 km Fußweg: Parallel zu den Bahngleisen auf der Bahnhofstr., Bahnmeistergasse, Krankenhausstr., Großenhainer Str. bis zur Kreuzung Ernst-Thälmann-Str. Dort schräg rechts auf die Hörlitzer Str.

Für Skifans, die im Sommer schon für den nächsten Winterurlaub üben wollen, gibt es in der Niederlausitz die Indoorski-Halle Snowtropolis. Die 130 m lange und 40 m breite Piste bietet mit unterschiedlichen Schwierigkeitsstufen Platz für Skifahrer, Snowboarder und sogar Rodler. An den beiden Außenseiten der Halle gibt es je einen Lift (Nein, keinen Sessellift!), der einen nach der Abfahrt wieder hochzieht. Skier, Snowboards, Boots und sonstiges Zubehör können im Eingangsbereich ausgeliehen werden. Für Anfänger werden Ski- oder Snowboardkurse als Einzel- oder Gruppenunterricht angeboten. Wer bei hochsommerlichen Temperaturen seine Mütze vergessen hat, kann sich im Shop Ersatz kaufen. Ohne wird man es nämlich bei konstant unter 0 Grad Celsius nicht lange aushalten. Zum Aufwärmen bei Kakao oder Tee gibt es die Snowtropolis Bar, durch deren Glasfront man einen schönen Blick auf das winterliche Treiben hat. Die Pausenzeiten werden nicht (bzw. nicht voll) auf die bezahlte Nutzungsdauer angerechnet. Wer die Urlaubssimulation perfekt machen will, kehrt im Anschluss im Restaurant »Tiroler Stadl« ein. Von November bis März gibt es nebenan auch noch eine Eisbahn, auf der man Schlittschuhlaufen kann.

Für Tierfreunde

Heimattiergarten Fürstenwalde (LOS) ①

Adresse und Öffnungszeiten

Heimattiergarten Fürstenwalde e.V., Dr.-Wilhelm-Külz-Straße 10b, 15517 Fürstenwalde

April–Sep: täglich 9–18 Uhr, Okt–Mrz: täglich 9–16 Uhr

Infos unter 03361 / 45 41 oder www.heimattiergarten-fuerstenwalde.de

Preise

E 4 €, K (4–14 Jahre) 2 €. Familienkarte (2 E & 2 K) 10 €

Anfahrt

Vom Bhf. Fürstenwalde (RE 1) zu Fuß etwa 10 min: Am Gebäude der Kreisverwaltung vorbei bis zur nächsten Querstraße rechts (Parkallee) und dann immer geradeaus durch den Stadtpark. Der Weg führt parallel zu den Schienen in Richtung Hangelsberg.

Der Heimattiergarten in Fürstenwalde trägt seinen Namen nicht ohne Grund: Hier werden auf einer Fläche von 8 ha überwiegend Tiere gezeigt, die in Europa heimisch sind (oder waren): Von Dam- und Rotwild über Füchse, Waschbären, Luchse und Marder bis hin zu Wisenten, Elchen und seit neuestem auch Kängurus leben hier 300 Tiere aus 82 verschiedenen Tierarten. Der Fürstenwalder Bestand an Greifvögeln und Eulen ist der größte im Land Brandenburg, darunter prächtige Schneeeulen und Steinkäuze, die das Herz jedes Harry-Potter-Fans höher schlagen lassen. Auch sonst ist an die kleinen Gäste gedacht: Gleich hinter dem Eingang gelangt man zum Streichelgehege mit Ziegen und Schafen, die für Kinderhände gut zu erreichen sind, und neben dem Café gibt es einen kleinen Spielplatz mit Schaukeln, Rutschen, Wippen und anderem Spielgerät. Café und Spielplatz sind im Herbst 2012 komplett neu gestaltet worden.

Oderbruchzoo Altreetz (MOL) 2

Adresse und Öffnungszeiten

Oderbruchzoo, Schulgartenstr. 17, 16259 Oderaue OT Altreetz
Zoo täglich 7 Uhr bis Einbruch der Dunkelheit, Spielplatz täglich bis 18 Uhr
Infos unter 033457/416 oder www.oderbruchzoo.de

Preise

Zoo: E 1,50 €, K 1 €. Spielplatz: Eintritt frei

Anfahrt

Vom Bhf. Bad Freienwalde (OE 60) mit dem Bus 875 (Ri. Bad Freienwalde, Busbahnhof) bis Altreetz, Dorf. Von dort an Kirche und Grundschule vorbei, dann rechts in die Schulgartenstraße.

Der Oderbruchzoo in Altreetz fasziniert Erwachsene vor allem durch seine Geschichte: 1986 als erster (und vermutlich auch letzter) Schulzoo der DDR gegründet, wurde er nach der Wende mit EU-Geldern um ein Behindertendorf erweitert und geriet 1997 beim großen Oderhochwasser in die Schlagzeilen, als sämtliche Tiere evakuiert werden mussten. Danach gaben sich in Altreetz deutsche Spitzenpolitiker bis hin zum Bundeskanzler die Klinke in die Hand, um Hilfe und Unterstützung zu versprechen. Den Kindern sind diese Hintergründe egal, sie streifen durch den nur 2 ha großen Zoo und bestaunen die ziemlich bunte Mischung von etwa 300 Tieren aus 30 Tierarten: Von Eichhörnchen, Meerschweinchen und Stachelschweinen bis hin zu Kängurus, Kamelen und Affen kann man hier viele Tiere aus nächster Nähe betrachten und zum Teil auch anfassen. Seit dem Frühjahr 2012 ist der Oderbruchzoo um eine weitere Attraktion reicher: Gleich nebenan hat Zoodirektor Peter Wilberg den größten Spielplatz im Landkreis Märkisch-Oderland errichten lassen, der auf einer großzügigen Rasenfläche zum Klettern, Schaukeln, Wippen und Toben einlädt.

Tiergehege Eisenhüttenstadt (LOS)

3

Adresse und Öffnungszeiten

Tiergehege Eisenhüttenstadt, Insel 8, 15890 Eisenhüttenstadt

Apr–Okt Di–So 10–18 Uhr, Nov–Mrz Di–Fr & So 10–16 Uhr, Sa 13–16 Uhr

Infos unter 03364/28 01 60 oder www.tiergehege-ehst.de

Preise

2 € p. P.

Anfahrt

Vom Bhf. Eisenhüttenstadt mit dem Bus 454 (Ri. Eisenhüttenstadt, ZOB) bis Mittelschleuse. Von dort ca. 200 m Fußweg: Über die Straße Mittelschleuse/Insel bis zur ersten Kreuzung auf der Insel, dort links abbiegen.

Auf dem waldreichen Eisenhüttenstädter Naherholungsgebiet Insel bietet das Tiergehege reichliche 15 ha Platz für knapp 240 Tiere aus 27 Arten. Hier leben vor allem heimische Tierarten wie Dam- und Rotwild, Wildschweine, Fasane, Gänse und, was vor allem die Kinder freut, Esel, Ziegen, Meerschweinchen und Kaninchen. Weil viele von diesen Tieren gefüttert werden dürfen, gibt es an zahlreichen Stellen Futterautomaten. Ein Schwerpunkt des Tiergeheges sind Ziervögel. Zu den »exotischen« Highlights gehören die Japan-Makaken, die Präriehunde und die großen argentinischen Pampashasen (Maras), die aussehen wie eine Kreuzung aus Hase und Känguru. Da es im Tiergehege kein Bistro gibt, empfiehlt es sich, Proviant mitzunehmen. Lohnenswert ist ein anschließender Besuch im nahe gelegenen Inselbad (*Insel 4, täglich 10–22 Uhr, Tel. 03364 / 28 06 72, www.freizeit-ehst.de*). Auf der Insel gibt es übrigens auch Spielplätze und eine Minigolfanlage.

Tier- und Freizeitpark Germendorf (OHV) 4

Adresse und Öffnungszeiten

Tier- und Freizeitpark Germendorf, An den Waldseen 1a, 16515 Oranienburg OT Germendorf
Apr–Okt täglich 9–19 Uhr, Nov–Mrz 9–17 Uhr. Ponyreiten Apr–Okt täglich 10–13 & 15–18 Uhr
Infos unter 03301 / 33 63 bzw. www.waldsee-germendorf.de

Preise

Eintritt: E 4 €, K (6–16 J) 1,50 €, K (3–5 J) 1 €, K unter 3 J frei. Fahrgeschäfte 0,50–1 € p. P. Spielplätze und Hüpfburg frei

Anfahrt

Vom Bhf. Oranienburg (S 1) mit dem Bus 824 (Ri. Hennigsdorf) bis Germendorf, Dorfstr. Von dort ca. 1 km Fußweg: Weiter entlang der Kremmener Allee (B 273) bis zum Eingang des Tierparks.

Vorne Rummel, hinten Zoo und dazu noch ein Dinosaurierpark – dass dieses Konzept aufgeht, merkt man schon auf dem gigantischen Besucherparkplatz, der insbesondere am Wochenende immer gut gefüllt ist. Ruhige und beschauliche Naturbetrachtung ist in Germendorf nicht zu erwarten, und manche Familie ist wohl noch nie bis in den eigentlichen Tierpark-Bereich vorgedrungen. Denn auf dem Weg dorthin passiert man zunächst unzählige Fahrgeschäfte, Karussells, eine Autoscooteranlage, eine Riesenhüpfburg, Eis- und Süßwarenstände, zwei große Spielplätzen und den Streichelzoo. Wer es schafft, die Kinder vor dem Ende der Öffnungszeiten an all dem vorbei zu schleusen, der findet auf dem 59 ha großen Gelände, das in mehrere Seen und Kanäle eingebettet ist, weitläufige Freigehege mit den typischen Tierarten von heimischen Enten, Rehen und Wildschweinen bis hin zu Affen, Pumas und Kängurus. Zusätzlich führt das insgesamt fast 6 km lange Wegenetz durch einen Paläontologischen Schaugarten mit über 40 Modellen von Dinosauriern und anderen Urzeitlebewesen sowie einem 25 m hohen künstlichen Vulkan. Darüber hinaus gibt es im Tier- und

Freizeitpark insgesamt 3 Badestellen und mehrere Liegewiesen. Für den Transport von Kindern und Picknickutensilien können am Eingang für 2 € pro Tag Bollerwagen ausgeliehen werden.

Tierpark Angermünde (UM) 5

Adresse und Öffnungszeiten

Tierpark Angermünde, Puschkinallee 12b, 16278 Angermünde

Apr–Okt 10–18 Uhr, Nov–Mrz 10–16 Uhr

Infos unter 03331 / 321 43 oder www.tierpark.angermuende.de

Preise

E 4 €, K (4–14 J) 1 €. Familienkarte 6 €

Anfahrt

Vom Bhf. Angermünde (RE 3) ca. 700 m entlang der Puschkinallee (B 198) in Richtung Eberswalde.

Im Tierpark Angermünde leben auf einem 7 ha großen Waldgelände etwa 250 Tiere aus 45 Arten. Der Tierpark kann sich zu Gute halten, dass er Exemplare aller 6 weltweit vorhandenen Kamelarten beherbergt, darunter auch die seltenen Vikunjas, »Zwergkamele« aus den südamerikanischen Anden. Weitere Besonderheiten sind der Bestand an den vom Aussterben bedrohten Lisztäffchen, das Wasserschildkröten-Biotop und das begehbare Damwildgehege mit der Möglichkeit zum Streicheln und Füttern. Daneben gibt es noch weitere heimische wie exotische Tiere zu sehen, von Schafen und Luchsen bis hin zu Affen, Kängurus und Präriehunden. Samstags finden Schaufütterungen statt: Um 14.30 Uhr bei den Nasenbären und um 15.30 Uhr bei den niedlichen Kattas, einer Lemurenart. Bei Kindern besonders beliebt sind natürlich der unvermeidliche Streichelzoo und der weitläufige Spielplatz. Seit Ende 2013 gibt es im Tierpark Angermünde auch einen Kiosk. – Wer noch nicht genug von der Natur hat, kann übrigens noch einen Abstecher zum nahe gelegenen NABU-Zentrum Blumberger Mühle (↑S. 175) machen.

Tierpark Cottbus (CB) 6

Adresse und Öffnungszeiten

Tierpark Cottbus, Kiekebuscher Straße 5, 03042 Cottbus

Mrz täglich 9–17.30 Uhr (letzter Einlass 16 Uhr), Apr 9–18.30 Uhr (17 Uhr), Mai–Aug 9–19 Uhr (18 Uhr), Sep 9–19 Uhr (17 Uhr), Okt 9–18 Uhr (17 Uhr), Nov–Feb 9–17 Uhr (16 Uhr)

Infos unter 0355 / 355 53 60 oder www.tierparkcottbus.de

Preise

E 6 €, K (3–16 J) 3 €, K unter 3 J frei. Familienkarte I (1 E & 3 K) 10,50 €, Familienkarte II (2 E & 4 K) 16,50 €

Anfahrt

Vom Bhf. Cottbus (RE 3) mit dem RE 11 (Ri. Frankfurt/Oder) oder der RB 46 (Ri. Forst) bis Bhf. Sandow. Von dort mit der Parkeisenbahn oder ca. 1,5 km Fußweg: Dem Weg parallel zum Stadtring (B 168) folgen bis zum Spreeauenpark. Kurz vor der Messehalle links in die Kiekebuscher Alle einbiegen, die dann in die Kiekebuscher Str. mündet.

Der Tierpark Cottbus ist der größte Zoo im Land Brandenburg. Das 25 ha große Gelände liegt eingebettet in die Auwälder der Spree und ist als von vielen Wasserläufen durchzogener Landschaftspark angelegt. Gehalten werden hier über 1.200 Tiere aus etwa 170 Arten, von Flamingos und Marabus bis hin zu Kamelen, Elefanten und Kängurus. Auch die Katta-Affen, Pinguine und Erdmännchen sind bei Kindern sehr beliebt. Im Streichelgehege warten Shetland-Ponys, Esel, Minischweine, Schafe und Ziegen. Nebenan gibt es einen kleinen Spielplatz, gegenüber vom Raubtierhaus noch einen großen Waldspielplatz. Schaufütterungen finden täglich um 11.30 Uhr bei den Pelikanen, um 14.30 Uhr bei den Elefanten, um 15 Uhr im Raubtierhaus, um 15.15 Uhr bei den Pinguinen und um 15.30 Uhr bei den Kattas und Zwergottern statt. Am Eingang können Bollerwagen ausgeliehen werden. – Ein besonderes Highlight ist die Anreise zum Tierpark Cottbus mit der Parkeisenbahn (↑S. 50) bis »Bahnhof Zoo«.

Tierpark Finsterwalde (EE) 7

Der Tierpark Finsterwalde liegt idyllisch auf dem waldreichen Gelände des städtischen Naherholungs- und Landschaftsschutzgebiet Bürgerheide. Auf 7,5 ha Fläche leben hier 220 heimische und exotische Tiere aus 45 Arten: von Damhirschen, Ponys und Eseln bis hin zu Affen, Nasenbären, Dingos, Waschbären und Zebras. Neben Volieren für Eulen, Uhus und Fasanen gibt es auch eine große Teich-

Adresse und Öffnungszeiten
Tierpark Finsterwalde, An der Bürgerheide, 03238 Finsterwalde
Feb–Apr täglich 9–17 Uhr, Mai–Sep 9–19 Uhr, Okt–Jan 9–16 Uhr
Infos unter 03531 / 71 78 30
oder www.finsterwalde.de/index.php/finsterwalde/tierpark

Preise
E 2 €, K (4–14 J) 1 €, K unter 4 J frei

Anfahrt
Vom Bhf. Finsterwalde (RE 10) ca. 1,2 km Fußweg: Über die Bahnhofstr. / Forststr. immer parallel zu den Bahngleisen bis zur Straße An der Bürgerheide.

anlage für Enten und Gänse sowie eigene Gehege für Weißstörche, Luchse und Kängurus. Speziell für Kinder bietet der Tierpark einen kleinen Spielplatz und ein Streichelgehege mit Zwergziegen. Am Eingang können Bollerwagen ausgeliehen werden. – Ein Besuch im Tierpark Finsterwalde lässt sich mit einer Fahrt in der Niederlausitzer Museumsbahn (↑S. 48) kombinieren.

Tierpark Kunsterspring in Neuruppin (OPR) 8

Im Tierpark Kunsterspring leben auf einem 60 ha großen naturbelassenen Gelände im Tal der Kunster über 500 Tiere aus 90 Arten, darunter Fischotter, Luchse, Wisente und Wölfe. Besonderheiten sind der Eulenwald, das begehbare Uhu-Gehege und das Terrarium für Schlangen, Schildkröten und Kleinnager. Für Kinder gibt es ein Streichelgehege mit Ziegen, Schafen und Kaninchen sowie – ganz in der Nähe – einen Abenteuerspielplatz

Adresse und Öffnungszeiten
Tierpark Kunsterspring, Kunsterspring 4, 16818 Neuruppin OT Gühlen Glienicke
Apr–Sep täglich 9–19 Uhr, Okt–Mrz täglich 9–17 Uhr
Infos unter 033929 / 702 71 oder www.tierpark-kunsterspring.com
Preise
E 4 €, K (3–16 J) 2 €, K unter 3 J frei. Familienkarte (2 E & mind. 2 K) 11 €
Anfahrt
Vom Bhf. Neuruppin / Rheinsberger Tor mit dem Bus 794 (Ri. Rheinsberg) oder 787 (Ri. Flecken Zechlin) bis Kunsterspring. Am Wochenende keine Busverbindung.

mit Kletterburg, Rutschen, Wippen, Schaukeln, einem Drehkarussell und einem Trampolin. Öffentliche Fütterungen finden täglich (außer freitags) um 11 und 15 Uhr bei den Fischottern, um 11.20 Uhr bei den Frettchen, um 11.30 Uhr bei den Waschbären, um 11.40 Uhr bei den Steinmardern, um 14.30 Uhr bei den Luchsen und um 14.45 Uhr bei den Wildkatzen statt. Auf dem Gelände gibt es von März bis September einen Selbstbedienungsimbiss sowie ganzjährig ein nettes Restaurant mit Wintergarten, Sommerterrasse und WC mit Wickeltisch (geöffnet jeweils 11–18 bzw. 20 Uhr). – Gegenüber vom Tierpark-Eingang beginnt ein 3 km langer Naturlehrpfad durch das umliegende Naturschutzgebiet rund um die Quelle der Kunster.

Tierpark Perleberg (PR) 9

Adresse und Öffnungszeiten
Tierpark Perleberg, Wilsnacker Chaussee 1, 19348 Perleberg
Mrz–Okt täglich 9–18 Uhr, Nov–Feb täglich 9–16.30 Uhr
Infos unter 03876 / 78 98 92 oder www.tierparkperleberg.de
Preise
E 4,50 €, K (4–14 J), K unter 4 J frei

Anfahrt

Vom Bhf. Perleberg (RE 6) ca. 1,2 km Fußweg: Der Lenzener Str. nach rechts folgen, rechts in die Wittenberger Str., hinter den Gleisen links in die August-Bebel-Str., dann rechts in die Wilsnacker Chaussee.

Der 15 ha große Tierpark Perleberg liegt idyllisch mitten im Perleberger Forst und beherbergt über 400 Tiere aus 100 Arten. Der Tierbestand ist eine Mischung aus heimischen und exotischen Arten vom Affen bis zum Rotfuchs, vom Känguru bis zum Wisent. Die Anlage ist sehr schön gestaltet, vom modernen Braunbärengehege bis zur Eulenburg – einer künstlich angelegten Burgruine, in der man Uhus, Schneeeulen und andere Eulenarten betrachten kann. Im umgebauten ehemaligen Bärengehege leben jetzt Kattas und Totenkopfäffchen. Das riesige Wolfsgehege kann von mehreren Beobachtungspunkten aus sowie über eine Kamera betrachtet werden. Sowohl das Damwildgehege als auch die Voliere mit australischen Sittichen sind frei begehbar. Für Kinder gibt es zwei verschiedene Streichelgehege, eins mit Ziegen und eins mit Kaninchen. Am Kiosk wartet zudem noch ein kleiner Spielplatz.

Tierpark Senftenberg (OSL) ⑩

Adresse und Öffnungszeiten

Tierpark Senftenberg, Am Steindamm 24, 01968 Senftenberg

Jan–Mrz täglich 9–15.30 Uhr, Apr & Mai 9–17 Uhr, Jun–Aug 9–18 Uhr, Sep & Okt 9–17 Uhr, Nov & Dez 9–15.30. Sa, So & feiertags je eine Std. länger (außer Jun–Aug)

Infos unter 03573 / 29 44 oder www.tierpark-senftenberg.de

Preise

E 2,50 €, K (ab 4 J) 1,50 €, K unter 4 J frei

Anfahrt

Vom Bhf. Senftenberg (RE 18) ca. 1,3 km Fußweg: Über den Busbahnhof zur Bahnhofstr., diese links hinunter bis zum Marktplatz in der Altstadt (Schmiedestr.). Dort links in die Schlossstr., an deren Ende rechts in den Steindamm.

Der Tierpark Senftenberg gehört mit seinen 1,5 ha zu den kleinsten im Lande, aber seine Tradition reicht zurück bis ins Jahr 1931. Immerhin leben auf der gepflegten Anlage im Senftenberger Schlosspark am Ufer der Schwarzen Elster heute 350 Tiere aus 60 Arten, darunter Braunbären, Lamas, Esel, Polarfüchse und Makaken. Daneben gibt es Meerschweinchen, Erdmännchen, Kaninchen, Sumpfbiber und – natürlich auch im Streichelgehege – viele Ziegen und Schafe. Auf Bestellung bietet der Tierpark Führungen, Pferdereiten und Kindergeburtstagsprogramme an. – Ein Besuch im gleich nebenan gelegenen Museum Schloss und Festung Senftenberg (↑S. 205) bietet sich an. Wer im Sommer kommt, kann nach dem Zoobesuch auch einen Abstecher ins etwa 7 km entfernte Großkoschen machen: Am Nordostufer des Senftenberger Sees lockt dort der Seestrand Großkoschen mit seinem 600 m langen, flach abfallenden Sandstrand. Leider gibt es hier außer einem Spielplatz und einer Wasserrutsche kaum Attraktionen für Kinder, dafür punktet der Strand durch Sauberkeit, gute sanitäre Ausstattung und umfangreiche gastronomische Angebote (*Straße zur Südsee, 01968 Großkoschen, www.senftenberger-see.de*).

Vogelpark und Streichelzoo Teltow (TF) 11

Adresse und Öffnungszeiten

Vogelpark und Streichelzoo Teltow, Kastanienallee 13–19, 14513 Teltow

Ganzjährig täglich 9–19 Uhr (im Winter bis Einbruch der Dämmerung)

Infos unter 03328 / 30 32 16 oder www.vogelpark-streichelzoo-teltow.de

Preise

E 2,50 €, K (1–16 J) 1,50 €

Anfahrt

Vom S-Bhf. Teltow Stadt (S 25) ca. 1,1 km Fußweg: Die Mahlower Str. rechts hinunter, dann hinter der Kirche links in die Feldstr.

»Klein« ist das Motto des Vogelparks Teltow. Sowohl die Dimensionen der knapp 1 ha großen Anlage als auch die Tierauswahl und das Angebot drum herum sind vor allem auf die Bedürfnisse von Besuchern im Kindergarten-Alter ausgerichtet. Neben den Namen gebenden Vögeln (wie Papageien, Sittichen, Enten und Gänsen) gibt es auch zahlreiche Ziegen, Meerschweinchen, Hasen, Ponys und Esel. Viele Tiere dürfen gestreichelt und gefüttert werden (Futtertüten 30 Cent), und natürlich wird auch Ponyreiten über das Gelände angeboten. Der Spielplatz mit Buddelbereich, Kinderschaukel und einer kleinen Rutsche ist durch einen kunterbunt gestrichenen Zaun elternfreundlich gesichert, für die Wege über das Gelände stehen Bobbycars und Dreiräder zur Verfügung und bei schönem Wetter wird eine kleine Hüpfburg aufgeblasen. So überrascht es nicht, dass man im WC einen Wickelraum und auf dem Gelände spezielle Mülleimer zur Entsorgung von Windeln findet. Auch das Imbiss-Bistro »Zum weißen Kakadu« verfügt selbstverständlich über eine (wenn auch sehr kleine) Spielecke. Dass das Mitbringen von eigenem Proviant verboten ist, lässt sich verschmerzen, da man im Vogelpark ohnehin nicht unbedingt einen ganzen Tag verbringen wird.

Wildpark Johannismühle in Klasdorf (TF) ⑫

Adresse und Öffnungszeiten

Wildpark Johannismühle, Johannismühle 2, 15837 Baruth OT Klasdorf

Apr–Aug Di–So 10–19 Uhr, Sep–Mrz Di–So 10–18 Uhr (letzter Einlass jeweils 2 Std. vor Schließung)

Infos unter 033704 / 970 11 oder www.wildpark-johannismuehle.de

Preise

E 8,50 €, K (3–15 J) 4,50 €. Familienkarte I (2 E & 2 K) 20 €, Familienkarte II (2 E & 4 K) 26 €

Anfahrt

Vom Bhf. Klasdorf-Glashütte (RE 3) ca. 1 km Fußweg: Direkt gegenüber vom Bahnhof (am Restaurant Waldschlösschen) beginnt die Straße Johannismühle.

Im Wildpark Johannismühle kann man hautnah erleben, wie es vor hunderten von Jahren in der brandenburgischen Wildnis einmal ausgesehen haben mag. Auf dem 100 ha großen Gelände mitten im Baruther Urstromtal bewegt man sich auf dem Rundweg zwischen Wäldern, Teichen und Wiesen genauso frei wie die meisten der hier lebenden 39 Wildtierarten. Nur Wölfe, Bären und andere gefährliche Zeitgenossen sind durch Zäune von den menschlichen Besuchern getrennt. Andere Tiere dagegen kann man – entsprechendes Verhalten vorausgesetzt – aus nächster Nähe sehen; insbesondere an den aufgestellten Futterautomaten werden vor allem die Rehe sehr zutraulich. Täglich um 12 Uhr findet die Fütterung des freilaufenden Wildes statt, um 15.50 Uhr sind die Bären und Wölfe dran. Von März bis Oktober gibt es täglich (außer montags und freitags) um 10.30 und um 14 Uhr eine Flugvorführung in der Falknerei. – Eine Besonderheit ist die Auffangstation für Löwen und Tiger aus in Not geratenen Zirkusbetrieben. Hier wird täglich um 16.30 Uhr gefüttert; da die Teilnehmerzahl begrenzt ist, muss man sich an der Kasse anmelden (Erwachsene 3 €, Kinder 2 €).

Wildpark Frankfurt an der Oder (FF) ⑬

Adresse und Öffnungszeiten

Wildpark Frankfurt/Oder, Am Wildpark 1, 15234 Frankfurt/Oder

Apr–Okt täglich 9–18 Uhr, Nov–Mrz 9–16 Uhr

Infos unter 0335 / 68 38 90 oder www.wildpark-frankfurt-oder.de

Preise

E 2, K (4–14 J) 1 €. Familienkarte (2 E & 3 K) 5 €

Anfahrt

Vom Bhf. Frankfurt / Rosengarten (RE 1) mit dem Bus 980 oder 982 (Ri. Frankfurt/Oder) bis Abzweig Rosengarten. Von dort ca. 700 m Fußweg: Über die Fürstenberger Poststr. bis zum Abzweig Am Wildpark.

Die Gründung des Wildparks auf dem ehemaligen Schießplatz im Frankfurter Ortsteil Rosengarten im Jahr 2000 verdankt sich der gemeinsamen Anstrengung eines Vereins und vieler Bürger und Unternehmen der Stadt. Heute wird der Wildpark von den Gronenfelder Werkstätten betrieben, einer Einrichtung zur Integration von Menschen mit Behinderung. Auf dem 16 ha großen Gelände leben inzwischen 300 Tiere aus 30 Arten, darunter Dam- und Muffelwild, Waschbären, Auerochsen, Wildschweine, Schafe, Ziegen, Ponys und die beliebten Präriehunde. Am Eingang kann man Futter kaufen, mit dem man zum Beispiel die zutraulichen Rehe füttern darf. Natürlich gibt es auf der weitläufigen Anlage auch ein Streichelgehege und einen Spielplatz (gleich neben dem Wildparkbistro »Kobel«). Auf Anfrage werden auch Arrangements für Kindergeburtstage angeboten, zum Beispiel mit geführten Fütterungen, einer Schatzsuche oder Ponyreiten.

Wildpark Schorfheide (BAR) 14

Der Wildpark Schorfheide im gleichnamigen Biosphärenreservat ermöglicht es, einheimische Wildtiere in ihrer natürlichen Umgebung zu beobachten. Die Wälder und Wiesen auf dem etwa 100 ha großen Gelände beherbergen neben Rehen, Hirschen, Wildschweinen und Elchen unter anderem auch Fischotter, Wildschweine,

Adresse und Öffnungszeiten
Wildpark Schorfheide, Prenzlauer Straße 16, 16244 Schorfheide OT Groß Schönebeck
Ganzjährig täglich 9–19 Uhr, letzter Einlass 17 Uhr
Infos unter 033393 / 658 55 oder www.wildpark-schorfheide.de
Preise
Eintritt: E 5,50 €, K 4 €. Führung (90 min): 15 € p. Gruppe (max. 25 Personen).
Kremserfahrt: (1 Std) E 6 €, K 3 €, Familien (2 E 2 K) 16 €
Anfahrt
Vom Bhf. Groß Schönebeck (NE 27 / Heidekrautbahn) etwa 3 km Fußweg: Die Strecke ist durch grüne Wanderwegweiser gekennzeichnet.

Waschbären und Wölfe. Man kommt hier den Tieren näher, als es in der freien Wildbahn möglich wäre; dennoch hat man nicht das Gefühl, dass sie eingesperrt wären. Ein separates Streichelgehege, ein Abenteuerspielplatz, ein Bollerwagenverleih und ein Wickelraum zeugen von der Familienfreundlichkeit der Anlage. Ein Highlight ist die Otterfütterung, die täglich um 11 Uhr stattfindet. Auf der Website des Wildparks und an der Kasse gibt es Fragebögen für Schulklassen, mit denen aber auch Familien den Park erkunden können. – Für Lauffaule fahren am Wochenende Kremser durch den Wildpark, Erklärungen durch den Kutscher inklusive. Der Anbieter, die Reit- und Fahrtouristik Sander, bietet auf dem Gelände nebenan auch Pony- und Eselreiten an (*Prenzlauer Str. 14, 12 €/30 min, 033393 / 657 01, www.reittouristik-sander.de*). Ebenfalls nebenan gibt es einen Kletterpark (↑S. 126).

Zoo Eberswalde (BAR) ⑮

Adresse und Öffnungszeiten
Zoo Eberswalde, Am Wasserfall 1, 16225 Eberswalde
Ganzjährig täglich 9 Uhr–Einbruch der Dämmerung
Infos unter 03334 / 227 33 oder www.zoo.eberswalde.de

Preise
Eintritt: E 9, K (4–16 J) 3,50 €. Familienkarte (2 E & mind. 2 K) 23 €. Bollerwagenverleih (Apr–Okt): 3 €

Anfahrt
Vom Hbf. Eberswalde mit dem Bus 865 (Ri. Gropius-Krankenhaus) bis Eberswalde, Zoo.

Wie kaum ein anderer kümmert sich der Zoo Eberswalde um die Zielgruppe Kind: Auf dem 15 ha großen, waldreichen Gelände gibt es gleich 5 verschiedene Abenteuer- und Themenspielplätze, im Streichelzoo wird an den Wochenenden Pony- und Eselreiten angeboten, die Zooschule veranstaltet in den Ferien spezielle Aktionstage für Kinder (mit Schminken, Basteln und Tierbeobachtungen), und überall auf dem Gelände gibt es kindgerechte Lehrpfade und Schautafeln mit Ratespielen. Bei so viel Spaß treten die 1.500 tierischen Zoobewohner aus 150 Arten zunächst fast in den Hintergrund. Dabei wird auch auf diesem Gebiet viel geboten: Die Tiger bestaunt man aus einem Glaspavillon mitten im Gehege, der nur durch einen Tunnel zu erreichen ist, die Affen leben frei in den Baumkronen und das Damwild- und das Känguru-Gehege sind frei begehbar und ermöglichen direkten Kontakt zu den Tieren. Öffentliche Fütterungen gibt es bei den Pinguinen (täglich 11 und 15 Uhr), bei den Papageien im Urwaldhaus (13 Uhr) und bei den Zwergottern (10 und 14 Uhr, nur April–September). Den eigenen Nachwuchs füttert man in der »Zoobaude« oder in der Gaststätte »Brauner Bär« mit kindgerechtem Fastfood – Wickelraum und Fläschchenwärmservice sind vorhanden.

Camargue-Pferde-Hof in Wesendahl (MOL) ⑯

Adresse und Öffnungszeiten
Camargue-Pferde-Hof, Am Park 2, 15345 Altlandsberg OT Wesendahl
Ganzjährig geöffnet. Bistro: Ostern–Okt Sa, So & feiertags 10–18 Uhr
Infos und Anmeldung unter 03341 / 31 40 41, 0171 / 278 02 96 oder www.camargue-pferdehof.de

Preise
Einzelstunde Reiten (45 min) 26 € p. P., bei mehreren Teilnehmern Rabatt.
Teilnahme an Kinderreitgruppe (45 min) 16 € p. P. Geführter Waldritt (45 min, ab 2 P) 20 € p. P. Ausritte (ab 2 P) 30 € p. P. (1,5 Std.), 40 € p. P. (2 Std.)

Anfahrt
Vom S-Bhf. Strausberg Nord (S5) mit dem Bus 947 (Ringbus Ri. Strausberg, Gesundheitszentrum) bis Haltestelle Wesendahl.

Camargue-Pferde sind eine besondere Pferderasse, die aus dem gleichnamigen Gebiet an der französischen Mittelmeerküste stammt. Über 20 dieser relativ kleinen, schneeweißen Pferde leben im märkischen Wesendahl auf dem Camargue-Pferde-Hof. Der Hof vermietet Ferienwohnungen und bietet Reiterferien für Kinder an, steht aber auch Tagesausflüglern offen, die an den Wochenenden im hofeigenen Bistro »Zur Pferdeschänke« verköstigt werden und Reitunterricht nehmen oder Ausritte machen können. Neben Einzelstunden und geführten Ausritten gibt es dabei auch eigene Kursangebote für Kinder. Zum Hof gehören ein Fahrradverleih (8 €/Tag) sowie ein kleiner Streichelzoo mit Ziegen, Schafen, Kaninchen, Hunden und Katzen. Nach dem Ausritt kann man (zur Saison) auf den nahe gelegenen Obstfeldern ein paar Erdbeeren zur Stärkung pflücken (↑S. 216).

Die »Muli-Rensch« (UM) 17

Adresse und Öffnungszeiten
Reit- und Fahrtouristik Lychen, Weinbergstr. 6a, 17279 Lychen
Ganzjährig geöffnet
Infos und Anmeldung unter 039888 / 27 78 oder www.muli-rensch.de

Preise
Ausritt mit Führung zu Fuß: pro Stunde 10 € je Pferd und 10 € je Führer
Kutschfahrt (bis 5 P): 60 € pro Std. Schlitten (bis 4 P): 60 € pro Std.

Anfahrt
Vom Bhf. Fürstenberg/Havel (RE 5) mit dem Bus 517 (Ri. Templin) bis Lychen, Friedhof. Von dort ca. 400 m Fußweg über die Weinbergstr. Alternativ mit dem Bus 517 (Ri. Lychen) bis Lychen, Markt. Von dort ca. 1,2 km Fußweg über die Lindenstr. / Templiner Str., dann rechts in die Weinbergstraße.

Mitten im Naturpark Uckermärkische Seen bietet Familie Rensch auf ihrem Hof neben Kinderreitferien verschiedene Freizeitmöglichkeiten für Tagesausflügler an, zum Beispiel geführte Ausritte in die Umgebung für Reitanfänger auf Pferden oder Mulis. Letztere sind wegen ihres besonders gutmütigen Charakters gerade für Anfänger geeignete Reittiere. Wenn der Mut trotzdem nicht für einen Ausritt reicht, kann man auch eine Kutschfahrt durch die Umgebung buchen. Im Winter gibt es (bei ausreichend Schneefall) sogar Fahrten im Pferdeschlitten. Eingepackt in warme Schaffelle, kann man sich mit dem Pferdeschlitten durch die Landschaft fahren lassen; das Schlittengeläut lässt dabei echte Astrid-Lindgren-Gefühle aufkommen.

Galopprennbahn Hoppegarten (MOL) 18

Adresse und Öffnungszeiten

Galopprennbahn Hoppegarten, Goetheallee 1, 15366 Hoppegarten
Renntage von Apr–Okt an 1–2 Sonntagen im Monat
Infos und Termine unter 03342 / 389 30 oder www.hoppegarten.com

Preise

Stehplatz: E 10 €, K (14–18 J) 7 €, K unter 14 J frei. Familienkarte (2 E & mind. 1 K unter 14 J) 14 €
Zuschläge an bestimmten Feiertagen! Logenplätze ab 25 €

Anfahrt

Kurzer Fußweg vom S-Bhf Hoppegarten (S5).

»Wo laufen sie denn, wo laufen sie denn hin?« – Loriot-Fans wissen, dass Pferderennen keine ganz einfach zu durchschauende Angelegenheit sind. Wer seine Kinder an dieses ein bisschen aus der Mode gekommene Freizeitvergnügen heranführen will, ist in Hoppegarten östlich von Berlin genau richtig. Während der Renntage wird dort allerhand geboten: Riesentrubel rund um die Tribüne aus Kaisers Zeiten und die Wettstände, zugleich ein weitläufiges Gelände mit viel Platz zum Toben und in unregelmäßigen Abständen ein sportlicher Wettkampf mit Hufgetrappel und Geschrei. Um zukünftige Dauergäste anzufüttern, bieten die Veranstalter auch eine Kinderwette mit »richtigem« Wettschein und Gewinnen an. Wer das pädagogisch fragwürdig findet, schickt den Nachwuchs stattdessen zum Ponyreiten, zum Kinderschminken oder auf die Hüpfburg. Sogar einen eigenen Kindergarten für die Kleinsten gibt es. – Da zu einigen Rennen bis zu 10.000 Zuschauer kommen, ist es eine Herausforderung, einen Platz mit guter Sicht zu ergattern. Mit Fernglas auf der Tribüne zu sitzen ist allerdings nicht nur für Kinder eher langweilig. In größerer Entfernung zur Ziellinie findet sich meist ein schönes Plätzchen in der ersten Reihe …

Ponyhof Neuholland in Liebenwalde (OHV) ⑲

Adresse und Öffnungszeiten
Ponyhof Neuholland, Nassenheider Chaussee 27, 16559 Liebenwalde
Mrz–Nov Sa & So 11 & 14 Uhr, Dez Sa 11 & 14 Uhr
Infos unter 033054 / 610 29
oder www.ponyhof-neuholland.de

Preise
Offenes Reiten 27 € p. P.

Anfahrt
Vom Bhf. Nassenheide (RE 5) mit dem BUs 803 (Ri. Liebenthal) bis Neuholland, Ponyhof. Von dort ca. 600 m Fußweg.

Auf dem Ponyhof Neuholland können Reitanfänger samstags und sonntags zu festen Terminen ohne Voranmeldung zum Ponyreiten vorbeikommen. Das Angebot richtet sich an Kinder ab 4 Jahren und Erwachsene unter 75 kg Gewicht. Etwa 20 Minuten vor dem Reittermin sollte man sich in der Haupthausküche anmelden, dann bekommen alle eine kleine Einführung in den richtigen Umgang mit den Tieren und die Ponys werden auf die Reiter verteilt. Nach dem gemeinsamen Putzen und Satteln gibt es wahlweise Reitunterricht oder einen geführten Ausritt über die umliegenden Wiesen. Inklusive Vorbereitungszeit dauert das Ganze ca. 1,5–2 Stunden. Eltern, die das für Ponys erträgliche Maximalgewicht überschreiten, können sich als Ponyführer nützlich machen (was bei Kindern unter 7 Jahren ohnehin notwendig ist) oder im Hof bei Kaffee, Kuchen oder einem erschwinglichen Mittagessen (ab 6 €) weiter an ihrer Figur arbeiten. Auch eine Hofbesichtigung ist möglich, denn das Team vom Ponyhof versteht die Wochenenden als Tage der offenen Tür, bei denen man Tagesgäste für einen längeren Aufenthalt in den nächsten Ferien begeistern kann.

Ponywanderung durch die Märkische Schweiz (MOL) ⑳

Adresse und Öffnungszeiten

Galgenberghof, Eberswalder Straße 158a, 15374 Müncheberg
Ganzjährig geöffnet
Infos unter 0174 / 392 80 29 oder www.galgenberghof.de

Preise

Ausleihpony zum Selberführen (45 min): 10 €, Ausleihpferd zum Selberreiten (45 min): 13 €

Anfahrt

Vom Bhf. Müncheberg (RB 26) mit dem Bus 939 (Ri. Müncheberg, Stadt) bis Berufsschule. Von dort ca. 400 m Fußweg entlang der Eberswalder Str. (B 168).

Der Galgenberghof in Müncheberg ist ein ökologisch wirtschaftender Pferdehof mit integrierter Reitschule und Gästezimmern für Reitwanderer und andere Urlauber. Die 20 Pferde und Ponys der Reitschule stehen außerdem für Tagesgäste zum spontanen Ausleihen zur Verfügung. Man erhält für den Nachwuchs ein fertig gesatteltes Pony und kann dann nach Belieben einen Spaziergang um die große Pferdekoppel des Hofes oder auch eine längere Wanderung durch die wunderschöne Landschaft der Märkischen Schweiz unternehmen. In knapp 2 Stunden schafft man es zum Beispiel bis zum weiter nördlich gelegenen Papillensee und dann entlang der Schienen der Buckower Kleinbahn (↑S. 49) wieder zurück. Eine Karte der Umgebung kann man sich auf dem Hof ausleihen.

Regelmäßige Termine fürs Ponyreiten

Bergranch Nitzsche, Berkenbrücker Dorfstr. 23, 14947 Nuthe-Urstromtal (OT Berkenbrück)
Ganzjährig Sa & So 10 & 11 Uhr Kleinkinder- und Behindertenreiten (geführtes Reiten, ca. 1 Std.): 10 €/K. Anmeldung erforderlich.
Infos unter 033732 / 409 80 oder www.bergranch-nitzsche.de

Ponylino, Ernst-Thälmann-Weg 12, 16559 Liebenwalde (OT Freienhagen)
Offener Reitunterricht (K ab 3 J) So 14 Uhr
Infos unter 033051 / 906 41, 0179 / 394 91 60 oder www.ponylino.de

Reiterhof am Schloss Diedersdorf (TF) 21

Adresse und Öffnungszeiten

Reiterhof am Schloss Diedersdorf, Kirchplatz 4, 15831 Diedersdorf
Ponyverleih Sa, So & feiertags ab 12 Uhr, sonst nach Vereinbarung
Biergarten von Schloss Diedersdorf Mrz–Okt täglich ab 10 Uhr, Restaurant Pferdestall täglich 11–23 Uhr, Schlossbäckerei und Café täglich 7–18 Uhr (im Herbst und Winter Mo & Di geschlossen)
Infos und Pony-Reservierung unter 03379 / 37 62 38, 0171 / 864 30 99
oder www.reiterhof-am-schlossdiedersdorf.de

Preise

Ponyreiten 60 min 13 €

Anfahrt

Mo–Fr vom Bhf. Blankenfelde mit dem Bus 704 oder 720 (Ri. Teltow oder Ludwigsfelde) bis Diedersdorf, Friedhof. Von dort ist der Weg ausgeschildert. Sonntags verkehrt die Sonderbuslinie A20 alle 40 min im Pendelverkehr zwischen Blankenfelde und Schloss Diedersdorf. Zum Reiterhof einfach zwischen Schloss und Biergarten am Essensstand vorbei über die Festwiese gehen.

Schloss Diedersdorf im Süden Berlins ist dank seiner diversen Gastronomie-Angebote und dem Biergarten mit 2.000 Plätzen ein beliebtes Ziel für Biker und Busreisende. Wenn man nicht mitten in der Hochsaison kommt, ist das Schloss aber auch für Familien ein attraktives Ausflugsziel im Grünen. Neben kostenpflichtigen Angeboten wie dem »Spielschloss Diedersdorf« (↑S. 130), einem Kettcar-Verleih und einer riesigen Hüpfblase gibt es auch eine großzügige Wiese mit einem kleinen Spielplatz und zwei gespannten Slacklines. Besonders attraktiv ist aber der Reiterhof am Schloss: Hier kann man Ponys (oder auch Pferde) stundenweise ausleihen und so den eigenen Nachwuchs zu einem entspannten Spaziergang ausführen. Vorab erhalten die Eltern eine Einführung in die Kunst des Ponyführens, damit nicht das Tier die Route selbst bestimmt oder aber genüsslich grasend einfach stehen bleibt. Empfehlenswert ist zum Beispiel der etwa 5 km lange Rundwanderweg »Rund ums Schloss«, für den man allerdings länger als 1 Stunde braucht. Er ist mit einem grünen Punkt ausgeschildert und führt vom unteren Biergartenausgang über die umliegenden Felder, Weiden und Wiesen.

Reiter- und Erlebnisbauernhof Groß Briesen (PM) ㉒

Adresse und Öffnungszeiten

Reiter- und Erlebnisbauernhof Groß Briesen, Kietz 11, 14806 Bad Belzig OT Groß Briesen
Ganzjährig geöffnet
Infos und Anmeldung unter 033846 / 416 73 oder www.reiterhof-gross-briesen.de

Preise

Geführte Naturparkausritte 20 €. Reitstunde (45 min) 20 €. Longenunterricht (ca. 30 min) 20 €. Führzügelausritt für Einsteiger 20 €. Schnuppertag (inkl. Mittagessen, Getränke und Vesper) 50 € p. P.

Anfahrt

Vom Hbf. Brandenburg/Havel (RE 1) mit dem Bus 581 (Ri. Belzig) bis Ragösen, Ambulatorium, oder mit dem Bus 559 (Ri. Görzke) bis Wollin, Abzweig Friesdorf. Von dort kann man sich ggf. mit dem Auto abholen lassen (nach telefonischer Voranmeldung!): Transferkosten 5 € (aus Friesdorf) bzw. 7 € (aus Ragösen).

Im Norden des Naturparks Hoher Fläming liegt der Reiter- und Erlebnisbauernhof Groß Briesen, auf dem Familie Wieben neben Islandpferden, Haflingern und Reitponys auch eine Rinderherde hält. Der Hof ist als Ferienhof konzipiert, hat aber an den Wochenenden auch zahlreiche Angebote für Tagesausflügler in petto: von geführten Ausritten durch den Naturpark über Reitstunden auf dem Hof bis hin zum Schnuppertag. Egal, wofür man sich entscheidet, das Programm beginnt (nach Anmeldung) entweder um 9 Uhr oder um 13.30 Uhr mit einer Einteilung der Teilnehmer gemäß ihren Wünschen und den vorhandenen Reitkenntnissen. Danach werden gemeinsam die Tiere von der Koppel geholt, gestriegelt und gesattelt. Ob dann die pferdevernarrte Tochter in der gleichen Gruppe wie die Eltern einen Ausritt über das Gelände macht, oder ob Mama und Papa sich lieber erst einmal an der Longe über den Voltigierplatz führen lassen, hängt von der familiären Konstellation ab. Bei einem Schnuppertag nimmt man sowohl morgens als auch nachmittags an den Reiteinheiten teil und bekommt dazwischen ein Mittagessen im Speisesaal des Vierseithofs.

Affen-Zoo Jocksdorf (SN) ㉓

Adresse und Öffnungszeiten

Affen-Zoo Jocksdorf, OT Jocksdorf Nr. 8, 03159 Neiße-Malxetal OT Jocksdorf

Apr–Okt Fr–Mi 10–18 Uhr, Nov–Mrz 10–17 Uhr. Bei extremer Witterungslage geschlossen

Infos unter 035695 / 71 83 oder www.affengehege.de

Preise

E 3 €, K (bis 16 J) 1,50 €

Anfahrt

Vom Bhf. Forst (RB 46) mit dem Bus 851 (Ri. Döbern) bis Jocksdorf, Dorf. Von dort ca. 100 m Fußweg.

Ganz im Osten Brandenburgs, ein paar Kilometer südlich der Stadt Forst, haben Stefan und Sybille Mai einen kleinen privaten Affenzoo aufgebaut, in dem inzwischen knapp 50 Affen leben: Kapuziner- und Schwarzpinseläffchen, Indische Hutaffen, Rhesus- und Totenkopfaffen, Liszt- und Weißbüscheläffchen sowie Rotbauchtamarine. Seit 2007 hilft ein eigens gegründeter Förderverein beim Erhalt und Ausbau der 1,3 ha großen Anlage, die auch noch eine Vielzahl von Vögeln, Schildkröten, Waschbären, Eichhörnchen, Meerschweinchen und sogar Kängurus und Emus beherbergt. Für Menschenkinder gibt es auf dem Freigelände einen kleinen Spielplatz mit Hüpfburg. Im sogenannten Dschungelimbiss kann man sich in einer skurrilen Mischung aus Tropenhaus und deutscher Gastlichkeit niederlassen und bei Kaffee und Kuchen durch große Glasscheiben beobachten, was die Tiere in den angrenzenden Affengehegen so treiben.

Biberhof im Spreewald (SN) 24

Adresse und Öffnungszeiten
Biberhof im Spreewald, Nordweg 49, 03096 Burg/Spreewald
Ganzjährig täglich 10–18 Uhr (in den Sommerferien bis 20 Uhr)
Infos unter 035603 / 75 32 32 oder www.biberhof-spreewald.de
Preise
E 4 €, K (3–14 J) 2 €
Anfahrt
Vom Hbf. Lübben (RE 2) mit dem Bus 500 (Ri. Lübben) bis Burg, Nordweg. Von dort ca. 300 m Fußweg.

Anders als der Name vermuten lässt, gibt es auf dem Biberhof keineswegs nur Biber zu sehen. Es handelt sich eher um einen großen Kinderbauernhof mit Schweinen, Hühnern, Gänsen, Enten, Schafen, Ziegen, Ponys, Eseln und vielen anderen heimischen Tieren, die sich zum Großteil frei auf dem Gelände bewegen und – wenn sie es zulassen – auch angefasst werden dürfen. Füttern ist allerdings verboten. Die Namen gebenden Biber findet man in und an künstlich angelegten Teichen. Streng genommen sind es allerdings gar keine Biber, sondern Sumpfbiber (auch Nutria oder Biberratten genannt), die mit den Meerschweinchen verwandt sind. In einer alten Scheune haben die Betreiber zudem 12 große Aquarien aufgestellt, in denen man vor allem Fische aus dem Spreewald betrachten kann, zum Beispiel Barsche, Hechte, Karpfen, Welse oder Zander. Wer davon Lust auf mehr Wasser bekommt, kann im hofeigenen Bootsverleih ein Kajak oder Kanu ausleihen (5 bzw. 8 €/Std.) oder eine Spreewaldkahntour machen (bis 10 Personen 40 €/Std.).

Falkenhof Ravensberg (P) 25

Adresse und Öffnungszeiten

Falkenhof Ravensberg, Ravensberggestell 2, 14478 Potsdam

Mi–Sa 14–16.30 Uhr, So & feiertags 10–16.30 Uhr. Flugvorführungen nur Mrz–Okt, sonst auf Anfrage

Infos unter 0331 / 270 76 87 oder www.waldhaus-potsdam.de

Preise

Mit Flugvorführung: E 6 €, K 4 €. Ohne Flugvorführung: E 2 €, K 1,50 €

Anfahrt

Vom Bhf. Potsdam Rehbrücke (RE 7) mit der Tram 91 (Ri. Pirschheide) bis Haltestelle Zum Kahleberg. Von dort ca. 1,4 km Fußweg: Der Straße Zum Kahleberg folgen, nach dem scharfen Linksknick bald rechts in den Wald über den Wurzelweg bis zum parallel verlaufenden Ravensbergestell, dort links halten. Alternativ vom Hbf. Potsdam (RE 1) mit der Tram 92 (Ri. Marie-Juchacz-Str.) bis Magnus-Zeller-Platz. Von dort ca. 2 km Fußweg: Über An der alten Zauche, Am Försteracker und Hasensprung, bis zur Straße Am Wald, dort links einbiegen, dann wieder links auf das Ravensberggestell.

Im von Kiefern geprägten Waldgebiet Ravensberge im Süden Potsdams liegt der Falkenhof des Vereins Wald-Jagd-Naturerlebnis e.V. Von Mittwoch bis Sonntag kann man hier nachmittags nicht nur Falken, sondern auch Adler, Bussarde, Eulen und andere Greifvögel besichtigen. In der Saison findet jeweils um 14.30 Uhr eine Flugvorführung statt, bei der man die Tiere im Flug beobachten kann und viel über ihre Lebensweise erfährt. Fernsehfreunde werden vielleicht den einen oder anderen Vogel wieder erkennen – einige der Uhus zum Beispiel haben bereits in Märchenfilmen wie der ARD-Produktion »Jorinde und Joringel« oder in der ZDF-Serie »Unser Charly« mitgespielt. – Zusätzlich gibt es auf dem Gelände noch eine Schmetterlingswiese mit Feuchtbiotop, einen dendrologischen Garten, eine Jagdausstellung und – vor allem für die Kinder am interessantesten – einen Streichelzoo mit Zwergziegen, Hühnern, Kaninchen und Meerschweinchen. – Im 20 Gehminuten entfernten Waldhaus Großer Ravensberg, das vom gleichen Verein betrieben wird, bekommt man auch noch Eichelhäher, Krähen, Eichhörnchen, Waschbären sowie Stein- und Waldkäuze zu sehen (*März–Oktober sonntags & feiertags 12–17 Uhr, Erwachsene 1,50 €, Kinder 1 €*).

Filmtierschule Harsch in Sieversdorf (OPR) 26

Wer die Tiershow im Filmpark Babelsberg gesehen hat, kennt bereits einige der Stars aus der Filmtierschule Harsch. Da für Filmproduktionen die verschiedensten Tiere benötigt werden, gleicht der Hauptsitz des Unternehmens einem kleinen Zoo mit Wildtieren, Raubkatzen, Reptilien, aber auch »gewöhnlichen« Hunden, Katzen und Bauernhoftieren. Besichtigungen sind an mehreren Tagen in der Woche möglich, ein Besuch lohnt sich aber vor allem sonntags, wenn es auch eine Tiervorführung gibt. Die Shows dauern hier etwa 1,5 Stunden

Adresse und Öffnungszeiten
Filmtierschule Harsch, Hauptstr. 2, 16845 Sieversdorf
Mi–Sa 14–16.30 Uhr, So & feiertags 10–16.30 Uhr. Vorführungen: Ostern–Okt So 13.30 Uhr, in den Sommerferien zusätzlich Do 14 Uhr
Infos unter 033970 / 508 28 oder www.filmtierschule-harsch.de

Preise
E 6 €, K (4–14 J) 4 €

Anfahrt
Vom Bhf. Rathenow (RE 4) mit dem Bus 684 (Ri. Neustadt/Dosse) oder vom Bhf. Neustadt/Dosse (RE 2) mit dem Bus 684 (Ri. Rathenow) bis Bhf. Sieversdorf. Von dort ca. 100 m Fußweg.

und finden bei schönem Wetter größtenteils draußen statt. Man bekommt eine ganze Reihe von Filmtricks und Stunts vorgeführt. – Auf dem Außengelände der Filmtierschule gibt es auch einen kleinen Natur- und Reptilienlehrpfad, auf dem man von Mai bis September in 3 großen Freilandterrarien Schildkröten, Nattern und Eidechsen beobachten kann. Wem dabei nicht der Appetit vergeht, der kann auf den bereitgestellten Holzbänken nicht nur ausruhen, sondern auch einen Snack oder ein Eis aus dem Kiosk verdrücken.

Jambo Straußenfarm in Baruth/Mark (TF) 27

Adresse und Öffnungszeiten

Jambo Straußenfarm, Merzdorf 7, 15837 Baruth/Mark OT Merzdorf

Apr–Okt Mi, Sa & So 10–18 Uhr, Nov–Mrz Mi, Sa & So 10–16 Uhr

Infos unter 0178 / 817 46 43 oder www.jambo-strauss.de

Preise

E 3 €, K (6–14 J) 1,50 € (inkl. Führung)

Anfahrt

Vom Bhf. Luckenwalde (RE 5) mit dem Bus 756 (Ri. Dahme) bis Petkus, Hauptstr., von dort mit dem Bus 717 (Ri. Baruth) bis Merzdorf, Dorfstr. Von dort ca. 400 m Fußweg.

Der Strauß ist ein faszinierendes Tier, nicht zuletzt weil er mit einer Körpergröße von bis zu 2,50 Metern der größte Vogel der Welt ist. In freier Wildbahn kann man die langbeinigen Tiere nur in Afrika erleben, in Brandenburg hat man auf mehreren Straußenfarmen die Möglichkeit, sie zu beobachten. Kein Wunder, denn was man zur Zucht dieser Tiere benötigt, ist vor allem viel Platz – und den gibt es hierzulande ja ausreichend. Im Rahmen einer Hofführung erfährt man auf der Jambo Straußenfarm alles Wissenswerte über den Strauß und seine Lebensgewohnheiten. Besonders spannend ist ein Besuch zur Balzzeit im Frühjahr oder nach der Brut, wenn viele Jungtiere auf dem Hof sind (etwa ab Mai). Ob man dann mit den Kindern noch den Hofladen aufsucht, wo Fleisch, Eier, Leder und Federn der gerade noch bestaunten Tiere verkauft werden, bleibt dem eigenen Zartgefühl überlassen. Auf dem Hof gibt es auch einen Kinderspielplatz sowie einen Imbiss mit urigen Sitzgelegenheiten unter Birken. Zudem leben hier einige Alpakas (mit denen auch Wanderungen möglich sind) und Honigbienen (Bienen-Führungen ab 10 Personen).

Kinderbauernhof Erkner (LOS) 28

Adresse und Öffnungszeiten

Kinderbauernhof Erkner, Wiesenweg 5, 15537 Erkner

Ganzjährig täglich 9–18 Uhr. Ponyreiten So ab 10 Uhr

Infos unter 0162 / 175 35 55 oder www.kinderbauernhof-erkner.de

Preise

Eintritt frei. Ponyreiten 1–5 € (je nach Strecke)

Anfahrt

Vom Bhf. Erkner (RE 1) mit dem Bus 424 (Ri. Gosen) oder 428 (Ri. Niederlehme) bis Erkner, Schönschornstein. Von dort ca. 800 m Fußweg über die Betonstraße. Der Weg ist ausgeschildert.

Auf dem Kinderbauernhof Erkner gibt es etwa 60 Tiere, darunter Schweine, Ziegen, Schafe, Pferde, Shetlandponys, Esel, Hunde, Katzen, Kaninchen, Meerschweinchen, Hühner, Enten und andere Vögel. Die Tiere leben in weitläufigen Freigehegen und Ställen, laufen aber zum Teil auch frei auf dem Gelände herum, sodass es immer etwas zu gucken gibt. Zusätzlich gibt es einen kleinen Streichelzoo-Bereich und eine große Spielwiese. Wenn man nicht eines der Geburtstags- oder sonstigen Aktivitätsangebote gebucht hat, empfiehlt sich ein Besuch am Sonntag (denn dann gibt es ab 10 Uhr die Möglichkeit zum Ponyreiten) oder zu einem der Feste auf dem Hof, zum Beispiel dem Mittelalterfest im Sommer oder dem Drachenfest im Herbst. An diesen Tagen ist jedenfalls immer besonders viel los auf dem Hof. Auf dem Gelände des Kinderbauernhofs findet man auch die Reitschule Erkner, die sowohl Reitunterricht als auch Fahrten mit einer Ponykutsche anbietet (30 €/Std., 4–6 Personen).

Kinderbauernhof Marienhof in Ribbeck (HVL) 29

Adresse und Öffnungszeiten

Kinderbauernhof Marienhof, Am Marienhof 1, 14641 Nauen OT Ribbeck

Mrz–Nov täglich 10–18 Uhr (genauer Beginn/Ende der Saison je nach Witterung)

Infos unter 033237 / 888 91 oder www.marienhof-ribbeck.de

Preise

Eintritt: 1 € p. P. Geführtes Reiten 2 €, Eselreiten (30 min) 8 €, Treckerfahrt 2 €, Maislabyrinth E 3 €, K 2 €

Anfahrt

Vom Bhf. Friesack (RE 2) mit dem Bus 661 (Ri. Nauen) oder vom Bhf. Nauen (RB 10) mit dem Bus 661 (Ri. Friesack) bis Ribbeck. Von dort zu Fuß ca. 2,3 km: Vorbei an Schloss, Kirche und Brennerei immer geradeaus.

Der Marienhof gehörte früher zum Gut des birnen- und kinderliebenden »Herrn von Ribbeck zu Ribbeck im Havelland«, der selbst heutigen Kindern noch im Schulunterricht begegnet. So ist es nur passend, dass hier seit 1999 ein Kinderbauernhof residiert – mit Schafen, Ziegen, Schweinen, Hühnern, Pferden und was sonst so dazugehört. Viele Tiere laufen frei herum und können angefasst und gestreichelt werden. An den Wochenenden werden für Kinder Pony- und Eselreiten sowie Treckerfahrten angeboten. Von Juli bis Oktober können Mutige zudem versuchen, den Weg durch das riesige Maislabyrinth (↑S. 27) nebenan zu finden. Im hofeigenen »Landcafé« gibt es zur Stärkung Herzhaftes wie Schnitzel, Bratwurst und Maiskolben oder süßen Kuchen und Heißgetränke (bis hin zu Latte Macchiato). Für daheim kann man sich Eier und Brot aus dem Lehmbackofen mitnehmen; umgekehrt ist allerdings das Mitbringen von eigenem Proviant auf den Hof verboten. – Für den Weg hin und zurück bietet sich der 2,5 km lange Barfußpfad (↑S. 19) an, der zur Alten Schule im Ortskern von Ribbeck führt.

Kinderbauernhof »Roter Hof« in Strausberg (MOL) 30

Auf dem Kinderbauernhof »Roter Hof« im Norden von Strausberg begegnet man Schweinen, Ziegen, Schafen, Ponys, Eseln, Enten, Hühnern, Kaninchen, Meerschweinchen und vielen anderen Tieren. Daneben gibt es in den Hofgebäuden einen Bastelraum sowie eine »bäuerliche Erlebnisstube«, die Mobiliar und Gerätschaften aus alten Zeiten zeigt, und ein kleines Naturkundekabinett, in dem

Adresse und Öffnungszeiten
Kinderbauernhof Roter Hof, Roter Hof 2, 15344 Strausberg
Apr–Okt Di–So 10–18 Uhr, Nov–Mrz Di–So 10–16 Uhr
Infos unter 03341 / 30 99 60 oder www.sterematbsg.de (Einrichtungen)
Preise
Eintritt frei
Anfahrt
Vom S-Bhf. Strausberg Nord (S 5) ca. 800 m Fußweg: Am Kreisverkehr links in den Wilkendorfer Weg (vorbei am ALDI-Markt), an der Weggabelung vor dem Wald links auf die Straße Roter Hof.

man eine Menge ausgestopfter Wildtiere in Schaukästen oder in nachempfundenen Landschaftssituationen betrachten kann. Auf dem Freigelände findet man neben den Tiergehegen (natürlich mit Streichelzoo) auch einen schönen Spielplatz und zwei große Indianertipis, in denen allerdings nur bei Klassenfahrten oder Feriencamps auch Aktivitäten stattfinden. Kinder können auf dem Roten Hof Ponyreiten, für die Eltern gibt es ein Hofcafé. Das Mitbringen von eigenem Proviant ist nicht erwünscht, denn der Hof ist auf die Einnahmen aus dem Café angewiesen. Wer etwas mehr Auslauf braucht, folgt dem 2 km langen Naturlehrpfad durch die Umgebung.

Schäferei-Erlebniswelt in Beeskow (LOS) 31

Das Wort »Erlebniswelt« verspricht in Brandenburg oft mehr, als am Ende eingelöst werden kann. Trotzdem lohnt sich ein Ausflug nach Beeskow – jedenfalls, wenn man Schafe mag. Über die erfährt man in der Schäferei-Erlebniswelt nämlich eine ganze Menge. In der Ausstellung, die auf 400 m² über 900 Exponate aus dem

Adresse und Öffnungszeiten

Schäferei-Erlebniswelt, Lübbener Chaussee 8, 15848 Beeskow

Mrz–Okt Mo–Do, Sa & So 10–13 & 14–17 Uhr

Infos unter 03366/261 53 oder www.awo-schaefereierlebniswelt-beeskow.de

Preise

Eintritt: E 4 €, K (bis 14 J) 2 €. Führung: E 5 €, K 4 €

Anfahrt

Vom Bhf. Fürstenwalde (RE 1) mit dem Bus 403 oder X403 (Ri. Beeskow) bis Beeskow, Schützenstr. Von dort ca. 1,7 km Fußweg: Am Ende der Schützenstr. (Penny-Markt) rechts in die Breitscheidstr. Dieser immer folgen, dann hinter dem Sportplatz links in die Lübbener Chaussee. – Alternativ vom Bhf. Beeskow (RB 36) ca. 2,7 km Fußweg: Nach rechts über Bahnhofstr. und Berliner Str. bis zu Breitscheidstr. Dort ab dem Penny-Markt wie oben beschrieben.

bäuerlichen Leben in alten Zeiten versammelt, dürfen die Kinder (fast) alles anfassen und ausprobieren und sich sogar in der Bauernstube ins Bett legen. Zum Toben gibt es eine Strohecke und einen Spielplatz mit einem kleinen Niedrigseilgarten. Auf dem Haustierhof des nebenan gelegenen AWO Kinder- und Jugendhofs leben zudem noch ein Pony, eine Eselin sowie zahlreiche Ziegen – und natürlich Schafe. Besonders schafig geht es beim »Tag des Schafes« zu, der alljährlich im Spätsommer stattfindet. Da kann man beim Scheren der Schafe und Spinnen der Wolle zusehen oder sich selber im Filzen versuchen. – Im Sommer bietet sich abschließend ein Abstecher zur nahe gelegenen Flussbadeanstalt Beeskow an (↑S. 97).

Storchendorf Rühstädt (PR) 32

Wer Störche sehen will, hat in Brandenburg viele Möglichkeiten. Erfolgversprechend ist auf jeden Fall ein Ausflug ins Storchendorf Rühstädt, dem offiziell storchenreichsten Dorf Deutschlands. Eines der jährlich über 30 Storchenpaare, die sich im Frühjahr auf den Häusern und Türmen des

Adresse und Öffnungszeiten

NABU-Besucherzentrum Rühstädt, Neuhausstr. 9, 19322 Rühstädt

Apr–Sep täglich 10–18 Uhr

Infos unter 038791 / 980 24 oder www.brandenburg.nabu.de/naturerleben/zentren

Preise

Eintritt: E 1,50 €, K 0,50 €

Anfahrt

Vom Bhf. Bad Wilsnack (RE 2) mit dem Bus 938 (Ri. Wittenberger) bis Rühstädt. Von dort ca. 500 m Fußweg: Die Dorfstr. (K 7005) entlang, dann hinter der Kirche links in die Neuhausstr.

Orts häuslich niederlassen, wird man auf jeden Fall zu Gesicht bekommen. Am besten beginnt man die Storchenexpedition im NABU Besucherzentrum, wo es einen Flyer mit Tipps für den Rundgang gibt. Die dort gezeigte Ausstellung »Weltenbummler Adebar« bietet einen schönen Einstieg ins Thema und ist kindgerecht gestaltet mit vielen interaktiven Elementen zum Anfassen, Riechen, Hören und Ausprobieren. Auch die Video-live-Übertragung vom Storchennest auf dem Dach des Besucherzentrums kommt modernen Sehgewohnheiten entgegen. Den realen Gang durch die Straßen sollte man sich aber trotzdem nicht entgehen lassen. – Leider liegt Rühstädt am äußersten Rand Brandenburgs, fast schon in Sachsen-Anhalt. Weit kürzer dürfte für viele daher der Weg ins Storchendorf Dissen (Landkreis Spree-Neiße) oder ins Storchendorf Linum (Landkreis Ostprignitz-Ruppin) sein.

Storchenhof Paretz (HVL) 33

Der Storchenhof in Paretz, benannt nach den Störchen, die jedes Frühjahr auf dem Dach ihr Nest beziehen, ist ein kleiner Kinderbauernhof mit einer Heuscheune zum Toben, einem Streichelzoo mit Schweinen, Schafen, Pferden, Hunden, Katzen und anderem Getier sowie einem schönen Spielplatz

Adresse und Öffnungszeiten
Storchenhof Paretz, Werderdammstr. 12, 14669 Paretz
Mrz–Okt So 10–18 Uhr (Ponyreiten im Sommer So 11 & 15 Uhr)
Infos unter 033233 / 737 10 oder www.storchenhof-paretz.de
Preise
Eintritt frei. Ponyreiten 3 €
Anfahrt
Vom Hbf. Potsdam (RE 1) mit dem Bus 614 (Ri. Gutenpaaren) oder vom Bhf. Nauen (RB 14) mit dem Bus 658 (Ri. Ketzin) bis Ketzin, Rathausstr., und dann mit dem Bus 614 (Ri. Potsdam) bis Paretz, Kindergarten. Von dort ca. 300 m Fußweg: Auf dem Parkring in Richtung Kirche, dann hinter der Paretzer Scheune rechts in die Werderdammstr.

im Innenhof. Das Hofcafé lockt mit Kaffee, Kuchen und Spezialitäten aus Süddeutschland. Für viele Kinder besonders verlockend ist das Ponyreiten, das immer sonntags um 11 und 15 Uhr angeboten wird. – In Paretz steht übrigens das Lieblingsschloss der einstigen preußischen Königin Luise. Wer Sinn hat für königlichen Prunk, kann dort die Ausstellung »Kutschen, Schlitten und Sänften des preußischen Königshauses« besichtigen (*Schlossremise, Parkring 1, Mai–Okt Di–So 10–18 Uhr, Nov–Apr Sa, So & feiertags 10–16 Uhr, E 2 €, K 1,50 €, www.spsg.de*).

Für Waldschrate und Grashüpfer

Biosphäre Potsdam (P) 1

Adresse und Öffnungszeiten

Biosphäre Potsdam, Georg-Hermann-Allee 99, 14469 Potsdam

Ganzjährig Mo–Fr 9–18 Uhr, Sa, So & feiertags 10–19 Uhr (letzter Einlass jeweils 1,5 Std. vor Schließung)

Infos und Anmeldung unter 0331 / 55 07 40 oder www.biosphaere-potsdam.de

Preise

E 11,50 €, K (5–13 J) 7,80 €, K (3–4) 4,50 €, K unter 3 J frei. Familienticket (2 E & 3 K) 33,50 €. Minifamilienticket (1 E & 2 K) 22 €

Anfahrt

Vom Hbf. Potsdam mit der Straßenbahn 96 (Ri. Bornstedter Feld, Viereckremise) bis Volkspark. Alternativ mit der Straßenbahn 92 (Ri. Bornstedt, Kirschallee) bis Campus Fachhochschule, von dort etwa 400 m Fußweg entlang der nach rechts abbiegenden Schienen.

Für einen Kurztrip in die Tropen reicht in Brandenburg ein VBB-Ticket. Die Biosphäre Potsdam versammelt auf gut 7.000 m² einen Urwald aus Orchideen, Palmen und tausenden anderen exotischen Pflanzen. Bei einer Temperatur von 23 bis 28 Grad Celsius fühlen sich dort auch Insekten, Schildkröten und die (zum Teil frei fliegenden) Vögel wohl. Die Besucher werden auf einem kleinen Pfad durch die Halle geleitet, vorbei an Sümpfen, Seen und einem Wasserfall. Überall gibt es kleine Mitmachstationen, an denen man etwas beobachten oder ausprobieren kann. Das letzte Stück des Weges legt man auf Hängebrücken zwischen den Wipfeln der bis zu 14 Meter hohen Bäume zurück. In einem Mini-U-Boot gibt es ein kleines Aquarium zu besichtigen. Das Highlight ist aber wohl der 60 m² große, »Schmetterlingshaus« genannte Raum, in dem man frei fliegende tropische Schmetterlinge aus nächster Nähe beobachten kann. Mit kindgerechten Infotafeln, Filmpräsentationen und »Actionelementen« wie einem Geysir und einem regelmäßig niedergehenden künstlichen Gewitter ist die Biosphäre in jedem Fall ein attraktives Ziel für Familien, auch wenn die Eintrittspreise es in sich haben.

Naturkundemuseum Potsdam (P) 2

Adresse und Öffnungszeiten
Naturkundemuseum Potsdam, Breite Str. 13, 14467 Potsdam
Ganzjährig Di–So 9–17 Uhr
Infos unter 0331 / 289 67 07 oder www.potsdam.de/naturkundemuseum

Preise
E 4 €, K (13–18) 2 €, K (6–12 J) 1 €, K unter 6 J frei.
Jeden 1. Mo im Monat E nur 2 €

Anfahrt
Vom Hbf. Potsdam mit der Tram 92, 94 oder 96 bis Haltestelle Alter Markt, von dort ca. 10 min. Fußweg über die Breite Straße. Alternativ mit dem Bus 606 (Ri. Alt-Golm) bis Haltestelle Naturkundemuseum.

In einem schönen klassizistischen Bau mitten in Potsdams Innenstadt residiert das Naturkundemuseum. Im Gegensatz zu anderen Museen dieser Art geht es hier nicht um Tiere und Pflanzen aus aller Welt, sondern ausschließlich um die heimische Natur Brandenburgs. Das ist aber kein Manko, sondern macht die Ausstellung besonders anschaulich und lebensnah. Im Keller schwimmen in über 20 Aquariumsbecken zahlreiche Fische aus brandenburgischen Gewässern, darunter auch beeindruckend große Welse. Im Erdgeschoss sieht man ausgestopfte »Tiere im Garten« und erfährt zugleich Nützliches darüber, wie man die eigenen Grünflächen daheim (falls man denn welche hat) tierfreundlich gestalten kann. Im ersten Stock geht es um bedrohte Wildtiere – auch um solche, die hierzulande bereits ausgestorben oder »abgewandert« sind, wie Elche und Wölfe –, im zweiten Stock findet man dagegen unter dem Motto »In der Spur des Menschen« eine Ausstellung zu freiwillig oder unfreiwillig »eingewanderten« Tieren. – Mit den Rätsel- und Quiz-Vorlagen, die man auf der Internetseite des Museums herunterladen kann (ganz unten unter »Veranstaltungen, Führungen und weitere Angebote«), macht der Museumsbesuch Kindern noch mehr Spaß.

NaturParkHaus Stechlin (OHV) 3

Der Stechlin hat es nicht nur zu literarischer Berühmtheit gebracht, sondern ist heute noch als Norddeutschlands größter Klarwassersee mit einer durchschnittlichen Sichttiefe von 10 m eine echte Sehenswürdigkeit. Der See ist zugleich Mittelpunkt des Naturparks Stechlin-Ruppiner Land, dessen Besucherinformationszentrum sich etwa 7 km südlich im NaturParkHaus in Menz befindet. Die liebevoll gestaltete Ausstellung bietet für Kinder allerhand Anfass-, Hör- und Riech-Elemente: Vom Stamm-Schrank, in dem

Adresse und Öffnungszeiten
NaturParkHaus Stechlin, Kirchstr. 4, 16775 Stechlin OT Menz
Mai–Sep täglich 10–18 Uhr, Okt–Apr täglich 10–16 Uhr
Infos unter 033082 / 512 10 oder www.naturparkhaus.de

Preise
E 4 €, K (–12 J) 2 €, K unter 6 J frei. Familienkarte 8 €

Anfahrt
Vom Bhf. Fürstenberg/Havel (RE 5) mit dem Bus 839 bis Menz, Friedensplatz. Von dort etwa 100 m Fußweg.

man verschiedene Holzarten kennenlernt, über ein Baumtelefon und eine Waldschatztruhe bis hin zu einem Sprachkurs in Moorfröschisch. Im NaturParkHaus kann man auch einen Rucksack mit Fernglas, Lupe und Informationsmaterial für den gleich vor der Tür beginnenden Wald- und Wassererlebnispfad ausleihen. Die Strecke führt einmal rund um den Roofensee (ca. 6 km), an dem es auch schöne Badestellen gibt. Wer lieber den sagenumwobenen Stechlinsee kennenlernen möchte, fährt weiter zum Stechlinsee-Center in Neuglobsow (*Stechlinseestr. 17, ca. 15 min mit dem Bus 836 oder 839, am Wochenende nur als Rufbus, Anmeldung 90 min vor Abfahrt unter 03306 / 23 07*).

Naturparkzentrum Hoher Fläming (TF) ④

Adresse und Öffnungszeiten

Naturparkzentrum Hoher Fläming, Brennereiweg 45, 14823 Rabenstein OT Raben

Ganzjährig täglich 9–17 Uhr

Infos unter 033848 / 600 04 oder www.flaeming.net

Preise

E 2,50 €, K (bis 14 J) 1,50 €, K unter 3 J frei. Familienkarte (2 E & 5 K) 6 €

Anfahrt

Ab Bhf. Bad Belzig mit dem Bus 592 (Ri. Klepzig) bis Raben. Von dort ca. 200 m Fußweg.

Der Ort Raben liegen inmitten der Naturschutzgebiete Planetal und Rabenstein. Über die Geschichte, die Landschaft sowie die Tier- und Pflanzenwelt der Umgebung informiert die Erlebnisausstellung im Naturparkzentrum Hoher Fläming. Das Versprechen »Erlebnis« wird hier durch viele liebevoll gestaltete interaktive Elemente eingelöst: An einem großen Rad dreht man zum Beispiel einen Panoramabildschirm, der dann jeweils andere Ansichten aus dem Naturpark zeigt, es gibt zahlreiche Hörstationen (vom Vogel-Telefon bis zum Bauern, der eine Räubergeschichte erzählt), man kann Bodenproben ertasten, schwere Steine hochheben, Quellen zum Sprudeln bringen oder versuchen beim Spähen durch ein Astloch Tiere zu erraten. Im Raum »Naturpark bei Nacht« sucht man mit Hilfe einer Taschenlampe die im Dunkeln versteckten Tiere. – Draußen lockt zudem ein Abenteuerspielplatz. Auch die 2 km lange Wanderung hoch zur Burg Rabenstein lohnt sich auf jeden Fall. Wer nicht gern läuft, kann im Naturparkzentrum alternativ für 5 € pro Tag Fahrräder ausleihen (auch Kinderfahrräder und sogar Damenfahrräder mit Kindersitz, Reservierung telefonisch oder im Internet).

Expedition auf der Nautilust (OSL)

5

Adresse und Öffnungszeiten

NAUTILUST, Projektbüro Lübbenaubrücke, Güterbahnhofstraße 57, 03222 Lübbenau/Spreewald

Termine nach Absprache

Infos unter 03542 / 40 36 92 oder www.nautilust.net

Preise

Forschertour (2 Std., max. 8 P) 180 €. Krabat-Familienprogramm (2 Std., max. 14 P) 180 €.

Anfahrt

Vom Bhf. Lübbenau (RE 2) ca. 1 km Fußweg bis zur Anlegestelle: Immer geradeaus über die Poststr. bis in die Altstadt, dann links in die Ehm-Welk-Str., bei nächster Möglichkeit rechts zwischen den Häusern hindurch auf die Schulstr., dort weiter bis zum Haus für Mensch und Natur.

Die einzigartige Flusslandschaft des Spreewalds mit ihrem oft zugewucherten Labyrinth an Fließen ist wie geschaffen für naturkundliche Expeditionen. Eigens dafür wurde im Jahr 2006 der »Forscher- und Entdeckerkahn Nautilust« auf große Fahrt geschickt: An Bord gibt es 8 Sitzplätzen mit je einem Tisch, auf den ein Mikroskop montiert ist, sowie weitere Ausrüstungsgegenstände wie Kescher, Küchensiebe, Eimer, Lupenbecher und Pinzetten, mit denen man während der Fahrt Schnecken, Muscheln, Wasserflöhe, Libellen und anderes Getier erst fängt und dann untersucht. Anleitung und Erklärungen gibt es dabei von der mitfahrenden Expeditionsleiterin, der Biologin Gisela Hovestadt. Die angebotenen Touren dauern meist 2–2,5 Stunden und haben verschiedene Schwerpunkte; beim Programm »Krabat« zum Beispiel gehört auch ein längerer Landgang dazu, bei dem gemalt und gespielt wird. Angesichts des hohen Preises lohnt es sich, die 8 Forscherplätze der Nautilust auch auszunutzen: Zum Beispiel beim nächsten Kindergeburtstag oder gemeinsam mit einer befreundeten Familie.

Familiengarten Eberswalde (BAR) 6

Adresse und Öffnungszeiten

Familiengarten Eberswalde, Am Alten Walzwerk 1, 16227 Eberswalde

Apr–Okt täglich 10–18 Uhr

Infos unter 03334 / 38 49 10 oder www.familiengarten-eberswalde.de

Preise

Eintritt: E 3 €, K (4–16 J) 1,50 €, K bis 3 J frei

Boccia-Set bzw, Disc-Golf-Scheiben: 3 €/Tag + je 20 € Kaution

Anfahrt

Vom Hbf. Eberswalde (RE 3) mit dem Bus 861 (Ri. Finow) oder Bus 917 (Ri. Eichhorst) bis Finow, Eisenspalterei. Von dort ca. 100 m Fußweg über die Lichterfelder Str.

Der Familiengarten Eberswalde ist ein Überbleibsel der Landesgartenschau 2002. Auf dem 17 ha großen Gelände am Südufer des Finowkanals wurden die Überreste eines alten Industriegeländes in eine weitläufige Parklandschaft integriert. So kann man heute in unterirdischen Kanälen Tretboot fahren, einen über 30 m hohen Montagekran beklettern oder von einer 8 m hohen Kranbahn aus zwei Riesenröhrenrutschen hinuntersausen (ab 8 bzw. 12 Jahren). Daneben gibt es noch einen Tretautoparcours, eine Märchenspielwelt mit fantasievollen Spiel- und Klettergeräten aus Holz, einen Waldspielplatz, eine Mini-Landschaft mit Modelleisenbahn, eine Disc-Golf-Anlage und eine Boccia-Bahn. Bei hochsommerlichen Temperaturen sorgt ein großer Platz mit unterschiedlich hoch spritzenden Wasserfontänen für Abkühlung bei den Kindern. Direkt am Ufer des Finowkanals residiert im alten Schleusenwärterhäuschen eine Gaststätte mit Terrasse; man darf aber in den Familiengarten eigenen Proviant mitbringen. Für die Kleinen können am Eingang Bollerwagen ausgeliehen werden.

Findlingspark Henzendorf (LOS) 7

Adresse und Öffnungszeiten

Landschaftspflegeverband »Naturpark Schlaubetal – Gubener Neiße« e.V., Heidehof 1, 15898 Neuzelle OT Henzendorf

Infos unter 033656 / 301 11 oder www.naturpark-schlaubetal.de/naturpark

Preise

Eintritt frei.

Anfahrt

Vom Bhf. Neuzelle mit dem Bus 441 (Ri. Steinsdorf) bis Neuzelle, Schule, von dort mit dem Bus (Ri. Möbiskruge) bis Henzendorf. Am südlichen Ortsausgang (Heidelandstraße, L 452) ist der Weg zum Findlingspark ausgeschildert (»Weg der Steine«).

Kinder lieben Steine. Die kleineren kann man sammeln oder ins Wasser werfen, auf den großen kann man herumklettern. In der steinreichen Landschaft des Schlaubetals hat der 2004 verstorbene Berliner Ulrich Thiel auf einem 4 ha großen Feld ein Paradies für Steinliebhaber geschaffen: Er ließ hier hunderte von Findlingen aus der Umgebung zusammentragen und durch Künstler mit hethitischen, keltischen und germanischen Motiven bemalen und behauen. So gibt es für Kinder wie Erwachsene genug Anlass sich über das weitläufige Gelände zu bewegen und über die Bedeutung der dargestellten Gottheiten, Krieger, Einhörner, Drachen, Schlangen oder auch der kryptischen Runenschrift zu rätseln. Auskunft gibt eine Schautafel am Eingang sowie das Faltblatt, das man z. B. in der Naturschutzstation Wirchensee (*An der Schlaube 1, 15898 Neuzelle, Mo–Fr 9.30–16 Uhr*) erhält. Neben den künstlerisch bearbeiteten Steinen wurde inzwischen aus weiteren Findlingen ein geologischer Lehrpfad eingerichtet, der allerhand über die Erdgeschichte vermittelt. Bei schönem Wetter kann man eine ganze Weile entspannt im Findlingspark zubringen – zumal, wenn man eine Picknickdecke und Proviant dabei hat.

Kleiner Spreewaldpark in Schöneiche (LOS) ❽

Adresse und Öffnungszeiten

Kleiner-Spreewald-Park, Berliner Straße 2, 15566 Schöneiche

Öffnungszeiten Apr–Sep täglich 8–20 Uhr, Okt–Mrz täglich 8–18 Uhr

Infos unter 030 / 64 90 37 65 oder www.gruenewabe.de

Preise

Eintritt frei

Anfahrt

Vom Bhf. Erkner (RE 1) mit dem Bus 161 (Ri. Schöneiche) bis Schöneiche, Miethkestr. Von dort ca. 300 m Fußweg zurück über die Brandenburgische Str.

Insbesondere für Berliner, denen der Weg in den Spreewald zu weit ist, bietet sich als Ersatz der Kleine Spreewaldpark in Schöneiche an. Das 45 ha große Gelände ist durchzogen von etwa 700 Metern Kanälen und Fließen sowie einem fast 2 km langen Wegenetz. Die Idee dazu hatte in den 1920er Jahren ein findiger Gastwirt, der seine Gäste mit »Original«-Spreewaldkahnfahrten ohne langen Anfahrtsweg lockte. Das Lokal gibt es schon lange nicht mehr, das Gelände wird von einem Umweltverein betrieben, aber auf Nachfrage fährt inzwischen auch wieder ein Spreewaldkahn (*Ostern bis Ende Oktober, Reservierung unter 030 / 64 90 37 65*). Aber auch eine Erkundung des Parks auf dem Landweg ist reizvoll. Schmale Stege und Wege führen durch das teils waldige, teils sumpfige Gelände. Mit Kindern besonders attraktiv ist der Bereich am Eingang in der Berliner Straße: Dort findet man einen Naturspielplatz und den »Dinomaurier«, einen gemauerten, von Kindern fantasievoll mit Keramikreliefs verzierten Riesendrachen.

Märkisches Haus des Waldes (LDS)

9

Adresse und Öffnungszeiten

Märkisches Haus des Waldes, Frauenseestraße 18, 15754 Heidesee OT Gräbendorf
Mo–Do 7–16 Uhr, Fr 7–13 Uhr, an Familienwaldtagen Sa ca. 15–18 Uhr, sonst nach Vereinbarung.
Infos und Buchung unter 033763 / 644 44 oder www.haus-des-waldes.info

Preise

Eintritt zu Infoscheune, Waldlehrgarten und Waldlehrpfad frei. Führungen/Wanderungen (je ca. 1,5 Std.): Mo–Fr 2 € p. P. (bei weniger als 10 P pauschal 15 €), Sa & So 30 €/Std. Familienwaldtage: Spenden erbeten

Anfahrt

Vom Bhf. Königs Wusterhausen mit dem Bus 724 (Ri. Streganz) bis Gräbendorf, Frauenseestraße. Das Haus des Waldes ist ausgeschildert.

Das Märkische Haus des Waldes wird von der brandenburgischen Forstverwaltung betrieben und soll auf anschauliche und lebendige Weise Wissen über die Pflanzen und Tiere des Waldes vermitteln. Dazu dienen unter anderem ein Waldlehrgarten mit verschiedenen Erlebnisparcours für Jung und Alt und ein 2 km langer Waldlehrpfad. Letzterer ist auch außerhalb der Öffnungszeiten ganzjährig zugänglich. Viele Erlebnisangebote im Haus des Waldes finden unter der Woche statt und richten sich vor allem an Schulklassen, aber eine Führung durch den Waldlehrgarten oder eine Waldwanderung mit dem Förster können von jedermann gebucht werden. Speziell für Familien findet an ein bis zwei Samstagen im Monat ein ca. 3-stündiger Familienwaldtag statt: Die Themen reichen dabei vom Bau von Nistkästen oder Futterhäuschen bis hin zu Pilznachmittagen oder Märchenwaldwanderungen, bei denen eine »Märchenfee« an den Rastplätzen Märchen erzählt. Zum Abschluss gibt es, zumindest in der kalten Jahreszeit, stets ein Lagerfeuer. Termine und Themen werden rechtzeitig im Internet veröffentlicht.

NABU-Zentrum Blumberger Mühle (UM) ⑩

Adresse und Öffnungszeiten

Blumberger Mühle 2, 16278 Angermünde. Apr–Okt täglich 9–18 Uhr, Nov–Mrz Sa & So 10–16 Uhr
Infos unter 03331 / 260 40 oder www.blumberger-muehle.de

Preise

Eintritt frei. Führungen: E 3,50 €, K (6–16 J) 2,50 €

Anfahrt

Vom Bhf. Angermünde (RE 3) mit dem »Biberbus« (verkehrt nur von Apr–Okt) zur Blumberger Mühle.

Am Rand des UNESCO-Biosphärenreservats Schorfheide betreibt der Naturschutzbund Deutschland (NABU) ein Informationszentrum mit einer weitläufigen Naturerlebnislandschaft. In den überschaubaren Räumlichkeiten wird dem Besucher grundlegendes Wissen über Flora & Fauna nahe gebracht; das Außengelände lockt u. a. mit einem großen Spielplatz, Aussichtstürmen, von denen aus man Vögel im angrenzenden Wasservogelreservat beobachten kann, einem kleinen Irrgarten, einem kniffligen Fragepfad, einem begehbares Schaugehege mit seltenen Sumpfschildkröten und einem schwankenden Pfad übers Moor. Täglich um 14 Uhr gibt es eine 1-stündige Führung über das Gelände. Von April bis Oktober (außer im August) wird zudem an jedem 1. Sonntag im Monat ein Familientag angeboten (ca. 11–13 Uhr), bei dem Eltern und Kinder unter wechselndem Motto die Natur erkunden können.

Naturerlebnis Uckermark (UM) 11

Adresse und Öffnungszeiten

Naturerlebnis Uckermark, Am Scharfrichtersee 2a, 17291 Prenzlau

Ostern–Okt Mo–Fr 8–18 Uhr, Sa, So & feiertags 10–18 Uhr, Nov–Ostern Mo–Fr 8–15.45 Uhr (letzter Einlass jeweils1 Std. vor Schließung)

Infos unter 03984 / 80 60 00 oder www.naturerlebnis-uckermark.de

Preise

Eintritt: E 2,50 €, K (ab 3 J) 1,50 €

Anfahrt

Vom Bhf. Prenzlau (RE 3) mit dem Bus 403 (Ri. Schwedt) oder Bus 438 (Rufbus, nur nach telefonischer Voranmeldung unter 03332 / 44 27 55, mindestens 60 Min vor Fahrtbeginn, Mo–Fr 8–18 Uhr, Sa, So & feiertags 8–13 Uhr) bis Prenzlau, Einkaufszentrum. Von dort ca. 1,4 km Fußweg: Entgegen der Fahrtrichtung entlang der Schwedter Str. (B 198), hinter den Bahngleisen links in die Straße Am Scharfrichtersee.

Das Naturerlebnis Uckermark ist eine Mischung aus Naturerlebnispark und Umweltbildungszentrum. Auf dem 12,5 ha großen Gelände am Prenzlauer Scharfrichtersee findet man weitläufige Tiergehege, in denen unter anderem Esel, Schweine, Ziegen und Lamas leben, sowie verschiedene Themengärten, in denen man die heimische Pflanzenwelt kennenlernen kann. Dazu gehören zum Beispiel die Aromagärten, der Wildpflanzenparcours und die Streuobstwiesen. Von einer großen Aussichtsplattform aus lässt sich das ganze Gelände gut überblicken. Für Kinder besonders attraktiv sind die Natur- und Abenteuerspielplätze und das

Streichelgehege. Ergänzt wird das Angebot durch Ausstellungen und Informationen zum Thema Klimawandel. Das Gartencafé verfügt über viele Sitzplätze im Freien und bietet neben Kaffee und Kuchen aus dem Holzbackofen auch kleine Snacks an.

Sielmanns Naturlandschaft Wanninchen (LDS) ⑫

Adresse und Öffnungszeiten

Heinz Sielmann Naturparkzentrum Wanninchen, Wanninchen 1, 15926 Luckau OT Görlsdorf

Apr–Okt Di–So 10–17 Uhr, Nov–Mrz Di–Fr 10–15 Uhr

Infos unter 03544 / 55 77 55 oder www.wanninchen-online.de

Preise

Eintritt frei

Anfahrt

Vom Hbf. Lübben (RE 2) mit dem Bus 472 (Ri. Luckau) bis Luckau, Busbahnhof. Von dort mit dem Bus 474 bis Görlsdorf, Schule. Von dort ca. 1 km Fußweg entlang der Wanninchener Str. (K 6129). Am Wochenende kein Busverkehr.

Die Stiftung des 2006 gestorbenen Tierfilmers Heinz Sielmann hat in der Niederlausitz über 3.000 ha ehemalige Tagebauflächen als Naturschutzgebiet gesichert. Inzwischen haben sich dort zahlreiche neue Pflanzen und Tiere angesiedelt, und auch Kraniche und Gänse rasten hier gern auf ihren Wanderungen. Im einstigen Ort Wanninchen, direkt am Schlabendorfer See, befindet sich das zentrale Naturparkzentrum, dessen »Naturerlebnisbereich« für Besucher u. a. einen Spielplatz, ein Steinlabyrinth, einen Moorpfad, einen Bienenlehrpfad, eine Schafkoppel, ein Reptilien- und ein Tiergehege bereit hält. An einem Sonntag im Monat wird unter dem Motto »Tierisch was los in Wanninchen« ein Programm mit Tierfütterung und Ponyreiten angeboten (4 € p. P., Termine im Internet).

Man kann das weitläufige Gelände mit Hilfe eines GPS-Geräts erkunden, das zugleich als audiovisueller Guide funktioniert. Vom Aussichtsturm aus bietet sich ein toller Blick auf die steppenartige Uferlandschaft des Sees mit ihren bizarren Dünenformationen. An Wochenenden und Feiertagen hat auch das Café »Kranichstube« geöffnet, dessen Spezialität frische Buchweizen-Waffeln sind.

Für Ritter und Prinzessinnen

Bischofsresidenz Burg Ziesar (PM) 1

Adresse und Öffnungszeiten

Bischofsresidenz Burg Ziesar, Mühlentor 15A, 14793 Ziesar

Burgmuseum und Bergfried: Mai–Sep Di–So 10–18 Uhr, Okt–Apr Di–So 10–16 Uhr. Heimatmuseum: jeden 1. So im Monat 10–17 Uhr

Infos unter 033830 / 127 35 bzw. www.burg-ziesar.de

Preise

Burgmuseum: E 5 €, K (10–17 J) 2 €, Familienkarte (2 E & 2 K) 12 €

Bergfried E 1 €, K (ab 6 J) 0,50 €. Heimatmuseum: E 1 €, K frei

Anfahrt

Vom Bhf. Wusterwitz mit dem Bus 560 (Ri. Ziesar) bis Ziesar, Breiter Weg. Oder vom Hbf Brandenburg mit dem Bus 559 (Ri. Görzke) bis Grüningen und von dort mit dem Bus 562 (Ri. Ziesar) bis Ziesar, Breiter Weg. Von dort zu Fuß ca. 500 m über die Schloßstr. bis zur Burg.

Ganz am Rand des heutigen Lands Brandenburg, fast schon in Sachsen-Anhalt, liegt ein Kleinod brandenburgischer Burgenarchitektur. Der sperrige Name verrät schon, dass es sich dabei nicht um eine klassische »Ritterburg« handelt, sondern um den Wohnsitz der einstigen Bischöfe von Havelberg. Auch die brauchten den Schutz dicker Mauern und Türme – warum, das erklärt die Ausstellung im Burgmuseum. Darin geht es sowohl um die Geschichte der Burg, als auch um den Siegeszug des Christentums im mittelalterlichen Brandenburg. Das moderne Design der Ausstellung ist nicht besonders kinderaffin, aber immerhin gibt es einen alten Gefängniskeller und einen echten Totenschädel zu bestaunen. Wer Kinder mit Museums-Allergie hat, beschränkt sich besser auf einen Rundgang über den gut erhaltenen Burghof, einen (kostenlosen) Blick in die Burgkapelle mit ihren einzigartigen Wandgemälden und das Erklimmen des 35 m hohen Bergfrieds, auf dessen Spitze im Sommer regelmäßig ein Storchenpaar nistet. – Besonders lohnend ist ein Besuch in Ziesar zum Burgfest im Juni oder dem Mittelalterwochenende im September.

Burg Beeskow (LOS) 2

Adresse und Öffnungszeiten
Burg Beeskow, Frankfurter Straße 23, 15848 Beeskow
Apr–Sep Di–So 9–19 Uhr, Okt–Mrz Di–So 11–17 Uhr
Infos unter 03366 / 35 27 10 oder www.burg-beeskow.de

Preise
E 5 €, Familienkarte 9 €

Anfahrt
Vom Bhf. Beeskow (OE 36) ca. 1,2 km Fußweg: Am Bahnhof rechts, dann links in die Bahnhofstr., am Kreisverkehr links in die Ringstr., am nächsten Kreisverkehr links in die Frankfurter Str.

Die Burg Beeskow gehört zu den gut erhaltenen Burgen in Brandenburg und beeindruckt vor allem durch ihren quadratischen Bergfried, der immerhin 30 m hoch über die Stadt ragt. Die Gebäude, die man heute noch sieht, sind alle im Spätmittelalter oder danach entstanden. Das kleine Regionalmuseum im Salzhaus zeigt ein paar auch für Kinder durchaus interessante Dinge wie Fahrräder aus dem 19. Jahrhundert; wirklich spannend ist allerdings vor allem der »Folterkeller«, in dem man fantasievolle Folter- und Hinrichtungsgeräte anschauen kann. Wenn man nicht gerade zum österlichen Mittelalterfest kommt, dauert eine Burgbesichtigung nicht wirklich lang. Dafür ist der Ort Beeskow mit seiner gut erhaltenen Stadtmauer und weiteren Türmen durchaus wert erkundet zu werden. Möglich ist auch ein Abstecher zur Schäferei-Erlebniswelt (↑S. 162) oder in die Flussbadeanstalt im Spreepark Beeskow (↑S. 97), wo es auch einen Minigolfplatz gibt.

Burg Rabenstein (TF) ③

Adresse und Öffnungszeiten

Burg Rabenstein, Zur Burg 49, 14823 Rabenstein/Fläming
Restaurant: So–Do 11–20 Uhr, Fr & Sa 11–22 Uhr
Falknerei-Vorführungen: Mrz–Mitte Okt Di–So 14.30 Uhr, Backhaus: täglich 9–16 Uhr
Infos unter 033848 / 602 21 bzw. www.burgrabenstein.de

Preise

Burgführung (45–60 min) 3,50 € p. P., Turmbesichtigung E 1,50 €, K 0,50 €
Flugvorführung in der Falknerei E 5 €, K (3–13 J) 3 €

Anfahrt

Vom Bhf. Bad Belzig (RE 7) mit dem Bus 592 (Ri. Klepzig) bis Raben. Von dort zu Fuß über den ausgeschilderten Weg zur Burg.

Im burgenarmen Land Brandenburg ist Burg Rabenstein ein richtiges Highlight – nicht nur wegen ihres guten Erhaltungszustands, sondern auch aufgrund ihrer Lage. Wie eine »richtige« Raubritterburg thront sie auf einer Erhöhung, die hierzulande schon als Berg durchgeht: dem 153 m hohen Steilen Hagen. Die Burg wird heute als (Jugend-)Herberge bewirtschaftet. Rittersaal, Kapelle und Folterkammer können im Rahmen einer Führung besichtigt werden, und auch den 30 m hohen Bergfried kann man besteigen. In der Falknerei der Burg leben neben verschiedenen Greifvogelarten auch einige niedliche Frettchen; von Dienstag bis Sonntag gibt es eine nachmittägliche Flugschau. Nach der Besichtigung kann man entweder im Burgrestaurant einkehren oder sich im etwa 100 m vor dem Burgeingang gelegenen Backhaus Rabenstein bei Kaffee und Kuchen stärken. – Es lohnt sich übrigens, die Burg zu Fuß vom Städtchen Raben aus zu »erobern«; der ausgeschilderte Weg führt vorbei am Naturparkzentrum Hoher Fläming (↑S. 169) und einem kleinen Abenteuerspielplatz.

Slawenburg Raddusch (OSL) 4

Adresse und Öffnungszeiten

Slawenburg Raddusch, Zur Slawenburg 1, 03226 Vetschau OT Raddusch
Apr–Okt täglich 10–18 Uhr, Nov–Mrz 10–16 Uhr, letzter Einlass 30 min vor Schließung
Infos unter 035433 / 555 22 bzw. www.slawenburg-raddusch.de

Preise

E 6 € (mit Familienführung 7 €), K (6–16 J) 3,50 € (mit Familienführung 4 €)
Familienkarte (2 E & 3 K) 15 €, kleine Familienkarte (1 E & 2 K) 10 €

Anfahrt

Vom Bhf. Raddusch ca. 2 km Fußweg: Über die Bahnhofstr. ortsauswärts, unter der Autobahn hindurch, dann nach links am Kahnsdorfer See vorbei zur Slawenburg. – Alternativ vom Bhf. Lübbenau (RE 2) mit dem RUFBus 607 (Ri. Vetschau) bis Raddusch, Slawenburg. Anmeldung erforderlich unter 03531 / 65 00 10 (Mo–Fr 6–16 Uhr, Sa 8–13 Uhr – 2 Std. vor Fahrtbeginn, für So & Feiertage bereits einen Tag im Voraus).

An authentischer Stelle wurde in Raddusch eine typische slawische Ringwall-Burg rekonstruiert: Der imposante Holzwall ist 7 m hoch und hat einen Durchmesser von innen 38 m und außen 58 m. Im Inneren des Walls befindet sich heute eine Ausstellung zur Archäologie in der Niederlausitz, die nicht nur Fundstücke aus vorchristlicher und mittelalterlicher Zeit präsentiert, sondern auch Fakten zum Braunkohletagebau vermittelt, der die Spuren der Vergangenheit überhaupt erst zu Tage gebracht hat. Der Burgladen verkauft neben Büchern und Spielzeugrittern auch Repliken von mittelalterlichen Ton- und Holzgefäßen. Auf dem Außengelände, in einiger Entfernung zur Burg, gibt es einen großen Themenspielplatz. – In den Ferien findet übrigens jeweils mittwochs und freitags um 13 Uhr eine 1-stündige Familienführung zu wechselnden Themen statt (geeignet für Kinder ab 6 Jahren) sowie donnerstags ab 10 Uhr eine 3-stündige »Familienferienzeit« mit Aktionen wie »Kleiden wie die Germanen« (ab 10 Jahren) oder »Spielen wie im Mittelalter« (ab 6 Jahren). Für die Familienferienzeiten ist eine Anmeldung erforderlich.

Slawendorf Brandenburg an der Havel (BRB) ⑤

Adresse und Öffnungszeiten

Slawendorf Brandenburg an der Havel, Neuendorfer Str. 89, 14770 Brandenburg an der Havel

Mai–Okt Do–So 13–17 Uhr, Einlass und Führungen zu jeder vollen Stunde

Infos unter 03381 / 20 87 40 23 oder www.slavendorf-brandenburg.info

Preise

E 3 €, K 2 €

Anfahrt

Vom Hbf. Brandenburg mit der Tram 6 (Ri. Hohenstücken Nord) bis Nicolaiplatz. Von dort Nicolaiplatz und Neuendorfer Straße überqueren und über den Parkplatz der Stadtverwaltung Richtung Niederhavel gehen. Der Eingang zum Slawendorf ist ausgeschildert.

Mitten in der Stadt Brandenburg ist auf einem 11.000 m^2 großen Grundstück die Zeit stehen geblieben: In originalgetreuen Nachbauten wird hier ein slawisches Dorf aus der Zeit um das Jahr 1000 präsentiert, »bewohnt« von authentisch gekleideten Bauern und Handwerkern, die den Umgang mit mittelalterlichen Werkzeugen, Ackergeräten und Tongefäßen demonstrieren. So bekommt man einen buchstäblich lebendigen Eindruck davon, wie sich damals Leben und Arbeiten von Bäckern, Töpfern, Webern und Zimmerleuten früher gestaltete. An ausgewählten Samstagen kann man zudem mit den originalgetreu rekonstruierten Slawenschiffen Dragomira und Triglav in See stechen. Die Boote können auch gechartert werden. Gute Gelegenheit für einen Familienausflug bieten das Slawische Erntefest Ende September und der weihnachtliche Handwerkermarkt Anfang Dezember. Gruppen ab 15 Personen können übrigens auch im Slawendorf übernachten und dort selbst für ein paar Tage das mittelalterliche Leben ausprobieren.

Mit dem Drachen durchs Marmorpalais (P) 6

Adresse und Öffnungszeiten

Park Sanssouci, Am Neuen Palais, 14469 Potsdam (Treffpunkt Besucherzentrum an der Historischen Mühle)

Familienführung jeden 1. und 3. So im Monat, jeweils um 13.30 Uhr. Telefonische Anmeldung erforderlich (jeweils ab 4 Wochen vor dem Termin)

Infos unter 0331 / 969 42 00 bzw. www.spsg.de. Eigene Internetseite für Kinder: www.schloesser-gaerten.de

Preise

E 8 €, K 6 €. Familienkarte (2 E & 3 K) 15 €

Anfahrt

Vom Hbf. Potsdam (Re 1) mit dem Bus 695 (Ri. Neues Palais) bis Schloss Sanssouci. Von dort ca. 700 m Fußweg.

Weil eine Schlossbesichtigung mit langen Vorträgen über Kunst und Geschichte auf Kinder meist sehr ermüdend wirkt, hat die Stiftung Preußische Schlösser und Gärten einige Führungen speziell für Familien konzipiert. Eine davon ist die Reise mit dem Schlossdrachen Johann Ludwig von Fauch durch das Marmorpalais im Park Sanssouci. Bis zur großen Friederisiko-Ausstellung im Jahr 2012 lebte er im Neuen Palais, inzwischen hat er sich aber an sein Ausweichquartier so sehr gewöhnt, dass er vorerst weiter dort residiert. Die flauschige Handpuppe entfaltet in den Augen der großen und kleinen Zuhörer schnell ein Eigenleben, wenn sie spannende Details aus dem Leben der preußischen Könige und Königinnen berichtet oder die rauschenden Feste schildert, die in den prunkvollen Sälen einst stattgefunden haben. Die Stiftung empfiehlt diese Führung für Familien mit Kindern von 6 bis 12 Jahren, allerdings wird man wohl viele 12-Jährige nicht mehr unbedingt dafür begeistern können, sich von einem Stoffdrachen durch ein Schloss führen zu lassen. – Das Programm kann auch als Veranstaltung für Kindergeburtstage gebucht werden.

Schloss Boitzenburg (UM) 7

Adresse und Öffnungszeiten
Schloss Boitzenburg, Templiner Straße 13, 17268 Boitzenburg
Park täglich 9–18 Uhr, Streichelzoo täglich 9–12 & 14–18 Uhr
Schlossführungen Sa, So & feiertags 14 Uhr
Restaurant Mrz–Okt täglich 12–20 Uhr, sonst nur Sa & So. Mi Ruhetag
Infos unter 039889 / 509 30 oder www.schloss-boitzenburg.de

Preise
Eintritt frei, Schlossführung 3 € p. P.

Anfahrt
Vom Bhf. Prenzlau (RE 3) zum ZOB Prenzlau, von dort mit dem Bus 503 (Ri. Templin) bis Boitzenburg Amt, von dort ca. 2 min weiter in Fahrtrichtung über die Templiner Straße.

Schloss Boitzenburg gilt nicht ganz zu Unrecht als das brandenburgische Neuschwanstein. Das barocke Schloss der Grafen von Arnim wurde im 19. Jahrhundert im Stil der Neorenaissance umgebaut. Heute ist es eine Mischung aus Hotel und Jugendherberge mit einem großen, öffentlich zugänglichen Landschaftspark. Picknicken, Grillen und das Reiten auf den schlosseigenen Ponys ist nur Hotelgästen gestattet, aber die Benutzung der Wege und des großzügigen Spielplatzes sowie der Besuch des Streichelzoos mit Ziegen, Kaninchen und zwei Frettchen steht zu den Öffnungszeiten jedem frei. Wer mag, kann also auf der Terrasse des Schloss-Restaurants speisen, während die Kinder sich auf dem Gelände vergnügen. Täglich um 10 und um 14 Uhr öffnet der Kanuverleih im Bootshaus (4 Stunden 14 Euro, Anmeldung an der Schlossrezeption): Etwa 2 km sind es über den immer schmaler werdenden Küchensee bis zum Schumellensee, der auch über zwei Badestellen verfügt. – Alternativ (oder abschließend) empfiehlt sich ein Besuch der Schokoladen- und Eismanufaktur im Marstall gegenüber der Einfahrt zum Schloss. Dort gibt es auch Kuchen sowie Kaffeespezialitäten aus selbst gerösteten Bohnen.

Schloss Oranienburg (OHL) 8

Adresse und Öffnungszeiten

Schloss Oranienburg, Schlossplatz 1, 16515 Oranienburg

Schloss: Apr–Okt Di–So 10–18 Uhr, Nov–Mrz Di–Fr 10–16 Uhr, Sa, So & feiertags 10–17 Uhr

Park: Mai–Okt täglich 9–18 Uhr, Okt–Apr 10–16 Uhr

Familienführungen an wechselnden So im Monat, jeweils um 15 Uhr. Telefonische Anmeldung erforderlich (jeweils ab 4 Wochen vor dem Termin)

Infos und Termine unter 03301 / 53 74 37 bzw. www.spsg.de

Eigene Internetseite für Kinder: www.schloessergaerten.de

Preise

Schloss: E 6 €, K 5 €, Familienkarte (2 E & 3 K) 12 €

Park: E 2 €, K 1 €

Anfahrt

Vom Bhf. Oranienburg (S 1) ca. 1 km Fußweg: Geradeaus durch die Willy-Brandt-Str., dann rechts in die Lehnitzstr, links in die Bernauer Str., über die Havelbrücke bis zum Schloss.

Schloss Oranienburg galt in der Barockzeit als schönstes Schloss in ganz Preußen. Die Anlage war ursprünglich Landsitz von Louise Henriette, der Gemahlin des Großen Kurfürsten, die aus dem Hause Oranien stammte – der bis heute regierenden holländischen Königsfamilie (daher auch der Name »Oranien«-Burg). Im Schlossmuseum gibt es heute prächtige Porzellane, Gemälde, Möbel und Wandteppiche zu besichtigen. Um auch Kindern (ab 6 Jahren) etwas zu bieten, wurden spezielle Familienführungen entwickelt, die sich mit Themen beschäftigen wie: »Wie wurde man König?« oder »Ornament und Verzierung«.

Wenn die Kinder keine Lust auf eine Schlossbesichtigung haben oder danach noch etwas Bewegung brauchen, lohnt auch der weitläufige Schlosspark in Oranienburg einen Ausflug. Seit der Umgestaltung für die Landesgartenschau 2009 gibt es dort eine fantasievolle Spiellandschaft, deren Gerätschaften einem Gemälde des holländischen Malers Pieter Brueghel nachempfunden sind.

Schloss Königs Wusterhausen (LDS) 9

Das hübsche Renaissanceschlösschen in Königs Wusterhausen bekam Friedrich Wilhelm I., der Vater des Alten Fritz, als 10-Jähriger geschenkt. Die freundliche Atmosphäre passt nicht recht zu seinem Ruf als Soldatenkönig, genauso wenig wie die Tatsache, dass er selbst mit königlichem Pinsel über 40 Gemälde gemalt hat, die heute noch hier im Schloss betrachtet werden können. Weil das allein für viele Kinder noch nicht Argument genug ist für eine gemeinsame Schlossbesichtigung, gibt es verschiedene Spezialangebote für Familien: Einmal jährlich an einem Samstagnachmittag im Januar oder Februar heißt es »Wer wird Bohnenkönig?« (getrennte Führung für Eltern und Kinder mit anschließender Kakao- und Kuchentafel), im Herbst lautet das Motto: »Spukt es etwa im Schloss?« (abendliche Erlebnisführung für Familien mit Kindern ab 5 Jahren). In den Sommerferien wird immer freitags ab 11 Uhr eine Kinderferienaktion angeboten (Dauer ca. 1 ½ Stunden, Kosten 3 € pro Kind). Alle Angebote können auch (für Gruppen ab 10 Personen) als Event für Kindergeburtstage gebucht werden.

Adresse und Öffnungszeiten

Schloss Königs Wusterhausen, Schlossplatz 1, 15711 Königs Wusterhausen

Apr-Okt Di-So 10-18 Uhr, Nov-Mrz Di-Fr 10-16 Uhr, Sa, So & feiertags 10-17 Uhr

Infos und Termine unter 03375 / 21 17 00 oder www.spsg.de

Eigene Internetseite für Kinder: www.schloessergaerten.de

Preise (inkl. Eintritt)

Reguläre Führung: E 5 €, K 4 € (gilt auch für »Spukt es etwa im Schloss?«)

»Wer wird Bohnenkönig?«: E 8 €, K 6 €

Anfahrt

Vom Bhf. Königs Wusterhausen (RE 2) ca. 500 m Fußweg: Nach rechts über die Storkower Str., dann am Kreisverkehr links über die Gerichtsstr. bis zum Schlossplatz.

Schloss Rheinsberg (OPR) ⑩

Aus Erwachsenenperspektive gibt es gleich zwei gute Gründe für einen Ausflug zum Schloss Rheinsberg: Entweder man interessiert sich für den Alten Fritz, der hier seine Jugendjahre verbracht hat, oder für Kurt Tucholsky, zu dessen Ehren es im Schloss ein kleines Literaturmuseum gibt. Man kann aber getrost auch den Nachwuchs hierhin mitnehmen, denn als Gegenmittel gegen die übliche Langeweile in Filzpantoffeln gibt es im Schloss einen speziellen Audioguide für Kinder, in dem die frechen Engel Raffael und Angelino eine Führung der ganz eigenen Art machen. Alternativ werden zu wechselnden Terminen auch gesonderte Kinder- und Familienführungen durchs Schloss angeboten (für Kinder von 7–13 Jahren). In den Winterferien erfährt man zum Beispiel unter dem Motto »Kalte Füße, kalte Ohren, Könige haben auch gefroren« einiges darüber, wie die

Schlossbewohner es früher ohne Heizung in den großen Räumen und langen Fluren ausgehalten haben. Im Sommer wird die Führung »Frech wie Amor« angeboten; allerdings vor allem für Gruppen oder Schulklassen.

Adresse und Öffnungszeiten

Schloss Rheinsberg, Mühlenstraße 1, 16831 Rheinsberg

Apr–Okt Di–So 10–18 Uhr, Nov–Mrz 10–12.30 & 13–17 Uhr (Besichtigung im Winter nur mit Führung!)

Infos und Termine unter 033931 / 72 60 oder www.spsg.de. Eigene Internetseite für Kinder: www.schloessergaerten.de

Preise

Eintritt (inkl. Führung oder Audioguide) E 8 €, K 6 €, Familienkarte (2 € & 4 K) 15 €

Anfahrt

Vom Bhf. Neuruppin Rheinsberger Tor (RE 6) mit dem Bus 764 (Ri. Rheinsberg, Schloss) bis Schloss Rheinsberg.

Für Kulturbegeisterte

Filmpark Babelsberg (P) ①

Adresse und Öffnungszeiten

Filmpark Babelsberg, Großbeerenstraße, 14482 Potsdam-Babelsberg
Mitte Mrz–Okt täglich 10–18 Uhr, Apr & Sep Mo geschlossen
Infos unter 0331 / 721 27 50 oder www.filmpark-babelsberg.de

Preise

E 21 €, K (4–16 J) 14 €, Schüler 17,00 €, K bis 3 J frei. Ab 15 Uhr ermäßigter Eintritt
Familienkarte (2 E & 3 K) 60 €. Mo & Fr: Oma-Opa-Enkel-Ticket (2 E ab 65 J bzw. mit Rentenausweis & 2 K unter 14 J) 34 €

Anfahrt

Von Potsdam Hbf. oder S-Bhf. Babelsberg mit dem Bus 601 oder 690 (Ri. Teltow-Sigridshorst bzw. Potsdam, Johannes-Kepler-Platz) bis Haltestelle »Filmpark«.

Zu den bekanntesten und zugleich eher teuren Attraktionen in Brandenburg gehört der Potsdamer Filmpark Babelsberg. Damit sich der Eintrittspreis lohnt, sollte man möglichst viele der angebotenen Shows besuchen: Das Tierquiz (11.30 Uhr) mit vielen dressierten Filmtieren, die Fernsehshow (12.30 Uhr), in der man hinter die Kulissen eines Fernsehstudios blickt, die Stunt-Show im Vulkan (14.30 Uhr) mit Motorgeknatter, Feuer und Pyrotechnik sowie »Die drei Musketiere – Die Making-of-Show« (15.30 Uhr), in der Hintergrundwissen zum Dreh eines Action-Films vermittelt wird. Was die sonstigen Attraktionen angeht, darf man nicht zu viel erwarten: Kleinere Kinder freuen sich über einen großen Spielplatz mit vielen Klettermöglichkeiten und Rutschen oder können im Janosch-Themenpark »Panama« mit dem Boot umherfahren. Im »Traumwerker-Atelier« können Kinder sich schminken lassen – auf Wunsch auch mit Schnitt- oder Schusswunden. Wer Teenager bei Laune halten muss, der sollte vor allem das 4D-Kino, den U-Bootsimulator »Boomer«, den (kostenpflichtigen) Adventure Simulator oder den »Dome of Babelsberg«, eine Art interaktives 3D-Kino, ansteuern.

Schloss Meyenburg (PR) 2

Adresse und Öffnungszeiten

Schloss Meyenburg, Schloss 1, 16945 Meyenburg

Schlossmuseum: Ganzjährig Di–So nach telefonischer Anmeldung. Modemuseum: Ganzjährig Di–So 11–17 Uhr

Infos unter 033968 / 50 29 74 (Schlossmuseum) bzw. 033968 / 50 89 61 (Modemuseum) oder www.schloss-meyenburg.de bzw. www.modemuseum-schloss-meyenburg.de

Preise

Schlossmuseum: E 3 €, K (bis 16 J) 2 €. Modemuseum: E 7 €, K (6–14 J) 3 €

Anfahrt

Vom Bhf. Meyenburg (PE 74) ca. 800 m Fußweg: Die Bahnhofstr. geradeaus, dann links und dann gleich wieder rechts in die Marktstr. Gleich hinter der Kirche liegt rechts das Schloss.

In Meyenburg ließen sich Ende des 19. Jahrhunderts die Herren von Rohr ein prächtiges Schloss im Stil der Neorenaissance erbauen. In der Anlage, die von außen an einen englischen Adelssitz erinnert, befinden sich heute die Stadtbibliothek, ein kleines Schlossmuseum sowie das Modemuseum der Designerin und Modejournalistin Josefine Edle von Krepl. Die adlige Museumschefin zeigt hier aus ihrer Privatsammlung Hunderte von Kleidern, Hüten, Schuhen, Handtaschen und Schmuck vom Anfang des 20. Jahrhunderts bis in die 1970er Jahre. Da es sich ausschließlich um Damenmode handelt, ist die Zielgruppe klar definiert. Ein kleines Manko für Kinder ist, dass man (verständlicherweise) nichts anfassen darf; die meisten Ausstellungsstücke befinden sich hinter Glas. Im antiquiert eingerichteten Museumscafé kann man dagegen ausgewählte Kleider und Hüte sogar kaufen – vieles, was Großmutter einst trug, gilt ja heute wieder als chic. Im weitläufigen Schlosspark hat man Gelegenheit, sich an der frischen Luft das Aroma von Parfum und Mottenkugeln aus der Nase zu treiben. Vor dem Schloss befindet sich auch ein kleiner Spielplatz.

Schulmuseum und Rochow-Museum Reckahn (PM) 3

Adresse und Öffnungszeiten

Schulmuseum & Rochow-Museum, Reckahner Dorfstraße 23 bzw. 27, 14797 Kloster Lehnin OT Reckahn

Mrz–Okt Di–Fr 10–17 Uhr, Sa 10–18 Uhr, So & feiertags 10–17 Uhr, Nov–Feb Di–So & feiertags 10–16 Uhr. Museumsferien Mitte Dez–Mitte Jan

Infos und Anmeldung unter 033835 / 60 88 70 oder www.reckahn.com (Schulmuseum) bzw. 033835 / 606 72 oder www.rochow-museum.de (Rochow-Museum)

Preise

Kombiticket für Schul- & Rochow-Museum: E 5 €, K (ab 7 J) 1,50 €, K unter 7 frei

Schulstunde 1,50 € p. P. (bei weniger als 10 P 15 € Zuschlag, Anmeldung erforderlich)

Papierschöpfen E 4 €, K 2 € (Mindestteilnehmerzahl 4–5 P, Anmeldung erforderlich)

Anfahrt

Vom Hbf. Brandenburg an der Havel mit dem Bus 581 (Ri. Bad Belzig) bis Reckahn, Dorf. Von dort ca. 500 m Fußweg.

Auf seinem Rittergut Reckahn ließ Friedrich Eberhard von Rochow im 18. Jahrhundert eine für damalige Verhältnisse modern konzipierte Dorfschule errichten. Heute befindet sich im historischen Schulhaus ein Museum, in dem man unter anderem alte Schreibgeräte, Zeugnisse, Lehrmittel, Kinderzeichnungen und Ergebnisse des Handarbeitsunterrichts betrachten kann. Eselshut und Rohrstock erinnern daran, dass früher die Gewalt in der Schule noch vom Lehrer ausging. Beeindruckend ist vor allem der originalgetreu ausgestattete Klassenraum aus dem Jahr 1915, in dem man (nach Voranmeldung) auch eine »echte« Schulstunde erleben kann. Im nebenan gelegenen Schloss Reckahn wird mit Ton- und Bildinszenierungen an das Wirken des Herren von Rochow als Agrar- und Schulreformer erinnert. Ein Blick auf die Unterrichtsmaterialien im »philanthropischen Denklehrzimmer« lohnt auf jeden Fall. Im Keller des Schlosses kann man sich in der museumspädagogischen Werkstatt »Rochow-Grotte« (nach Voranmeldung) in der Technik des Papierschöpfens versuchen.

Spielzeugmuseum im Havelland (HVL) 4

Adresse und Öffnungszeiten

Spielzeugmuseum im Havelland e.V., Schulweg 1, 14728 Kleßen

Mrz–Mitte Dez Mi–So & feiertags 11–17 Uhr. Museumscafé nur Sa & So

Infos unter 033235 / 293 11 oder www.spielzeugmuseum-havelland.de

Preise

E 5 €, K (6–14 J) 2 €, K unter 6 frei. Familienkarte (2 E & 4 K) 9 €

Anfahrt

Vom Bhf. Friesack/Mark (RE 2) mit dem Bus 661 (Ri. Friesack, Markt) bis Kleßener Straße oder mit dem Bus 665 (Ri. Friesack, Schule) bis Friesack, Markt. Dann mit dem Bus 687 (Ri. Rathenow) bis Kleßen.

Ausgerechnet in der ehemaligen Dorfschule des Ortes Kleßen befindet sich heute ein Spielzeugmuseum. In sieben Räumen wird hier alles gezeigt, womit Kinder in den letzten 150 Jahren gespielt haben: Teddybären und Plüschtiere, Kaufmannsläden und Puppenstuben, Brett- und Würfelspiele, Tier- und Menschenfiguren, Zinnsoldaten, Autos, Bauklötze und noch viel mehr. Das weckt bei Großeltern und Eltern nostalgische Erinnerungen, ist aber auch für heutige Kinder faszinierend, zumal nicht alles nur hinter Glas bestaunt werden muss, sondern einiges in kleinen Spielecken auch angefasst werden darf. Ein besonderer Hingucker ist die große Märklin-Spur 0-Anlage mit Zügen und Zubehör aus den 1930er und 1940er Jahren. Wenn man Glück hat, erlebt man eine Vorführung durch Museumsmitarbeiter mit; an bestimmten »Spieltagen« dürfen die Besucher sogar selbst Hand anlegen (Termine im Internet). – Eine

Alternative zum Museumscafé ist im Sommer das Café im »Märkischen Gutsgarten«, dem Park des gleich nebenan gelegenen Schlosses Kleßen (Sa & So 11–17 Uhr).

Spielzeugausstellung »Der Kletteraffe Tom« (BRB) 5

Im Stadtmuseum von Brandenburg an der Havel erinnert eine Dauerausstellung im Hofgebäude an die Tradition der Stadt als Zentrum der Spielzeugproduktion. Von 1881 bis zum Ender der DDR wurden in der »Spielzeugstadt« verschiedene Arten von Spielwaren hergestellt und in alle Welt exportiert, vor allem kunstvoll bemaltes Blechspielzeug (wie etwa der namengebende »Kletteraffe Tom«) und Spielfiguren aus dem Kunststoff Lineol. Bis 1948 produzierte vor allem das »Ernst Paul Lehmann Patentwerk« äußerst erfolgreich Autos, Schiffe, Jojos, tan-

Adresse und Öffnungszeiten
Museum im Frey-Haus, Ritterstraße 96, 14770 Brandenburg an der Havel
Ganzjährig Di–Fr 10–12 & 13–16 Uhr, Sa, So & Feiertags 10–16 Uhr
Infos unter 03381 / 58 45 01 oder www.stadt-brandenburg.de
Preise
E 3 €, K 1,50 €, Familienkarte (bis 5 P) 5 €
Anfahrt
Vom Hbf. Brandenburg an der Havel (RE 1) mit der Tram 6 (Ri. Hohenstücken/Nord) bis Ritterstr./ Museum.

zende Matrosen und andere bewegliche Kostbarkeiten aus Blech. Auf Anfrage bietet das Stadtmuseum während der regulären Öffnungszeiten Führungen an, bei denen verschiedene dieser Blechspielzeuge in Aktion erlebt werden können. Auch die Modelleisenbahnanlage vom Typ Lehmann-Groß wird dann in Gang gesetzt. Der Rest des Museums illustriert die Geschichte Brandenburgs von der ersten slawischen Besiedlung bis in die DDR-Zeit und dürfte für die meisten Kinder weniger interessant sein. Immerhin gehört zur Sammlung das Original-Richtschwert, mit dem im Jahr 1730 Katte, der legendäre Freund Friedrichs des Großen, hingerichtet wurde. – Brandenburg an der Havel hat aber noch mehr Attraktionen zu bieten, zum Beispiel das Slawendorf (↑S. 185), das Industriemuseum (↑S. 64), die Friedenswarte auf dem Marienberg (↑S. 82) oder – ganz ohne Bildungsanspruch – das Marienbad (↑S. 90).

Archäologisches Landesmuseum Brandenburg (BRB) 6

Adresse und Öffnungszeiten
Archäologisches Landesmuseum Brandenburg, Neustädtische Heidestraße 28, 14776 Brandenburg an der Havel
Ganzjährig Di–So & feiertags 10–17 Uhr (außer Heiligabend, Silvester, Neujahr, Karfreitag)
Infos unter 03381 / 410 41 12 oder www.landesmuseum-brandenburg.de

Preise
E 5 €, K (ab 10 J) 3,50 €, K unter 10 J frei, Familienkarte 10 €

Anfahrt
Vom Hbf. Brandenburg an der Havel (RE 1) mit dem Bus B/522 (Ri. Fontanestr.) bis Neustädtischer Markt. Von dort ca. 400 m Fußweg: Durch die Steinstr., dann links in die Paulinerstr. und dann rechts in die Neustädtische Heidestraße.

Das Archäologische Landesmuseum präsentiert in den aufwändig restaurierten Gemäuern eines alten Klosters Funde aus den letzten 50.000 Jahren brandenburgischer Geschichte. Das geht von der Steinzeit (die ja bei Grundschülern auf dem Stundenplan steht) über das Mittelalter bis in die Neuzeit. Die Ausstellung bemüht sich mit zahlreichen Modellen und Multimedia-Stationen um möglichst große Anschaulichkeit; ein Höhepunkt ist dabei das 6 m hohe »Stratorama«, ein virtueller Schnitt durch den Boden, in dem man Gesteinsschichten und menschliche Hinterlassenschaften aus den verschiedenen Jahrtausenden sieht. Ganz oben steht ein modernes Einfamilienhaus, das – so ahnt man es – auch irgendwann als archäologischer Fund enden wird. – Wem das immer noch zu langweilig erscheint, der sollte im Juli zum »ArchäoVent« kommen, dem großen Familienfest, bei dem ein Wochenende lang auf dem gesamten Klostergelände Vorführungen und Mitmachaktionen angeboten werden. Daneben gibt es noch zweimal im Jahr die »Archäotechnica«, bei der alte Handwerkstechniken vorgeführt werden.

Archäotechnisches Zentrum Welzow (SPN) 7

Adresse und Öffnungszeiten

Archäotechnisches Zentrum Welzow, Fabrikstraße 2, 03119 Welzow
Apr–Okt: Di–So 11–17 Uhr, Nov–Mrz: Di–Fr 11–16 Uhr
Infos und Reservierung unter: 035751–282 24 oder www.atz-welzow.de

Preise

E 3 €, K (6–16 J) 1,50 €. Führung (1 Std.) zusätzlich 2,50 € p. P.
Vorträge und Workshops ab 40 € pro Gruppe

Anfahrt

Vom Bhf. Spremberg (OE 65) mit dem Bus 872 (Ri. Spremberg, Trattendorf) bis Spremberg Busbahnhof, von dort mit dem Bus 886 (Ri. Neupetershain) bis Welzow, Am Bahnhof. Von dort ca. 5 min Fußweg: Die Heinrich-Heine-Str. wird auf der anderen Seite der Spremberger Straße zur Fabrikstraße.

Das Archäotechnische Zentrum Welzow unterstützt und dokumentiert die archäologischen Ausgrabungen, die im Umfeld des in der Niederlausitz betriebenen Braunkohletagebaus stattfinden. Begleitend vermittelt die Ausstellung »Mensch–Holz–Archäologie« im umgebauten Feuerwehrhaus einer ehemaligen Brikettfabrik anschaulich und lebendig Kenntnisse über 12.000 Jahre Menschheitsgeschichte. Für Kinder besonders attraktiv ist dabei der Ansatz des »Selbermachens«: Im Vordergrund der 300 m² großen Ausstellung stehen Nachbauten archäologischer Funde aus Holz, die angefasst und ausprobiert werden dürfen. Bei thematischen Führungen und Workshops kann man mehr über einzelne Themen erfahren, mit Keramik und Holz arbeiten oder sogar an Grabungen teilnehmen.

Burg Storkow (LOS) 8

Adresse und Öffnungszeiten

Burg Storkow, Schloßstr. 6, 15859 Storkow (Mark)

Apr–Okt täglich 10–17 Uhr, Nov–Mrz 11–16 Uhr. Burgcafé montags geschlossen

Infos unter 033678 / 731 08 oder www.storkow-stadt.de

Preise

E 4,50 €, K (bis 17 J) 2 €, K bis 6 J frei, Familienkarte 12 € (2 E & 3 K), Mini-Familienkarte 8 € (1 E & 3 K)

Anfahrt

Vom Bhf. Storkow (OE 36) mit dem Bus 435 (Ri. Fürstenwalde) bis Storkow, Burg.

Obwohl sie eine der ältesten in Brandenburg ist, wirkt Burg Storkow wenig burgenhaft. Ein Ausflug hierher lohnt vor allem wegen des »Natureums«, eines heimat- und naturkundlichen Museums mit dem Motto »Mensch und Natur – eine Zeitreise«. Die Ausstellung beschränkt sich auf wenige Räume (was in Begleitung von Kindern durchaus ein Plus ist) und bietet zahlreiche Mitmachelemente: Mit einer beweglichen Installation aus Wasser und Sand lassen sich Urstromtäler formen, eine Windanlage demonstriert auf Knopfdruck das Phänomen der eiszeitlichen Dünenbildung, Findlinge aus der Region dürfen angefasst werden, die Kinder können sich in ein Klassenzimmer aus dem 19. Jahrhundert setzen, Schubladen und Klapptafeln öffnen, es gibt Duft- und Hörstationen, Dioramen und Mini-Modelllandschaften, Drehscheiben, Touchscreen-Displays und noch weitere Spielereien, die den Nachwuchs bei Laune halten. Draußen im Innenhof sitzt man schön an den Tischen des Burgcafés. – Eine Besichtigung der Burg Storkow lässt sich gut kombinieren mit einem Besuch im Strandbad Storkow (↑S. 103) oder im Irrlandia Mitmachpark (↑S. 113).

Brandenburgisches Freilichtmuseum Altranft (MOL) 9

Adresse und Öffnungszeiten

Brandenburgisches Freilichtmuseum, Am Anger 27, 16259 Bad Freienwalde OT Altranft

Apr–Okt Di–Fr 9–17 Uhr, Sa, So & feiertags 11–18 Uhr, Nov–Mrz Di–Fr 10–16, Sa & So 11–16 Uhr

Führungen Di–Fr 11, 13 & 14.30 Uhr, Sa & So 12, 14 & 15.30 Uhr

Infos unter 03344 / 41 43 00 oder www.freilichtmuseum-altranft.de

Preise

Rundgang mit Führung: E 4 €, K (6–16 J) 2 €, Familienkarte (2 E & 3 K) 8 €. Mit Audioguide 4 € p. P.

Nur Schloss & Dauerausstellung: E 2,50 €, K (6–16 J) 1 €, Familienkarte (2 E & 3 K) 5 €

Anfahrt

Vom Bhf. Altranft (OE 60) kurzer Fußweg durch den Ort (ca. 10 min bis zum Schloss), alles ist ausgeschildert.

Der Name Freilichtmuseum täuscht hier etwas, denn auch in Altranft findet das meiste in geschlossenen Räumen statt – nur dass diese sich in verschiedenen Häusern befinden, die über das ganze Dorf verstreut liegen: Im Schloss, in der Kirche, im Spritzenhaus, in der Schmiede, im Wasch- und Backhaus und in mehreren alten Bauern- und Fischerhäusern wurden dörfliche Lebenswirklichkeiten aus der Vergangenheit inszeniert. Alles ist eingerichtet, als ob die Bewohner eben noch da gewesen wären; Gruppen können in diesem Umfeld auch unter Anleitung alte Kulturtechniken wie Schmieden, Weben, Backen oder Körbe flechten ausprobieren (ab 30 €). Vorführungen und Mitmachangebote gibt es auch ohne Anmeldung an den Museumstagen, z. B. am Oster- und Pfingstsonntag, Mitte Juli beim Museumsfest oder Ende September beim Erntedankfest. Die Zukunft des Freilichtmuseums ist leider nur bis Ende 2015 gesichert; danach erwägt der Landkreis aus finanziellen Gründen eine Schließung! – Wer Lust hat, kann auch noch eine kleine Wanderung zum Storchenmuseum des NABU im Altgauler Storchenturm anhängen (*April–Oktober täglich 10–17 Uhr, Erwachsene 1 €, Kinder 0,50 €, Familienticket 2,50 €, etwa 2,5 km entlang der Landstraße Richtung Wriezen bis zum Ortsausgang Rathsdorf*).

Freilandmuseum Lehde (OSL) ⑩

In Lehde, östlich von Lübbenau, wurden drei Spreewaldhöfe und eine Kahnbauwerkstatt aus dem 19. Jahrhundert als Museumsdorf wieder aufgebaut. Neben original eingerichteten »guten Stuben«, Knechtkammern und Küchen gibt es auch zahlreiche lebensgroße Figuren in sorbischen Trachten zu sehen. Das ganze Ambiente erinnert stark an alte »Michel aus Lönneberga«-Filme. Wer mehr erfahren möchte, bucht am besten eine Führung; für Gäste, die mit der Vormittagstour des »Museumstaxis« aus Lübbenau anreisen, gibt es eine solche Führung direkt nach der Ankunft ohne Aufschlag auf den Eintrittspreis. Zu bestimmten Terminen kann man das Museumsdorf auch »belebt« erleben; Vorführungen und Mitmachangebote werden zum Beispiel beim Museumsfest im August oder bei der Spreewaldweihnacht im Dezember angeboten. – Auch der Ort Lehde selbst lohnt einen Abstecher. Theodor Fontane verglich ihn einst mit Venedig, womit er allerdings wohl noch nicht auf die Touristenmassen anspielte, die hier im Sommer per Spreewaldkahn hergeschippert werden, sondern auf das dichte Netz an Wasserstraßen, das auch heute noch von Post, Feuerwehr und Müllabfuhr genutzt wird. In Lehde gibt es für alle Freunde eingelegten Gemüses auch ein Gurkenmuseum – inklusive Verkostung *(c/o Hotelanlage Starick, An der Dolzke 4–6, geöffnet von April bis Oktober 10–18 Uhr, Infos unter 03542 / 89 99 60).*

Adresse und Öffnungszeiten
Freilandmuseum Lehde, 03222 Lübbenau/Spreewald OT Lehde
Apr–Mitte Sep täglich 10–18 Uhr, Mitte Sep–Okt täglich 10–17 Uhr
Infos und Anmeldung unter 03542 / 87 15 08 (Apr–Okt) bzw. 03542 / 24 72 (Nov–Mrz) oder www.museum.kreis-osl.de

Preise
E 5 €, (K ab 16 J) 3,50, K (4–16 J) 1 €, Kinder unter 4 J frei. Kombikarte mit Spreewaldmuseum Lübbenau: E 9 €, K 7 €. Familienkarte Freilandmuseum (2 E & 3 K) 10 €

Anfahrt
Von Lübbenau ca. 2,5 km Fußweg: Geradeaus die Poststraße entlang bis zum Ende, dann rechts in die Ehm-Welk-Straße, über die Spree, dann rechts immer dem Schlossbezirk (später: Lehdscher Weg bzw. Dorfstraße) folgen. Alternativ auf dem Wasserweg ca. 30 min mit dem »Museumstaxi«-Kahn ab Großer Spreewaldhafen Lübbenau (Mitte Mai–Mitte Sep, Abfahrt täglich 11 & 14.30 Uhr).

Heimatmuseum Bernau (BAR) 11

Adresse und Öffnungszeiten

Heimatmuseum Bernau, 16321 Bernau bei Berlin. Standort Steintor: Berliner Straße, Standort Henkerhaus: Am Henkerhaus

Steintor: Mai–Okt Di–Fr 9–12 & 14–17 Uhr, Sa & So 10–13 & 14–17 Uhr

Henkerhaus: Ganzjährig Di–Fr 9–12 & 13–17 Uhr, Sa & So 10–13 & 14–17 Uhr

Infos unter 03338 / 29 24 (Steintor), 03338 / 22 45 (Henkerhaus) oder www.bernau-bei-berlin.de

Preise

Henkerhaus: E 1 €, K 0,50 €. Steintor: E 2 €, K 1 €

Anfahrt

Vom S-Bhf. Bernau (RE 3) zum Steintor ca. 400 m Fußweg (über die Bahnhofstr.), von dort noch einmal ca. 500 m zum Henkerhaus am anderen Ende der Altstadt.

Nicht nur bei den jährlichen Hussitenfestspielen im Juni ist in Bernau die Vergangenheit präsent. Allein schon die Stadtmauer, die heute noch fast die gesamte Altstadt umgibt, ist für Mittelalterfans eine Reise wert. Wer es etwas genauer wissen will, der besucht das Heimatmuseum in seinen zwei Standorten im Steintor und im Henkerhaus. Das Steintor lockt mit einem abenteuerlichen Treppenaufstieg und einer umfangreichen Sammlung an Waffen und Rüstungen; vom nebenan gelegenen Hungerturm hat man einen schönen Ausblick auf Stadt und Umland. Das Henkerhaus macht dagegen seinem Namen alle Ehre und zeigt im Keller verschiedene Folter-, Straf- und Hinrichtungsgeräte. Weniger grausam geht es in den oberen Etagen zu: Hier kann man eine historische Küche, eine gute Bürgerstube und ein paar farbenfrohe Schlachtengemälde sehen, die zeigen, wie man sich im 19. Jahrhundert die Verteidigung der Bernauer gegen den Angriff der böhmischen Hussiten im Jahr 1432 vorgestellt hat. Die Darstellung ist drastisch, aber nach heutigen Maßstäben wohl jugendfrei.

Heimatmuseum Liebenwalde (OHV) ⑫

Adresse und Öffnungszeiten

Heimatmuseum Liebenwalde im ehemaligen Stadtgefängnis, Marktplatz 20, 16559 Liebenwalde

Mai–Okt täglich 10–16 Uhr, Nov–Apr Mo & Sa geschlossen

Infos unter 33054 / 80 555 bzw. 80 557 oder www.museum-im-knast.de

Preise

E 1,50 €, K (ab 6 J) 0,50 €, K unter 6 J frei

Anfahrt

Vom S-Bhf. Oranienburg (S 1) mit dem Bus 803 oder 805 (Ri. Liebenwalde) bis Liebenwalde, Ernst-Thälmann-Str., von dort ca. 300 m Fußweg.

Wenn die Kinder schon immer mal ein Gefängnis von innen sehen wollten, dann ist das Heimatmuseum Liebenwalde eine gute Empfehlung. Es befindet sich nicht nur im ehemaligen Stadtgefängnis, sondern hält die Erinnerung daran auch bewusst wach. Das »Museum im Knast«, wie es sich selbst nennt, ist umgeben von einer hohen Mauer, hat vergitterte Fenster und Original-Gefängnistüren mit Riegel, Spion und Klappluke. Die meisten der Themenräume zu Aspekten der Stadt- und Verkehrsgeschichte befinden sich in ehemaligen Zellen und sind dementsprechend beengt. Auch eine kleine Schuhmacherwerkstatt und eine »echte« Zelle mit Waschtisch und Fäkalieneimer gibt es zu sehen. Eisenbahnfreunde finden hier zudem ein nachgeahmtes Abteil der Berliner S-Bahn, die früher einmal tatsächlich bis Liebenwalde fuhr, und eine Modelleisenbahnanlage, die an die Niederbarnimer-Großschönebecker-Eisenbahn erinnert.

Schloss und Festung Senftenberg (OSL) ⑬

Adresse und Öffnungszeiten

Festungsanalage – Museum Senftenberg , Schlossstraße, 01968 Senftenberg
Apr–Okt Di–So 10.30–17.30 Uhr
Nov–Mrz Di–So 13–16 Uhr
Infos unter 03573 / 26 28 oder www.museum.kreis-osl.de

Preise

E 5 €, Schüler (ab 16 J) 3,50 €, K (4–16 J) 1 €, K unter 4 J frei. Familienkarte (2 E & 3 K) 10 €.

Anfahrt

Vom Bhf. Senftenberg (RE 18) ca. 1,2 km Fußweg: Vorbei am Busbahnhof, dann links auf die Bahnhofstr. und immer geradeaus bis zum Marktplatz in der Altstadt, dort links abbiegen und der Schlossstr. folgen.

Die Festung Senftenberg ist ein strahlendes Renaissance-Schlösschen, an dessen militärische Vergangenheit nur noch die hohen Erdwälle erinnern, die es umgeben. Heute gehört es zu den vier Museen des Landkreises Oberspreewald-Lausitz und beherbergt eine Ausstellung, die so vielfältig ist, dass man sie durchaus auch mit Kindern besuchen kann. Das Spektrum reicht von militärischen Hinterlassenschaften über einen Spritzenwagen, eine Weinpresse, eine Jagdkutsche, eine komplette sorbische Bauernstube und ein historisches Klassenzimmer, auf dessen Holzbänken man Platz nehmen kann. Besonders beeindruckend ist der künstliche Bergwerksstollen, der bereits in den 1930er Jahren unter dem Schloss angelegt wurde, um die Geschichte des Braunkohlebergbaus zu demonstrieren. Ausgestattet mit richtigen Schutzhelmen steigt man hier einige Meter in die Tiefe, um dann im Schein von Karbidlampen durch den engen, mit groben Holzbalken verkleideten Stollen zu laufen.

Spreewaldmuseum Lübbenau (OSL) ⓮

Adresse und Öffnungszeiten

Spreewaldmuseum Lübbenau, Am Topfmarkt 12, 03222 Lübbenau/Spreewald

Apr–Okt Di–So 10–18 Uhr, Nov–Mrz Di–So 12–16 Uhr

Infos unter 03542 / 24 72 oder www.museum.kreis-osl.de

Preise

E 5 €, (K ab 16 J) 3,50, K (4–16 J) 1 €, K unter 4 J frei. Kombikarte mit Freilandmuseum Lehde: E 9 €, K 7 €. Familienkarte Spreewaldmuseum (2 E & 3 K) 10 €

Anfahrt

Vom Bhf. Lübbenau (RE 2) ca. 1 km Fußweg: Die Poststr. entlang bis zum Kirchplatz, dann links in die Ehm-Welk-Str. bis zum Topfmarkt.

Nach umfassendem Umbau ist das Lübbenauer Spreewaldmuseum im Frühjahr 2012 wieder eröffnet worden. Man verfolgt hier das Konzept eines »Museumskaufhauses«, d. h. die Besucher bewegen sich wie durch ein überdimensioniertes Puppenhaus mit komplett eingerichtetem Gemischtwarenladen, Bäckerei, Kürschner- und Schuhmacherwerkstatt, einer Leineweberei und einer Kneipe. Die Verkäuferinnen und Handwerker sind lebensgroße Puppen in historischen Kostümen. Man kann sich in diesem »Kaufhaus« frei bewegen, darf hinter die Tresen oder Werkbänke schauen und vieles auch anfassen. So ist das Museum trotz seiner überschaubaren Größe auch für Kinder interessant. Ganz besonders gilt das für den Anbau, in dem auf zwei Stockwerken eine alte Dampflokomotive mit einem kombinierten Personen- und Gepäckwagen ausgestellt ist: unten die Lok, darüber – praktisch frei schwebend – der Waggon. Es handelt sich um eine Original-Spreewaldbahn, die von 1898 bis 1970 (!) zwischen Cottbus und Straupitz verkehrte. Sowohl der Führerstand als auch der Wagen dürfen von den Besuchern erkundet werden.

Puppentheaterbühne am Brandenburger Theater (BRB) ⑮

Adresse und Öffnungszeiten
Brandenburger Theater, Grabenstraße 14, 14776 Brandenburg an der Havel
Spielplan im Internet
Infos unter 03381 / 51 10 oder www.brandenburgertheater.de

Preise
Puppentheater: E 5 €, K (bis 13 J) 3 €. Kinder- und Jugendtheater: E 8 €, K & Schüler 5 €

Anfahrt
Von Brandenburg Hbf. (RE 1) mit der Tram 6 (Ri. Hohenstücken Nord) bis Hauptstr. oder mit dem Bus B/522 (Ri. Fontanestr.) bis Neustädtischer Markt. Von dort jeweils ca. 500 m Fußweg.

In einem Gebäudekomplex, der so schön ist wie sein Name (»CulturCongress Centrum«), residiert das traditionsreiche Stadttheater von Brandenburg an der Havel. Hier gibt es seit über 20 Jahren eine eigene Puppentheaterbühne mit Platz für bis zu 70 Zuschauern, auf der fast täglich verschiedene Stücke für Kinder ab 3 Jahren (teilweise auch für ältere Kinder) aufgeführt werden, vom klassischen Märchen bis hin zu Adaptionen von »Lars, der kleine Eisbär« oder »Pettersson und Findus«. Die Vorführungen beginnen unter der Woche meist morgens und am Wochenende nachmittags. Daneben gibt es auch ein eigenes Kinder- und Jugendtheater sowie Kinderkonzerte; die Anfangszeiten liegen hier meist am Abend. Es gibt allerdings auch Inszenierungen nur für Erwachsene. Mitte Oktober finden jährlich die Brandenburger Puppentheatertage statt. – Für kleine Märchenfreunde lohnt sich übrigens in Brandenburg an der Havel auch ein Abstecher zum Märchenwald: Mitten im Gördenwald wurden dort Szenen aus bekannten Märchen mit bunt angemalten Holzhäusern und Puppen nachgebaut (*Eichendorffweg, Mai–Oktober Mi & Do 10–15 Uhr, Sa 14–17 Uhr, Erwachsene 1 €, Kinder 0,50 €, Tel.: 03381 / 20 87 40 23*).

Cottbuser Kindermusical

16

Adresse und Öffnungszeiten

Cottbuser Kindermusical, Im Konservatorium Cottbus, Puschkinpromenade 13/14, 03044 Cottbus
Vorführungen an wechselnden Orten und zu unterschiedlichen Zeiten (Spielplan und Preise im Internet)
Preise und Anfahrt je nach Spielstätte unterschiedlich.
Infos unter 0355 / 257 30 oder www.kindermusical-cottbus.de

Anders als der Name erwarten lässt, ist das »Cottbuser Kindermusical« kein Musiktheaterstück, sondern ein Ensemble aus Kindern und Jugendlichen, die wechselnde Stücke zur Aufführung bringen. Viele der zahlreichen Eigenproduktionen dieses Ensembles wurden mit Preisen ausgezeichnet; das Western-Musical »Unter dem flammenden Stern«, das 2012 Premiere hatte, erhielt z. B. den Deutschen Jugend-Musical-Preis in den Kategorien Bestes Bühnenbild, Beste Choreographie und Beste männliche Rolle. Da die schulpflichtigen Künstler keine großen Tourneen machen können, muss man sich meist nach Cottbus begeben, um sie zu erleben. Der Ausflug lohnt aber allemal. Die Vorstellungen finden in der Regel zu familienfreundlichen Zeiten am Wochenende statt. Im Dezember stehen traditionell besondere Weihnachtsrevuen oder Märchenmusicals auf dem Programm.

Piccolo Theater Cottbus

⑰

Adresse und Öffnungszeiten
Piccolo Theater, Erich-Kästner-Platz, 03046 Cottbus
Spielplan im Internet
Infos unter 0355 / 236 87 oder www.piccolo-cottbus.de
Preise
E 5 €, K (13–18 J) 4 €, K (bis 12 J) 3,50 €
Anfahrt
Von Cottbus Hbf. (RE 2) ca. 1,3 km Fußweg: Links in die Bahnhofstr., immer geradeaus bis zur Ecke Stadtpromenade, kurz dahinter befindet sich der Erich-Kästner-Platz.

Das Piccolo Theater bietet zeitgenössisches Theater und Puppentheater für Kinder, Jugendliche und junge Erwachsene, darunter Adaptionen klassischer Märchen (etwa »Die Goldene Gans« von Peter Brasch), aber auch Dramatisierungen aktueller (Jugend-)Romane wie »Tschick« (nach Wolfgang Herrendorf). Die meisten Aufführungen finden leider unter der Woche und oft auch noch vormittags statt, sodass sie von Auswärtigen mit schulpflichtigen Kindern allenfalls in den Ferien besucht werden können. Es gibt aber auch Termine an Sonntagnachmittagen. – Jedes Jahr Ende Oktober findet im Piccolo Theater das »Cottbuser Puppenspielfest« statt, zu dem zahlreiche Puppenspieler aus dem ganzen deutschsprachigen Raum anreisen.

Theater Frankfurt 18

Adresse und Öffnungszeiten

Theater in Frankfurt/Theater im Schuppen e.V., Sophienstraße 1, 15230 Frankfurt/Oder

Spielplan im Internet

Infos unter 0335 / 649 57 oder www.theater-im-schuppen.de

Preise

Abendvorstellungen: E 15 €, K (bis 17 J) 11 €. Familiensonntag: E 7 €, K 5 €

Anfahrt

Vom Bhf. Frankfurt/Oder (RE 1) mit dem Bus 981 (Ri. Spitzkrug, Nord) bis An der Alten Universität (dann ca. 350 m Fußweg, rechts in die Str. Halbe Stadt) oder mit der Tram 1 (Ri. Lebuser Vorstadt) bis Topfmarkt (dann ca. 300 m Fußweg, links in die Str. Halbe Stadt oder quer durch den Lennépark hinter der Alten Universität).

Was 1989 als Spielbühne für Kinder und Jugendliche begann, ist heute ein innovatives zeitgenössisches Theater mit angeschlossener »Theaterschule für Körper und Bildung«. An die Anfänge erinnert nicht nur das theaterpädagogische Programm mit vielen Schüler-Workshops, sondern auch der regelmäßig stattfindende »Familiensonntag«, bei dem jeweils um 15 Uhr Stücke für Kinder ab 3 Jahren gespielt werden. Das Theater residiert inzwischen nicht mehr »im Schuppen«, sondern seit 2011 in einem denkmalgeschützten Haus in der Sophienstraße. Der Bühnenraum ist neu bestuhlt und fasst 70 Sitzplätze. – Im Dezember findet der Familiensonntag gleich mehrmals statt; dann steht traditionell ein selbst produziertes Weihnachtsmärchen auf dem Programmzettel.

Mittelalterfeste (Ostern bis September)

Das Mittelalter hat eine ganz besondere Faszinationskraft. Wenn Dudelsäcke und Schalmeien spielen, wenn prächtig gewandete Ritter auf ihren Pferden zum Turnier einreiten, wenn Holzschwerter, Helme und Amulette verkauft werden, dann leuchten die Kinderaugen – und auch die meisten Erwachsenen haben ihren Spaß. Inzwischen gibt es unzählige Veranstalter, die dieses Bedürfnis bedienen und mit Scharen von Händlern, Musikern, Handwerkern und Artisten durch die Lande ziehen, um an verschiedenen Orten das Mittelalter (wie man es sich gerne vorstellt) wiederaufleben zu lassen. Die Grenze zwischen Fantasy und Geschichte ist dabei fließend, aber daran stört sich bei dieser Art Vergnügen niemand. Auch im Land Brandenburg finden jährlich Dutzende von Mittelalterfesten und Turnieren statt; mit dem Lilienbund in Zossen-Dabendorf gibt es hier sogar einen einheimischen »Anbieter«. – Da die Termine von Jahr zu Jahr in Abhängigkeit von Feiertagen und Ferienterminen schwanken, sind in der folgenden Übersicht nur Orientierungswerte angegeben. Über die genauen Zeiten und Preise sollte man sich aktuell im Internet informieren.

Ausgewählte Mittelalterfeste in Brandenburg

Oster-Kloster-Fest im Kloster Chorin (Gründonnerstag–Ostermontag), Amt Chorin 11, 16230 Chorin (BAR), Infos unter 03334 / 42 92 92 oder www.spilwut.de

Großes Osterritterturnier auf Burg Rabenstein (Karfreitag–Ostermontag), Zur Burg 49, 14832 Raben/Fläming (TF), Infos unter 033848 / 602 21 oder www.burgrabenstein.de

Osterspectaculum auf Burg Beeskow (Ostersamstag–Ostermontag), Frankfurter Str. 23, 15848 Beeskow (LOS), Infos unter 0171 / 515 32 70 oder www.carnica-spectaculi.de
Mittelalterspektakel in Cottbus (April/Mai), Klosterplatz, 03046 Cottbus (CB), Infos unter Tel: 0171 / 376 24 30
oder www.coex-gmbh.de
Ritterfest auf Schloss Diedersdorf (Mai), Kirchstr. 5, 15831 Diedersdorf (TF), Infos unter 03379 / 35 35 0
oder www.cocolorus-diaboli.de / www.schlossdiedersdorf.de
Ritterfest auf Schloss Oranienburg (Mai), Schlossplatz 1, 16515 Oranienburg (OHV), Infos unter 0171 / 515 32 70
oder www.carnica-spectaculi.de
Ritterfest im Volkspark Potsdam (Mai), Großer Wiesenpark, 14469 Potsdam (P), Infos unter 03379 / 35 35 0 oder www.cocolorus-diaboli.de / www.volkspark-potsdam.de
Rolandspectaculum im Slawendorf Brandenburg an der Havel (Mai), Neuendorfer Str. 89 c 14770 Brandenburg an der Havel (BRB), Infos unter 03381 / 26 91 14 oder www.mittelalterspectaculum.de
Burgfest Ziesar (Juni), Bischofsresidenz Burg Ziesar, Mühlentor 15A, 14793 Ziesar (PM), Infos unter 033830 / 127 35
oder www.burg-ziesar.de
Ritterfest auf dem Krongut Bornstedt (Juni/September), Ribbeckstr. 6–7, 14469 Potsdam (P), Infos unter 0171 / 515 32 70
oder www.carnica-spectaculi.de
Hussitenfest in Bernau bei Berlin (Juni), 16321 Bernau (BAR), Infos unter 03338 / 76 19 19 oder www.hussitenfest.de
Mittelalterliches Spektakel auf der Plattenburg (Juni), Auf der Burg 1, 19339 Plattenburg (PR), Infos unter 03876 / 30 74 19 20
oder www.plattenburgspektakel.de
Wikingerfest am Kiessee (Juni), Lessingstr., 16552 Schildow (OHV), Infos unter 03379 / 353 50 oder www.cocolorus-diaboli.de
Burgspektakel auf Burg Eisenhardt (August), Wittenberger Straße 14, 14806 Bad Belzig (PM), Infos unter 033841 / 387 99 10
oder www.coex-gmbh.de
Gaukler-Burgfest auf Burg Storkow (August), Schlossstr. 6, 15859 Storkow/Mark (LOS), Infos unter 0171 / 5153270 oder www.carnica-spectaculi.de
Gaukler-Schlossfest auf Schloss Oranienburg (September), Schlossplatz 1, 16515 Oranienburg (OHV), Infos unter 0171 / 5153270 oder www.carnica-spectaculi.de
Historisches Apfelfest im Schlosspark Oranienburg (September), Schlossplatz 1, 16515 Oranienburg (OHV), Infos unter 03301 / 600 81 11 oder www.cocolorus-diaboli.de / www.oranienburg-erleben.de

Mittelalterliches Hoffest in Dabendorf (September), Dorfanger 8, 15806 Zossen OT Dabendorf (TF), Infos unter 0172 / 785 45 49 oder www.lilienbund.de
Mittelalterwochenende auf Burg Ziesar (September), Mühlentor 15A, 14793 Ziesar (PM), Infos unter 033830 / 127 35 oder www.burg-ziesar.de
Räuberfest auf der Burg Beeskow (September), Frankfurter Str. 23, 15848 Beeskow (LOS), Infos unter 0171 / 5153270 oder www.carnica-spectaculi.de

Brandenburger Landpartie (Juni)

Brandenburger Landpartie
Kontakt: pro agro – Verband zur Förderung des ländlichen Raumes im Land Brandenburg e.V., Dorfstraße 10, 14513 Teltow-Ruhlsdorf
Infos unter 03328 / 33 76 70 oder www.brandenburger-landpartie.de

Die »Brandenburger Landpartie« ist im Grunde genommen ein groß angelegter Tag der offenen Tür, bei dem Hunderte von märkischen Bauern- und Reiterhöfen, Gärtnereien, Fischereibetrieben, Umweltzentren und andere ländliche Einrichtungen ihre Tore für Besucher von nah und fern öffnen. An einem Wochenende im Juni gibt es dann fast überall besondere Attraktionen wie Führungen, Hoffeste, Verkostungen, Mitmachangebote oder Wettbewerbe. Man kann also bei dieser Landpartie herausfinden, wo unsere Nahrungsmittel herkommen, sich unverbindlich einen Eindruck von verschiedenen Urlaubsbauernhöfen verschaffen, vor Ort frisches Gemüse, Obst, Fleisch und Milchprodukte einkaufen oder einfach mit dem Nachwuchs Ponyreiten oder Traktorfahren gehen. Eines der unzähligen Angebote passt bestimmt. Der komplette Veranstaltungskatalog kann im Internet bestellt oder als pdf heruntergeladen werden.

Lausitzer Bladenight (Juni–August)

Lausitzer Bladenight
EuroSpeedway Lausitz, Lausitzallee 1, 01998 Schipkau OT Klettwitz (OSL)
Mitte Jun–Ende Aug jeweils Do 19–21 Uhr
Infos unter 03573 / 66 32 09 oder www.lausitzer-bladenight.de
Eintritt: 3,50 € p. P., K unter 10 J frei

Skaten, wo sonst die Motoren dröhnen: Jedes Jahr im Sommer öffnet der EuroSpeedway Lausitz an mehreren Donnerstagabenden seine 4,5 km lange Grand-Prix-Strecke für Inline-Skater, Radfahrer und Walker, aber auch für Waveboard-Surfer, Liegerad- und Rollerfahrer. Auf der bis zu 13 m breiten Fahrbahn finden alle Platz. In den Sommerferien ist es auch nicht so schlimm, dass die Veranstaltung erst um 19 Uhr beginnt; die Kinder dürfen ja am nächsten Tag ausschlafen. Wer von weiter weg anreist und keine Lust hat, spät abends noch eine lange Heimreise anzutreten, kann sich auch eine Übernachtungsmöglichkeit suchen; etwa im nahe gelegenen Senftenberg. Eine kostengünstige Variante bietet zum Beispiel der kinderfreundliche Campingplatz »Familienpark Senftenberger See« in Großkoschen (*Zelt 7,50 €/Nacht, Erwachsene 8 € / Nacht, Kinder unter 15 J frei, Buchung und Infos unter 03573 / 80 00 oder www.senftenberger-see.de*) – In Senftenberg findet man noch weitere Familienattraktionen, zum Beispiel den Tierpark Senftenberg (↑S. 142), das Museum im Schloss (↑S. 205) und den Modell- und Miniaturpark Brieske (↑S. 66). Bei warmem Wetter kann man vor der Bladenight auch ein erfrischendes Bad im Senftenberger See nehmen. Der Seestrand Großkoschen mit seinem 600 m langen Sandstrand wurde ja schon an anderer Stelle im Buch empfohlen (Straße zur Südsee, 01968 Großkoschen, www.senftenberger-see.de).

Obsternte (Juni bis September)

Erdbeeren, Blaubeeren, Äpfel, Kirschen ... – Es gibt kaum einen gesünderen Freizeitspaß als selber Obst zu ernten. Viele brandenburgische Obstbauern haben ein Zusatzgeschäft daraus gemacht und öffnen ihre Felder für arbeitswillige Städter. Die Vorteile für den Kunden liegen auf der Hand: Das so geerntete Obst ist richtig frisch, man kann jedes einzelne Stück selbst auswählen und man bekommt meistens auch noch einen günstigeren Preis als beim Händler daheim. Zusätzlich bewegt man sich an der frischen Luft (wenn auch nicht immer ganz rückenfreundlich) und kann seine Jäger- und Sammlerinstinkte ausleben. – Je nachdem, wie das Wetter im Frühjahr war, beginnt die Pflücksaison für Erdbeeren und Süßkirschen etwa ab Anfang Juni, für Pflaumen ab Anfang Juli, für Äpfel ab Mitte Juli, für Heidelbeeren ab Ende Juli und für Himbeeren ab Anfang August.

Ausgewählte Anbieter

Art-Attack GmbH – Pritzwalker Heidelbeeren (Heidelbeeren), Meyenburger Chaussee 4, 16928 Pritzwalk (PR), Infos unter 038785 / 602 06, 0171 / 934 21 24 oder www.heidelbeer-plantage.de. Besonderheiten: »Café Blueberry« mit Kaffee, Kuchen & Eis.

BB Brandenburg Obst (Erdbeeren, Süßkirschen), Hirschfelder Str., 15345 Altlandsberg OT Wesendahl (MOL), Infos unter 03341 / 49 87 70 oder www.bbobst.de. Besonderheiten: Kaffee, Kuchen, Bratwurst; Camargue-Pferdehof nebenan (↑S. 148).

Gartenbaubetrieb Torsten Conson (Erdbeeren), Moosfennstr. 27, 14542 Werder/Havel (PM), Infos unter 03327 / 448 61. Besonderheiten: Vermietung von Gemüsegärten zum Selbstanbau (www.meine-ernte.de).

Hofladen Falkensee (Erdbeeren, Heidelbeeren, Johannisbeeren), Dallgower Str.1, 14624 Dallgow-Döberitz (HVL), Infos unter 03322 / 22 462 oder www.hofladen-falkensee.de. Besonderheiten: Hofladen, Streichelzoo, Spielecke.

Landwirtschaftsbetrieb S. Lienert (Äpfel, Kirschen), Chaussee 20, 14641 Wustermark OT Priort (HVL), Infos unter 0160 / 97 77 32 35 oder 0170 / 814 70 79.

Märkische Obstbau GmbH (Äpfel, Erdbeeren, Kirschen), Schmiedegasse 5 a, 14550 Groß Kreutz OT Schmergow (PM), Infos unter 033207 / 324 05.

Neumann's Erntegarten (Äpfel, Erdbeeren, Himbeeren, Kirschen, Pflaumen), Am Heineberg 2, 14469 Potsdam-Bornim (P), Infos unter 0331 / 50 16 51, 0170 / 836 86 46 oder www.neumanns-erntegarten.de. Besonderheiten: Hofladen, Hofmetzgerei, Steinofen, Imbiss.

Obstbau F. Zolleck (Äpfel, Kirschen), Am Berg 34, 15234 Frankfurt/Oder (FF), Infos unter 0335 / 400 18 96.

Obstbau Rudolf Mehlich (Äpfel, Birnen, Himbeeren, Kirschen), Freienwalder Str. 57, 16356 Werneuchen (BAR), Infos unter 033398 / 73 08 oder 0175 / 368 54 48.

Obstbau Zaspel (Äpfel, Heidelbeeren, Kirschen), Helenenauer Weg 2, 16356 Ahrensfelde OT Blumberg-Elisenau (BAR), Infos unter 03338 / 75 06 67. Besonderheiten: Hofladen, Hofbäckerei, Scheunenrestaurant, Naturwildgatter, Spielplatz, Hüpfblase.

Obstgut Franz Müller (Äpfel, Erdbeeren, Kirschen, Pflaumen), Dorfstr. 1, 15345 Altlandsberg OT Wesendahl (MOL), Infos unter 03341 / 215856 oder www.obstgut-franz-mueller.de. Besonderheiten: Hofladen, Hoffest im September.

Obstgut Marquardt (Äpfel, Erdbeeren, Kirschen, Pfirsiche, Pflaumen), Obstscheune an der B 273 Abzweig Satzkorn / Fahrland Nord, 14476 Potsdam OT Satzkorn (P), Infos unter 033208 / 577 18, 0172 / 301 06 74 oder www.obstgut.de. Besonderheiten: Hofladen, Imbiss.

Obsthof Henri Meier (Äpfel, Birnen, Erdbeeren), 03099 Kolkwitz OT Klein Gaglow (SN), Infos unter 0355 / 52 21 86.

Obsthof Lindicke (Äpfel, Erdbeeren, Sauerkirschen), Am Plessower Eck 1, 14542 Werder/Havel (PM), Infos unter 03327 / 456 24 oder www.obsthof-lindicke.de. Besonderheiten: Hofladen.

Obsthof Wels (Erdbeeren), Dr.-Külz-Straße 56, 14542 Werder/Havel OT Glindow (PM), Infos unter 03327 / 430 10.

SL Gartenbau GmbH (Äpfel, Erdbeeren), Perwenitzer Chaussee 2, 16727 Oberkrämer OT Vehlefanz (OHV), Infos unter 03304 / 399 40 oder www.sl-gartenbau.de.

Spargel- und Erlebnishof Klaistow (Erdbeeren, Heidelbeeren), Glindower Str. 28, 14547 Beelitz OT Glindow (PM), Infos unter 033206 / 610 70 oder www.buschmann-winkelmann.de. Besonderheiten: Spielplatz, Streichelzoo, Hüpfblase, Karussell (↑S. 116)

Paarener Pferdesommer (August)

Paarener Pferdesommer

MAFZ Erlebnispark, Gartenstr. 1–3, 14621 Schönwalde-Glien OT Paaren im Glien (HVL)
Mitte August Sa & So ab 9 Uhr (genaue Termine im Internet)
Infos unter 033230 / 740 oder www.pferdesommer.mafz.de
Eintritt frei

Bei Orten, die den Begriff »Erlebnis« im Namen tragen, sollte man – zumindest in Brandenburg – stets skeptisch sein. Im MAFZ Erlebnispark, der bis vor wenigen Jahren noch schlicht »Märkisches Ausstellungs- und Freizeitzentrum« hieß, kann man tatsächlich etwas erleben – aber nur dann, wenn hier eine Veranstaltung wie die Brandenburgische Landwirtschaftsausstellung (BRALA) im Mai oder der Paarener Pferdesommer Mitte August stattfindet. Dann sind die gigantischen Parkplätze der Anlage rund um die Brandenburghalle gut gefüllt und es gibt viel zu sehen und zu tun: Beim Pferdesommer werden auf den großen Reitplätzen zahlreiche Reit-, Spring-, Kostüm- und Geschicklichkeitswettbewerbe dargeboten, auf den Bühnen spielt Musik und an den Buden gibt es Eis, Getränke, Snacks und Pferdezubehör. Im Kinderland können die Kinder basteln, auf Ponys reiten oder sich schminken lassen. – Ebenfalls im August findet im MAFZ jährlich das Esel- und Maultiertreffen statt. Der Spielplatz und der kleine Tierpark des »Erlebnisparks« sind auch ohne Begleitprogramm ganzjährig (bis Mitte Dezember) geöffnet, allerdings ist das im Vergleich dann eher unspektakulär.

Puppentheaterfestival im Elbe-Elster-Land (September)

Internationales Puppentheaterfestival im Elbe-Elster-Land
Kontakt: Landkreis Elbe-Elster, Kulturamt, Anhalter Straße 7, 04916 Herzberg
Infos und Spielplan unter 03535 / 46 51 00 oder www.puppentheaterfestival-ee.de
Eintritt: Kindervorstellungen 2,50 € p. P.

Das »Internationale Puppentheaterfestival im Elbe-Elster-Land«, das seit 1998 regelmäßig stattfindet, knüpft an die fest in der Region verwurzelte Tradition des Marionettentheaters an. Jedes Jahr kommen Mitte September unzählige Puppenspieler aus ganz Deutschland und Europa, um in Finsterwalde, Liebenwerda und anderen Orten des Landkreises ihre Stücke zur Aufführung zu bringen. Das Repertoire reicht dabei vom klassischen Märchenstück für Kinder bis hin zu ambitionierten Aufführungen für Erwachsene. – Im Kreismuseum Bad Liebenwerda informiert ganzjährig eine Dauerausstellung über die Geschichte des mitteldeutschen Wandermarionettentheaters (*Burgplatz 2, Mittwoch–Freitag 14–17 Uhr, Samstag, Sonntag und feiertags 10–12 und 14.30–17 Uhr, Eintritt 2,50 € / 1,50 €*).

Herbstrast der Kraniche (September bis November)

Jedes Jahr im Herbst ziehen Hunderttausende von Vögeln aus dem Norden und Osten Europas in ihre warmen Winterquartiere. Viele, die einen besonders weiten Weg haben, lassen sich unterwegs zu einer mehrwöchigen Ruhepause nieder – zum Beispiel die Kraniche, deren Herbstrast in Brandenburg wohl zu den beeindruckendsten Naturschauspielen im Lande gehört. Besonders morgens und abends, wenn sich die grauen Vögel in riesigen Schwärmen in die Lüfte erheben, um zwischen Schlaf- und Fressplätzen zu wechseln, bietet sich dem Betrachter ein unvergleichlicher Anblick. Damit man zur richtigen Zeit an der richtigen

Stelle ist, sollte man sich vorab informieren und am besten an einer der zahlreichen Führungen teilnehmen. Dunkle Kleidung, festes Schuhwerk, ein Fernglas und evtl. eine Taschenlampe sind dabei hilfreich. – Die Kranich-»Zentren« in Brandenburg sind das Linumer Teichgebiet, der Nationalpark Unteres Odertal und das Luckauer Becken bei Wanninchen. Beim NABU Brandenburg erhält man für 4 Euro eine Broschüre mit allen Informationen über die Kranichrast und die besten Beobachtungsmöglichkeiten (*Lindenstraße 34, 14467 Potsdam, www.brandenburg.nabu.de, Tel. 0331 / 201 55 70*).

Ausgewählte Kranich-Führungen

Naturwacht Brandenburg / Nationalpark Unteres Odertal Treffpunkt: Café zum Mühlenteich, Kastanienallee 8, 16307 Gartz/Oder (UM)
Führungen mit einführendem Vortrag: Mitte Sep–Mitte Okt an ausgewählten Mi & Sa um 16.30 Uhr (Beginn der Exkursion 17.30 Uhr)
Anfang Okt dt.-poln. »Kranichwoche« mit zahlreichen Aktionen, Führungen, Vorträgen und Kranichfest in Gartz
Infos und Termine unter 03332 / 255 90 oder www.unteres-odertal.de (Tourismusverein Nationalpark Unteres Odertal e.V.) bzw. 03332 / 267 72 44 oder www.naturwacht.de (Naturwacht)

Sielmanns Naturparkzentrum Wanninchen Führungen im Sep: jeden Mi & Sa ca. 17.30 Uhr
Führungen im Okt: jeden Mi, Sa & So ca. 16.30 Uhr
Infos und Termine unter 03544 / 55 77 55 oder www.sielmann-stiftung.de/de/projekte/sielmanns_naturlandschaften/wanninchen
Spende von 3 € p. P. erbeten

Storchenschmiede Linum (NABU-Naturschutzzentrum), Nauener Str. 54, 16833 Fehrbellin OT Linum (OPR), Führungen ca. Mitte Sep–Mitte Nov
»Abendlicher Kranicheinflug«: jeden Fr, Sa & So ca. 16.30 Uhr
»Morgendlicher Kranichausflug«: ausgewählte Sa & So ca. 8 Uhr
Anmeldung erforderlich unter 033922 / 505 00. Infos unter www.berlin.nabu.de
Preise: E 6 €, K unter 12 J frei

Weihnachtsbaumschlagen (Dezember)

Der gemeinsame Kauf des Weihnachtsbaums gehört in vielen Familien zur Tradition. Ein besonderes Erlebnis kann man daraus machen, wenn man den Baum nicht nur kauft, sondern ihn vorher auch selbst schlägt. Zahlreiche Forstämter und private Waldbesitzer in Brandenburg bieten inzwischen entsprechende Möglichkeiten an. Wenn dann Anfang Dezember sogar schon etwas Schnee gefallen ist, kommt man sich ein bisschen vor wie im Wald von Bullerbü. Aus märkischen Wäldern bringt man meistens eine Fichte, Kiefer oder Douglasie mit nach Hause – die beim Weihnachtsbaumverkauf so beliebten (Nordmann-)Tannen sind hierzulande eher selten. Eine Säge wird den Hobby-Holzfällern fast überall zur Verfügung gestellt (am besten vorher fragen); Netze zum Heimtransport des Baumes gibt es auch meistens. Wer mag, hat oft noch Gelegenheit, sich zum Abschluss an einem Feuer zu wärmen, Kakao oder Glühwein zu trinken und eine Bratwurst zu essen. – Die Termine ändern sich von Jahr zu Jahr; manche Anbieter haben in der Adventszeit täglich geöffnet, andere an bestimmten Wochenenden oder auch nur an einem einzigen Tag. Man sollte sich daher unbedingt vorab über die konkreten Zeiten (und über den Anfahrtsweg) informieren. Eine Übersicht über die wichtigsten Termine findet man ab Ende November im Internet unter www.forst.brandenburg.de.

Ausgewählte Anbieter

Bauer Nietsch in Werneuchen
Adolf-Reichwein-Straße 23A, 16356 Werneuchen OT Tiefensee (BAR): Blau- und Schwarzfichten zum Selberschlagen (Anbau ohne Pflanzenschutzmittel), Nordmann- und Blautannen zum Verkauf, zusätzlich Lagerfeuer, Glühwein, Kinderpunsch, Bratwurst, Hofladen. Geöffnet ab Anfang Dezember täglich von 10 Uhr bis Einbruch der Dunkelheit.
Infos und Termine unter 033398/949 48 oder www.bauer-nietsch.de.

Forstbetriebsgemeinschaft Barnimer Heide
Dorfstraße 67, 16359 Biesenthal (BAR): Blaufichten zum Selberschlagen, zusätzlich Glühwein. Geöffnet an allen Adventswochenenden ab ca. 10 Uhr.
Infos und Termine unter 03337 / 45 11 51 oder www.fbg-barnimer-heide.de.
Um telefonische Anmeldung (0162 / 244 67 31) wird dringend gebeten.

Gut Dyrotz
Gemeinde Wustermark OT Dyrotz (HVL), ausgeschildert ab Outlet-Center B5 (Anfahrt über eine Wiese): Blaufichten zum Selberschlagen, Werkzeug und Packschnur oder Packsack müssen mitgebracht werden. Geöffnet an einem Adventswochenende 10–16 Uhr. Infos unter 0170 / 180 18 18.

Krämerwaldhof Köhler
Am Krämerwald 13, 16727 Oberkrämer (OHV): Fichten, Blaufichten, Kiefern, Colorado- und Nordmanntannen zum Selberschlagen. Zusätzlich Lagerfeuer, Stockbrot, Glühwein, Kinderpunsch und Gegrilltes (auch vegetarisch).
Geöffnet an den Adventswochenenden, meist von 11–15 Uhr (letzter Einlass).
Infos und Termine unter 0178/541 53 31, kraemerwaldhof@gmx.net oder www.kraemerwaldhof.de

Schlossgut Alt Madlitz Lindenstr. 19, 15518 Madlitz OT Wilmersdorf (LOS): Blaufichten, Schwarzkiefern, Nordmanntannen zum Selberschlagen, zusätzlich Lagerfeuer und Jagdhornbläser.
Geöffnet an einem Adventswochenende 9–16 Uhr.
Infos und Termine unter 033607 / 219 oder www.schlossgutaltmadlitz.de.

Weihnachtsbaumfeld Kunow (Weihnachtsbäume W. Mundt)
Kunower Dorfstr. 22, 16303 Kunow (UM): Fichten, Blaufichten, Schwarzkiefern, Nordmanntannen zum Selberschlagen, zusätzlich Lagerfeuer, Bratwurst, Knüppelkuchen. Geöffnet ab Anfang Dezember. Infos und Termine unter 033331 / 660 78, 0172/600 68 38 oder www.uckermark-tanne.de.

Weihnachtsbaumwald Mellensee (Foto) 15838 Am Mellensee OT Mellensee (TF). Ökologisch angebaute Blaufichten zum Selberschlagen, Nordmanntannen zum Verkauf.
Zusätzlich Ständerverkauf, Bratwurst, Glühwein, Kinderpunsch, Ponyreiten.
Geöffnet an allen Adventswochenenden 8–16 Uhr, Heiligabend 8–12 Uhr.
Infos und Termine unter 0170/866 50 61 (wochentags erst ab 17 Uhr) oder www.weihnachtsbaum-selbst-schlagen.de.

Weihnachachtsbaumplantage Groß Marzehns Rabener Weg, 14823 Groß Marzehns (PM), Anfahrt ausgeschildert ab der A9, Abfahrt Klein Marzehns: Blaufichte und Nordmanntanne zum Selberschlagen, zusätzlich Lagerfeuer, Imbiss, heiße Getränke.
Geöffnet an mehreren Adventswochenenden 10–15 Uhr.
Infos unter 033848/600 05 oder 0157/31 33 42 51.
Werderaner Tannenhof Lehniner Chaussee 11, 14542 Werder/Havel: Blaufichten, Schwarzkiefern, Nordmanntannen zum Selberschlagen, zusätzlich Hofladen, Weihnachtsmarkt, Glühwein. Ende Nov–23. Dez täglich 9–17 Uhr, Heiligabend 9–12 Uhr.
Infos und Termine unter 03327/432 65 oder www.werderaner-tannenhof.de.

Weihnachtsmärkte (Dezember)

In der Adventszeit bieten auch Weihnachtsmärkte eine schöne Gelegenheit, sich bei Glühwein, Kakao oder Kinderpunsch auf das Ende des Jahres einzustimmen und noch letzte Geschenke zu kaufen. Letzteres ist für Kinder meist nicht so spannend, weshalb sie mehr Wert auf Bastelangebote, Theateraufführungen, Karussells oder Streicheltiere legen. Unter den unzähligen Märkten, von denen es in praktisch jedem brandenburgischen Ort mindestens einen gibt, ist für (fast) jeden Geschmack etwas dabei. Die folgende Auswahl ist naturgemäß begrenzt und konzentriert sich auf Märkte mit besonderen Attraktionen für Kinder. Die angegebenen Zeiträume und Uhrzeiten sollten vor dem Ausflug unbedingt noch einmal geprüft werden; von Jahr zu Jahr ergeben sich hier stets kleinere oder größere Änderungen.

Ausgewählte Weihnachtsmärkte

Brandenburg an der Havel Der Brandenburger Weihnachtsmarkt konzentriert sich auf den klassischen »Budenzauber« mit Glühwein, Kunsthandwerk und Wollsocken. Ein Highlight für Kinder ist die große Eisbahn. – Neustädtischer Markt, 14776 Brandenburg/Havel (BRB). Ende Nov–23. Dez, Mo–Fr 11–20 Uhr, Sa 11–21 Uhr, So 14–20 Uhr.

Lübbenau / Lehde Die »Spreewaldweihnacht« verbindet den Weihnachtsmarkt im Großen Spreewaldhafen von Lübbenau (inkl. Vorführung von Modellbooten) mit einer winterlichen Kahnfahrt ins Freilandmuseum Lehde, wo man ein historisches Weihnachtstreiben zu sehen bekommt (inkl. dem legendären Rumpodich). – 03222 Lübbenau (OSL), 2. Adventwochenende. Abfahrten nach Lehde Sa & So 10–15 Uhr. Kahnfahrt (inkl. Eintritt in Lehde): E 12 €, K 6 €, Familienkarte 28 €. Abschließende Fackelwanderung (17 Uhr) von Lehde oder Lübbenau: E 2 €, K frei. Infos unter www.spreewald-weihnacht.de.

Oranienburg Der traditionelle »Weihnachtsgans-Auguste-Markt« (benannt nach einer Geschichte des brandenburgischen Schriftsteller Friedrich Wolf) vor dem Schloss Oranienburg ist klein, aber fein und bietet Kunsthandwerk, Bastelstände, eine Backstube für Kinder, Streichelzoo, Märchenerzähler und eine Musikbühne. – Schlossplatz, 16515 Oranienburg (OHV), 2. Adventswochenende, Sa & So 12–20 Uhr.

Potsdam Der Weihnachtsmarkt »Blauer Lichterglanz« ist der größte im Land Brandenburg. Entsprechend voll ist es dann auch rund um die 130 Buden, die Märchenbühne und die die Eisbahn auf dem Luisenplatz. – Brandenburger Str., 14467 Potsdam (P). Ende Nov–27. Dez, Mo–Mi 10–20 Uhr, Do–Sa 10–21 Uhr, So 11–20 Uhr, Heiligabend geschlossen.

Schloss und Gut Liebenberg Der Liebenberger Weihnachtsmarkt bietet viel Kunsthandwerk für die Eltern, Märchenerzähler, Ponyreiten sowie Mal- und Bastelangebote für die Kinder. Besonders stimmungsvoll wirkt der Schlosshof bei Dunkelheit im Schein der Fackeln und Feuerstellen. – Parkweg 1, 16775 Löwenberger Land OT Liebenberg (OHV). An den Adventswochenenden 12–19 Uhr. Eintritt 1 €, K bis 12 J frei.

Burg Rabenstein Ein sehr kleiner Weihnachtsmarkt im mittelalterlichen Ambiente. – Zur Burg 49, 14823 Rabenstein (Fläming), 1.–3. Adventswochenende, 12–18 Uhr. – Am ersten Adventswochenende findet gleichzeitig am Fuße des Burgbergs im Naturparkzentrum Hoher Fläming der »Etwas andere Weihnachtsmarkt« statt (mit nostalgischem Karussell, Bastelangeboten und dem traditionellen Fackelmarsch zur Burg um 16 Uhr). – Brennereiweg 45, 14823 Rabenstein OT Raben (TF).

Cottbus Der »Weihnachtsmarkt der tausend Sterne« lockt mit Riesenrad und Karussells, einem mit leuchtenden Sternen geschmückten Riesen-Weihnachtsbaum und -Weihnachtspyramide sowie zahlreichen Aufführungen und Aktionen. – Innenstadt, 03046 Cottbus, Ende Nov–23. Dez, täglich 11–20 Uhr.

Eislaufen (Dezember bis Februar)

Eisarena Schwedt Handelsstr. 22, 16303 Schwedt/Oder (UM). Ab Nov Di–So 10–17 Uhr. E 4,50 €, K (bis 14 J) 3,50 €. Infos unter 03332 / 83 98 93 oder www.eisarenaschwedt.de

Eishalle im Snowtropolis Tropolis 1, 01968 Schipkau OT Hörlitz (OSL). Nov–Mrz Mi–Fr 16–18.30 Uhr, Sa, So & feiertags 10–12.30 Uhr, 13–15.30 Uhr & 16–18.30 Uhr. E 5 €, K (4–12 J) 4 €. Infos unter 03573 / 36 37 00 oder www.snowtropolis.de

Kunsteisbahn Bad Belzig Martin-Luther-Straße 12A, 14806 Bad Belzig (PM). Dez–Feb Di–Do 15–18 Uhr, Fr 13–15 & 16–18 Uhr, Sa & So 10–12 Uhr, 13–15 Uhr & 16–18 Uhr. E 2,50 €, K (5–17 J) 1,50 €. Infos unter 0152 / 51 83 32 64 oder www.stadt-belzig.de

Wer gern Schlittschuh fährt, der freut sich auf den Winter. Spätestens im Januar sind viele Flüsse und Seen in Brandenburg fest genug zugefroren, um ein sicheres Wintersportvergnügen zu ermöglichen. Besonders beliebt als Eislauf-Revier ist der Spreewald, dessen Fließe aufgrund der langsamen Geschwindigkeit des Wassers recht schnell zufrieren. Wer nicht warten will, bis die nötigen ein bis zwei Wochen Dauerfrost gekommen sind, der findet auch künstlich angelegte Alternativen – nicht nur auf den Weihnachtsmärkten in Potsdam und Brandenburg an der Havel.

Anhang

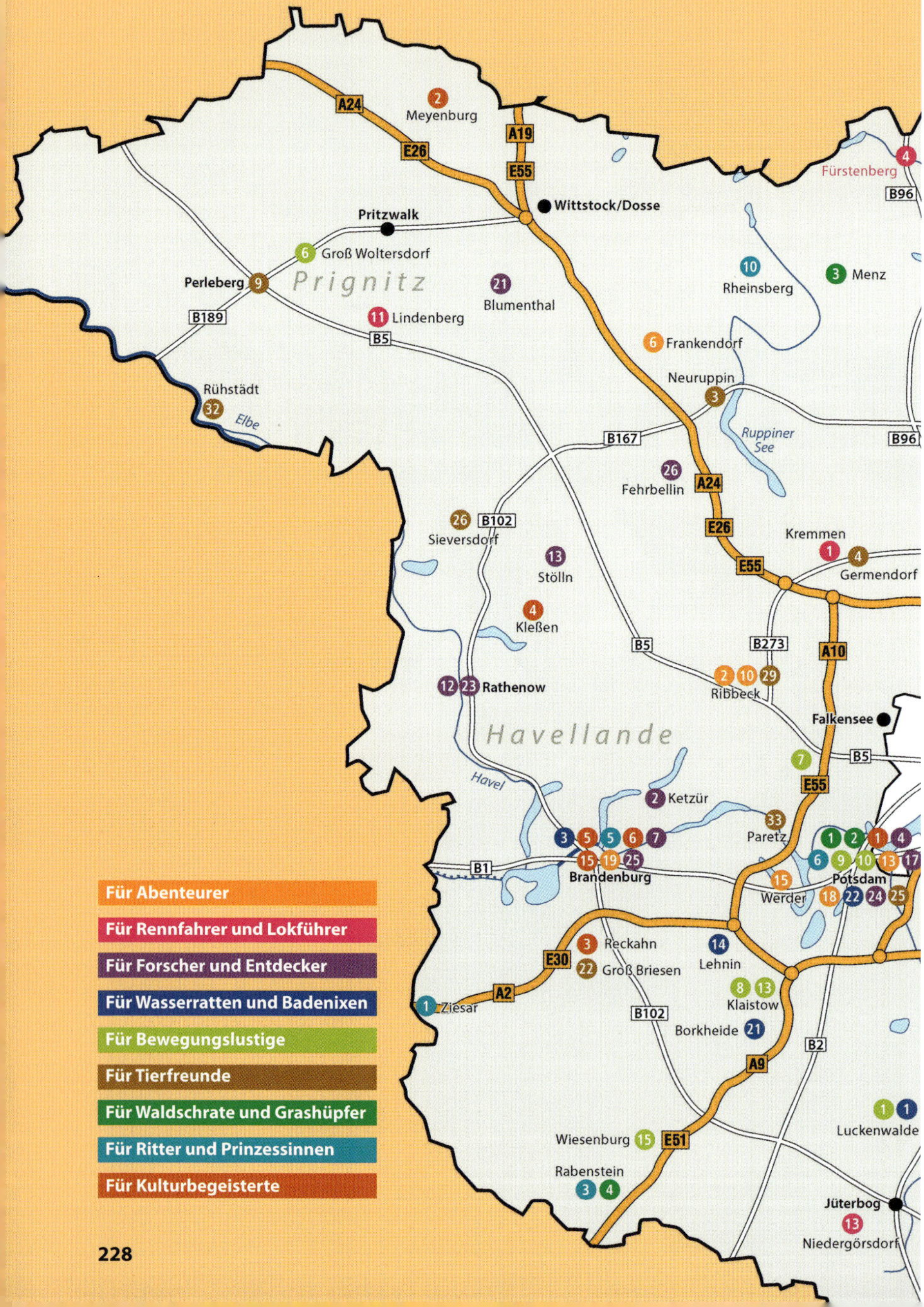
A24
E26
A19
E55
Meyenburg
Wittstock/Dosse
Fürstenberg
B96
Pritzwalk
Groß Woltersdorf
Perleberg
Prignitz
Blumenthal
Lindenberg
Rheinsberg
Menz
B189
B5
Frankendorf
Neuruppin
Rühstädt
Elbe
Ruppiner See
B167
B96
Fehrbellin
B102
Sieversdorf
Kremmen
Stölln
Germendorf
Kleßen
B5
B273
A10
Rathenow
Ribbeck
Falkensee
Havellande
B5
E55
Havel
Ketzür
Paretz
B1
Brandenburg
Potsdam
Werder
Reckahn
Lehnin
E30
Groß Briesen
Klaistow
A2
Ziesar
B102
Borkheide
B2
A9
Luckenwalde
Wiesenburg
E51
Rabenstein
Jüterbog
Niedergörsdorf
Für Abenteurer
Für Rennfahrer und Lokführer
Für Forscher und Entdecker
Für Wasserratten und Badenixen
Für Bewegungslustige
Für Tierfreunde
Für Waldschrate und Grashüpfer
Für Ritter und Prinzessinnen
Für Kulturbegeisterte

Uckermark
Prenzlau 11 11
Boitzenburg 1 7
Lychen 17
Gramzow 6
Templin 3 15 16
Havel
Schwedt
Angermünde 5 10 19
Joachimsthal (Barnim) 22
Lunow-Stolzenhagen 11
Zehdenick 15
Schorfheide 14 17 18
Parsteiner See
Oder
Liebenwalde 12 19
Oder-Havel-Kanal
Finowfurt 8
Eberswalde 6 15
Niederfinow 14
Nassenheide 12
Basdorf 7
Oranienburg 6 8
Schmachtenhagen 16
Biesenthal 20
Bad Freienwalde 27
Altreetz 2
Oderbruch
Birkenwerder 20
Schönerlinde 14
Bernau 12
Tiefensee 3
Altranft 9
Hennigsdorf 12
Strausberg 9 14 17 30
Wesendahl 16
Buckow 3 9
Berlin
Hennickendorf 17
Hoppegarten 18
Woltersdorf 20
Rüdersdorf 11
Müncheberg 20
Schöneiche 8
Grünheide 18
Erkner 28
Spree
Fürstenwalde 1 4
Frankfurt/O. 13 18
Teltow 11
Diedersdorf 21 21
Bad Saarow 3 11
Königs Wusterhausen 9 12 15 28
Heidesee 9 12
Oder-Spree-Kanal
Mittenwalde 2 9
Storkow 4 8 16
Wendisch Rietz 2
Scharmützelsee
Müllrose 11
Beeskow 2 10 31
Eisenhüttenstadt 3
Zossen 5 13
Münchehofe 6
Neuzelle-Henzendorf 7
Schwielochsee
Krausnick 7
Neiße
Fläming
Baruth 10 27
Klasdorf 12
Waldow 16
Lübben 19
Spreewald
Guben
Lehde 10
A20
E251
B198
B2
B158
B167
A11
E28
B273
A10
B1
E55
A115
A12
E30
B112
B87
A13
B101
B96
E36
B320
B102
B168

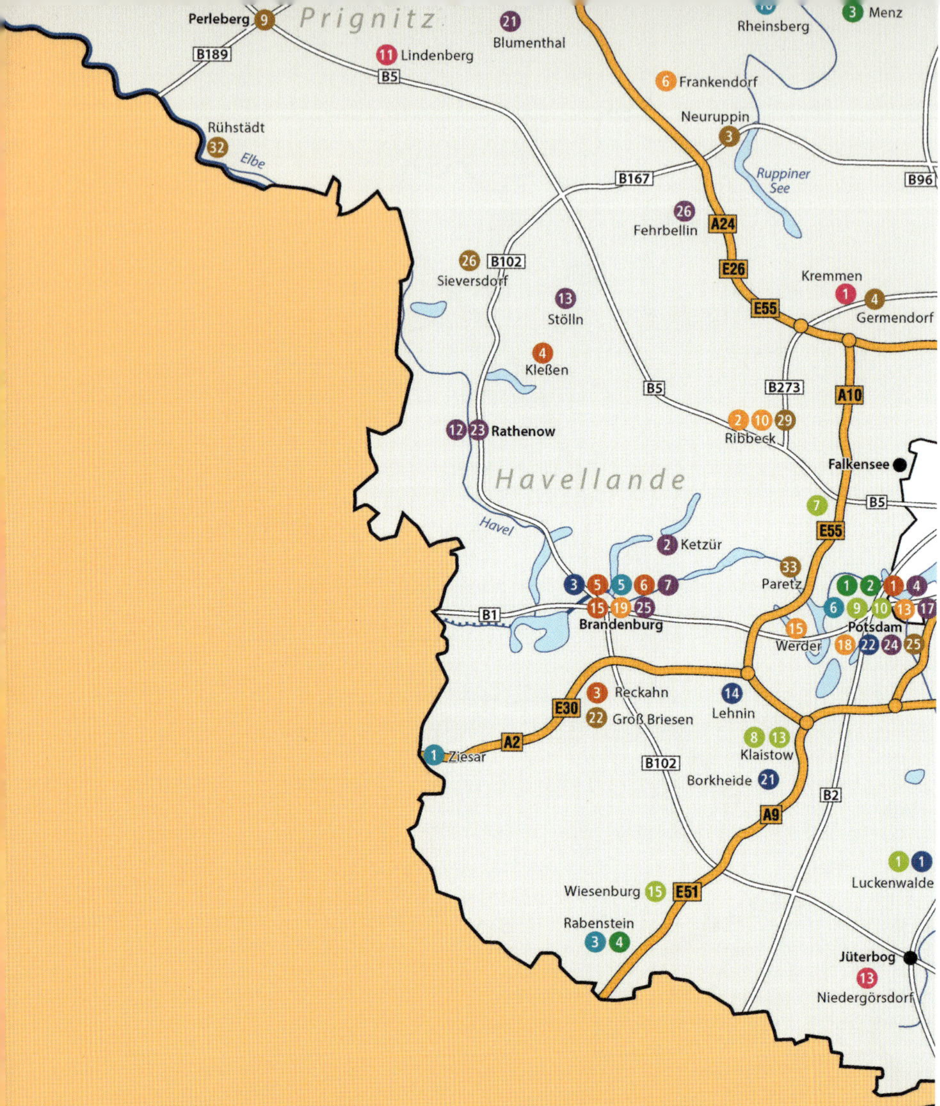

Für Abenteurer

Für Rennfahrer und Lokführer

Für Forscher und Entdecker

Für Wasserratten und Badenixen

Für Bewegungslustige

Für Tierfreunde

Für Waldschrate und Grashüpfer

Für Ritter und Prinzessinnen

Für Kulturbegeisterte

5 10 19 Angermünde
22 Joachimsthal (Barnim)
15 Zehdenick
Lunow-Stolzenhagen 11
14 17 18 Schorfheide
Parsteiner See
B158
B167
Liebenwalde 12 19
Oder-Havel-Kanal
14 Niederfinow
8 Finowfurt
6 15 Eberswalde
12 Nassenheide
7 Basdorf
A11
20 Biesenthal
B167
Oranienburg 6 8
16 Schmachtenhagen
E28
B2
27 Bad Freienwalde
2 Altreetz
B273
20 Birkenwerder
14 Schönerlinde
12 Bernau
3 Tiefensee
9 Altranft
Oderbruch
9 14 17 Strausberg 30
16 Wesendahl
12 Hennigsdorf
3 9 Buckow
Berlin
A10
17 Hennickendorf
B167
B1
18 Hoppegarten
20 Müncheberg
B1
Woltersdorf 20
11 Rüdersdorf
Schöneiche 8
E55
A115
18 Grünheide
Oder
28 Erkner
Spree
Fürstenwalde 1 4
Frankfurt/O. 13 18
11 Teltow
Diedersdorf 21 21
A12
E30
3 11 Bad Saarow
A10
9 12 15 28 Königs Wusterhausen
9 12 Heidesee
Oder-Spree-Kanal
B112
2 9 Mittenwalde
4 8 16 Storkow
2 Wendisch Rietz
Scharmützelsee
B87
11 Müllrose
A13
6 Münchehofe
2 10 31 Beeskow
Eisenhüttenstadt 3
B101
5 13 Zossen
B96
Neuzelle-Henzendorf 7
E36
Schwielochsee
7 Krausnick
Neiße
Fläming
10 27 Baruth
Spree
B87
B320
Guben
12 Klasdorf
16 Waldow
E55
19 Lübben
Spreewald
B168
B102
10 Lehde
B112
5 5 14 Lübbenau
7 14 24 Burg
Luckau
4 Raddusch
B101
2 5 6 10 16 16 17 19 Cottbus
B87
12 Wanninchen
A15
Forst
E36
A13
Herzberg
23 Jocksdorf
7 8 Finsterwalde
B169
B96
E55
4 Großräschen
7 Welzow
1 Lichterfeld
B101
Niederlausitz
Schwarze Elster
8 Bad Liebenwerda
Senftenberg
Schipkau-Hörlitz 22
9 10 13
B169
3 Elsterwerda

Orts- und Sachregister

Ortsregister nach Landkreisen

Barnim (BAR)

Brandenburg an der Havel (BRB)

Dank

Ich danke allen, die mich bei der Entstehung dieses Buches mit Rat und Tat unterstützt haben – vor allem Ingrid Kirschey-Feix und Benjamin Jurgasz für die logistische Unterstützung bei der Bild- und Textredaktion, Uwe Friedrich für seinen unermüdlichen Einsatz am Rechner und Julia Korn für viele schöne Fotos. Ganz besonders dankbar bin ich meiner Familie für die vielen gemeinsamen Ausflüge.

Bildnachweis

Bad Freienwalde Tourismus GmbH 84, 85 o.; Ballonreisen Schäfer 17, 37; Blumenstein 167; Breidbach, Ben 196; CMT Cottbus 50, 223; Dickopf, Yvonne 74; Fabert, F. 198; Feix, Ingrid 16, 71, 135, 162 o; Fotolia.com / Otmar Smit 33; Frauendorf, Manuel 92; Friedrich, Uwe 153, 181, 182, 203; Fuchs, Sarah 28; Galgenberghof 133; Greger, Rene 21; Grunicke, Bernhard 141; Hank, Holger 59; Hause, Hannes 29; iStockphoto: Umschlagvorderseite; J. Martin Christbäume und Schmuckreisig Mellensee 221; Kappest/Uckermark (tmu GmbH) 18; Karow, T. 208; Kiesling, Jens 170; Korn, Julia 11, 13, 87, 165, 179, 216, 225; Ladewig, Stephan 75; Michaelis, Birgit 148; Mundzeck, R. 106; NABU / B. Dorbert 220; NABU / Marion Ebersbach 163; Pleul, Patrick 140 u.; Rogge, Walter 207; Rundflug Berlin-Brandenburg / Gido Ullrich 38; Rzadkowski, J. 172; Schmidt, T. 191; Schulz, Dagmar 34; Schürmann, Birgit 173; Seidel, D. 58; Stadt Rathenow 80; Steakley, James 83; Stiftung Preußische Schlösser und Gärten Berlin-Brandenburg (SPSG) 189; SPSG / Daniel Lindner 187; SPSG / Hans Bach 188; SPSG / Peter Adamik 186; STG Brandenburg an der Havel mbH 82; Verlagsarchiv 180; Wackulat, K. 192; Zagolla, Robert 12, 15, 31, 39, 41, 44, 52, 53, 56, 72, 77. 85 u., 100, 103, 137, 175, 186, 193, 200, 211, 212, 227; Zimmermann, Matthias 81

Wenn oben nichts anderes angegeben ist, liegen die Bildrechte bei den jeweils vorgestellten Institutionen, Unternehmen bzw. Veranstaltern. Allen Bildgebern gilt der herzliche Dank von Verlag und Autor.

Über den Autor

Robert Zagolla, geboren 1973, studierte Geschichte und Kunstgeschichte in Berlin und Tübingen. Seit 2004 arbeitet er als Lektor und Autor im Sachbuchbereich. Von ihm erschienen sind bereits mehrere Bücher zu historischen Themen. Er wirkte auch mit am »Großen Berlin-Buch für Kinder« von Claas Janssen. Robert Zagolla lebt mit seiner Frau und zwei Kindern in Berlin.